防科技大学国际关系学院纵横博士文库

澳大利亚印太战略研究

王慧芳　著

An Enquiry into
the Indo-Pacific Strategy of Australia

江苏人民出版社

图书在版编目(CIP)数据

澳大利亚印太战略研究/王慧芳著. --南京:江苏人民出版社,2022.4

(国防科技大学国际关系学院纵横博士文库)

ISBN 978 - 7 - 214 - 26004 - 8

Ⅰ.①澳… Ⅱ.①王… Ⅲ.①国家战略-研究-澳大利亚 Ⅳ.①D761.1

中国版本图书馆 CIP 数据核字(2021)第 047619 号

书　　　名	澳大利亚印太战略研究	
著　　　者	王慧芳	
责 任 编 辑	史雪莲	
装 帧 设 计	梅　雅	
责 任 监 制	王　娟	
出 版 发 行	江苏人民出版社	
地　　　址	南京市湖南路 1 号 A 楼,邮编:210009	
照　　　排	江苏凤凰制版有限公司	
印　　　刷	南京新洲印刷有限公司	
开　　　本	652 毫米×960 毫米　1/16	
印　　　张	14.75　插页 2	
字　　　数	193 千字	
版　　　次	2022 年 5 月第 1 版	
印　　　次	2022 年 5 月第 1 次印刷	
标 准 书 号	ISBN 978 - 7 - 214 - 26004 - 8	
定　　　价	78.00 元	

(江苏人民出版社图书凡印装错误可向承印厂调换)

编 委 会

编委会主席：王京武　王学军

委　　员：李建涛　杨寿青

　　　　　葛腾飞　方　成

序　言

祖国七十华诞,神州同庆,金陵虎踞龙盘,文字激扬。

在孕育希望、收获硕果的美好时节里,坐落于六朝古都南京的国防科技大学国际关系学院,迎来了第三批"纵横"博士文库的正式付梓。昔曾文正公有言:"君子有三乐,读书声出金石,飘飘意远,一乐也;宏奖人才,诱人日进,二乐也;勤劳而后憩息,三乐也。"文库的出版亦是一件乐事,因为它不仅是学院研究生教育诞出的又一批新成果,更是学院喜获外国语言文学、政治学一级学科博士学位授权点后的献礼之作。

中华人民共和国成立 70 年来,从孤立走向世界,从弱小走向强盛,经受战火洗礼,几经外交考验,如今稳步迈向世界舞台的中心。世界正处于百年未有之大变局,国际形势风雷激荡;中国正全力建设新时代中国特色社会主义,举国上下壮志豪迈;人民军队正为实现新时代强军目标努力奋斗,全军官兵斗志昂扬。面对波诡云谲的国际环境,中国的发展之路注定不会一帆风顺,谋势破局成为实现战略目标的重要内容,大国博弈成为关乎国家和民族命运的关键要素,在国际舞台的纵横捭阖更需要有新的气度格局和思想升华。

"纵横"本意为一横一竖,恰正对应寰宇天下的经度纬度。春秋战国时期的"纵横"特指国家间的外交与战略,后人称为"因其刚柔之势,为作纵横之术"。古往今来,"纵"与"横"牵动着国家间的战争与和平、冲突与合作、联盟与对抗,其中孕育而成的治国方略、安全战略、兵家韬略、外交谋略,源源无穷,为我们留下了灿若星河的精神财富和博大精深的文化遗产。

学院有着 68 年办学历史、34 年研究生教育历史,是一所综合性、研究型、联合类的专业化院校,在军事情报、国家安全、国际关系、军事外交、国际维和、国防语言等学科专业领域积淀深厚,特色鲜明,被誉为我军"军事外交官的摇篮"。学院以"纵横"作为研究生教育领域的系列活动和成果的名称,正是希望为党、国家和军队培养的高层次人才,能成为"察风云、知敌我、谋纵横"的卓越精英。特别是将高质量的博士学位论文打造成系列文库出版,不仅契合了学院"立德树人、为战育人"的初心,还契合了为军事斗争做准备和为军事外交工作提供智力支持的决心,更契合了推进转型重塑、建设一流院校的雄心,寓意可谓深远高瞻,信心可谓铿锵有力。

初心如磐,使命在肩。沉甸甸的著作,不仅代表着人才培养的硕果,还蕴含着不凡的智慧,浸透着导师们的心血。丛书作者都是学科专业领域的俊彦,也是改革强军事业的骨干。文章乃"经国之大业,不朽之盛事",丛书有着"文雅纵横飞"的雄健奔放,涉及军事学、政治学、外国语言文学等学科,既有前沿探索,也有对策思考,还有人文情怀。研究内容体现了军校"姓军为战"的本质属性,彰显了学院特殊使命的学科特色,服务于学院培养高端专业人才、培育高质量学科的现实需求。

习近平主席强调,强军之道,要在得人。研究生教育是国家和军队现代化发展的高端引领和战略支撑,培养的是未来的思想者、实践者和领导者。经过多年努力,"纵横"博士文库现已成为学院研究生教育和学科建设的品牌,在军内外和学术界产生了积极的影响,赢得了良好的声誉。文库固然是学院为优秀学子提供展示风采的平台,但它最大的价值绝非局限在这一人一书之上,而是贵在一心一志之中,即热爱祖国的赤诚之心、走向世界的凌云之志。唯有如此,才能始终把准学院办学育人的方向,才能履行好党和国家赋予学院的神圣职责。

今时今日,中华民族的伟大复兴正如火如荼,学院将以新时代军事战略方针为指导,以新时代军事教育方针为引领,聚焦备战打仗职能使命,贯彻落实"立德树人、为战育人,培养德才兼备的高素质、专业化新型军事人才"的使命要求,在改革中乘风破浪,在改革中转型重塑。我们坚信,迈入新时代的国际关系学院,在国防科技大学建设"双一流"的征程中,将不断推进研究生教育的创新发展,为国家和军队培养出更多的精英人才,推出更多高质量的学科成果。

国防科技大学国际关系学院院长:王京武
国防科技大学国际关系学院政委:王学军

目　录

绪　论

一、选题来源和依据

　　近年来,"印太"一词频繁出现在澳大利亚、印度和美国等国家官员和学者的言论中,甚至官方文件里。这说明"印太"已不再只是一种提法,而是已经上升到国家政策和战略的高度。随着世界经济一体化进程的加快,太平洋和印度洋不再是相互分离的单元,而是日渐成为一个联系紧密的地缘实体。尽管亚太地区是世界经济发展的引擎,但亚太地区经济的发展有赖于印度洋西岸中东和东非地区的石油供应。随着美国重返亚太战略的推进,作为美国的盟国,澳大利亚在亚太地区国家关系中所扮演的角色愈加微妙。澳大利亚是美国用来平衡中国的棋子,美国增加在澳大利亚驻军的数量,试图将澳大利亚打造成美国在南太平洋的"航空母舰"。与此同时,印度的"东进"战略也将印度带进了亚太事务中,而澳大利亚与印度之间存在广泛的贸易和安全合作。正是亚太地区国家和印度洋地区国家紧密的联系,使得印太战略区域的生成具有了现实可能性。澳大利亚作为其中一员,其作用尤其值得关注。

　　(一)澳大利亚正式提出"印太战略区"

　　澳大利亚《2013年国防白皮书》明确提出"印太"这一概念,该国防白

1

皮书指出,"作为一个全球大国,中国正不断发展,东亚在经济和安全方面更加举足轻重,以及印度也逐渐成为一个全球大国,这些发展趋势使印度洋成为一个在战略上更加重要的地区,将正在形成的印太地区塑造成了一个战略弧形地带"①。作为一个体系,印太还处于形成阶段。由于印太地区的多样性和地域的广袤性,印太安全框架是由一系列相互交织的机制安排组成的,并不是一个单一的整体。但是随着时间的推移,印太安全框架的发展演变已经并将继续深刻影响澳大利亚的安全环境。该版国防白皮书围绕印太体系中澳大利亚的战略重点进行了划分和论述。这些划分和论述对研究澳大利亚的对外战略具有重要意义。

表 0-1 澳大利亚政府刊发的与印太战略概念相关的部分官方报告②

编号	报告名称		时任总理	时间
	英文	中文		
1	*Defending Australia in the Asia-Pacific Century: Force 2030*	《2030 年的军力——在一个亚太世纪里保卫澳大利亚》	陆克文	2009 年 5 月
2	*Australia in the Asian Century*	《亚洲世纪中的澳大利亚》	吉拉德	2012 年 10 月
3	*National Security Strategy*	《国家安全战略》	吉拉德	2013 年 1 月
4	*Defence White Paper 2013*	《2013 年国防白皮书》	吉拉德	2013 年 5 月

澳大利亚政府对印太概念和体系的认可始于 2009 年,这是澳大利亚不断寻求自身定位的结果。2009 年 5 月,陆克文政府颁布的《2030 年的军力——在一个亚太世纪里保卫澳大利亚》国防白皮书提出了"更广阔的亚太地区"(the wider Asia-Pacific region)这一概念,并清楚地阐明

---

① Department of Defence, 2013 *Defence White Paper*, Canberra: Commonwealth of Australia, 2013, p. 2.
② 该表系作者独立绘制,具体内容来源于澳大利亚政府官网,http://www.defence.gov.au。

澳大利亚在维护"更广阔的亚太地区"的稳定方面具有长期利益。①
《2013年国防白皮书》明确指出,"印太是对更广阔的亚太地区这一概念
的逻辑延伸",并将澳大利亚的战略重点调整到"从印度洋经过东南亚到
东北亚,包括该地区所依赖的海上交通线在内的弧形地带"②。

　　2012年10月澳大利亚政府刊发的《亚洲世纪中的澳大利亚》白皮书间
接提到了"印太"概念和"跨亚洲地区"(the trans-Asian region)概念。这说
明,2012年,澳大利亚对国家所处的地区定位有了大概的方向,但还尚未明
确。《亚洲世纪中的澳大利亚》写到"有些观察员提出了亚洲地区的'印太'
概念,在此概念下,西太平洋和印度洋形成一个战略弧形地带,南亚、东北
亚和东南亚之间不断增长的经济互动和中东到亚洲能源航线的重要性推
动了印太概念的发展"③。《亚洲世纪中的澳大利亚》同时指出,另一个概
念"跨亚洲地区"也变得日益重要。印度与东北亚、东南亚之间的经济联
系,以及社会和文化交流在不断加强的同时,印度的外交政策也开始倾向
于"东向"。而东北亚和东南亚国家正在向西看,尤其是在能源方面。中国
和印度之间的贸易不断增长。2011年,虽然中印之间的双边贸易只占印度
贸易总量的1/10,但是中国是印度最大的出口市场。《亚洲世纪中的澳大
利亚》还指出,"对澳大利亚而言,不管是印太还是跨亚洲地区概念,都会以
不同的方式重塑我们的经济、政治、安全和环境利益"④。

　　《亚洲世纪中的澳大利亚》白皮书对亚洲的崛起和未来给予了充分
肯定,同时认为亚洲的崛起为澳大利亚带来了巨大的发展机遇。澳大利
亚应该把握这个旷世机遇,积极利用亚洲市场发展经济,加强并扩展与

---

① See, Department of Defence, *Defending Australia in the Asia-Pacific Century: Force 2030*, Canberra: Commonwealth of Australia, 2009, pp. 12, 95 - 101.

② Department of Defence, *2013 Defence White Paper*, Canberra: Commonwealth of Australia, 2013, p. 7.

③ Department of the Prime Minister and Cabinet, *Australia in the Asian Century: White Paper*, Canberra: Commonwealth of Australia, 2012, p. 74.

④ Department of the Prime Minister and Cabinet, *Australia in the Asian Century: White Paper*, Canberra: Commonwealth of Australia, 2012, p. 74.

亚洲国家和相关地区组织的合作,维持亚洲的持久稳定。澳大利亚政府认为,随着世界重心转向亚洲地区,澳大利亚距离世界的重心也越来越近。"澳大利亚在正确的时间处在正确的地点——亚洲世纪中的亚洲地区。"[①]虽然《亚洲世纪中的澳大利亚》白皮书中有如此提法,但是位于太平洋南端的澳大利亚地理上显然并不属于亚洲地区,地缘上处于亚太地区的边缘位置。如何找准国家定位,如何定义国家所处的战略环境,是澳大利亚政府对外战略必须考虑的现实问题。亚太地区和印度洋地区在经济、安全上的紧密联系,以及澳大利亚处于太平洋和印度洋连接地带的位置,使澳大利亚政府和学者意识到澳大利亚在地缘政治上的重要性。在"印太"地区和"跨亚洲地区"这两个概念中,澳大利亚选择了前者。这不仅是因为印太在国内外学者中具有更高的呼声,而是相比"跨亚洲地区"对陆上环境的重视,印太体系强调的是一个综合性海上环境,东南亚位于其中心位置。澳大利亚毗邻这个中心位置,而且更处于印度洋和东亚、东南亚的连接位置。

澳大利亚国家定位的确立为明确国家对外战略指明了方向。如果对印太地区的国家进行层次划分,中国是其中的主要大国之一。澳大利亚与印太地区的美国、中国、印度和东盟关系密切,研究澳大利亚的对外战略,有助于分析我国所处的战略环境。澳大利亚《2013年国防白皮书》是对2013年1月23日公布的《国家安全战略》和2012年10月28日公布的《亚洲世纪中的澳大利亚》白皮书的补充和完善。这三个政策文件共同明确了澳大利亚政府的安全和经济重点,也是研究澳大利亚对外战略的重要依据。

(二)澳中对外战略对象国的重叠和交汇

中国是世界第二大经济体,与澳大利亚存在着广泛的经济合作。澳大利亚离不开美国的安全保护,又割舍不了中国给它带来的经济利益。

---

① Department of the Prime Minister and Cabinet, *Australia in the Asian Century*: *White Paper*, Canberra: Commonwealth of Australia, 2012, p. 1.

随着"东进"战略的推进,作为印度洋地区的主要国家,印度不断加强与亚太地区国家的合作,企图增加其在亚太地区的影响力。东北亚地区的日本虽然与澳大利亚和印度相距甚远,但为了遏制中国,日本不断加强与澳大利亚和印度的合作,试图构建一个针对中国的三边关系。澳大利亚地处太平洋和印度洋的连接处,地缘政治位置重要,是美国、印度和日本竞相拉拢的对象,澳大利亚的国家战略走向对印太地区的和平稳定有着不可忽视的作用。

周边安全环境是影响中国和平发展的重要外部因素,亚太地区和印度洋地缘政治环境的发展变化事关我国周边安全环境。在世界贸易和能源运输严重依赖海洋的今天,连接印度洋和太平洋的航线是世界上最繁忙的运输航道。南海争端,特别是美国别有用心地对航行自由的强调,已将世界的目光聚集到了海上,特别是印太地区。印度洋和太平洋地区聚集了影响中国发展的几个主要国家和力量中心:美国、日本、印度和东盟。澳大利亚虽然与中国不存在直接的安全利益冲突,但澳大利亚与上述几个国家的关系,却影响着中国的地缘安全环境。

首先,美国实施重返亚太战略的主要目的是遏制围堵中国。澳大利亚是美国的盟国,是美国实施重返亚太战略的"南锚",美国在澳大利亚驻军的多少与我国的国家安全休戚相关。① 其次,日本与中国在东海存在钓鱼岛争端和海洋划界等问题。政治上中日关系一直忽冷忽热,经济方面既存在竞争也有合作,在安全领域的形势也是不容乐观。日本近年来不断谋求解禁集体自卫权,向一个"正常国家"转变,给周围国家带来了巨大的安全挑战。日本一再在安全方面拉拢澳大利亚,目标直指中国。再次,印度是我国的陆上邻国,人口仅次于中国,也是印度洋地区的大国。中国要走出太平洋,不可避免地将在印度洋与印度遭遇。澳大利亚地处太平洋和印度洋的衔接地带,澳大利亚与印度的关系,对我国成为一个海洋强国有不可忽视的影响。最后,中国虽与东盟国家存在广泛

---

① 美国于 2011 年后在澳大利亚驻军,且驻军数量逐年增加。——作者注

的经济交流与合作,但是由于南海争端,菲律宾、越南等成员国企图利用东盟将南海问题扩大化和国际化。澳大利亚地处东盟的南端,与东盟关系密切,澳大利亚与东盟关系的发展对我国的安全环境有重要的影响。国际交往是一个复杂的体系,相互间利益的交汇和安全上的对抗与合作,使其中的每一个国家都要考虑他国的对外战略,以及由此所面临的诸多挑战。澳大利亚与美国、印度、日本和东盟的关系,势必对我国的周边安全环境和对外战略产生影响。

二、研究意义和价值

印度洋是世界上最繁忙的贸易通道,全球 2/3 的石油运输和 1/3 的大宗货物运输途经印度洋。从东非到巴基斯坦,从斯里兰卡到缅甸,从澳大利亚一直到西太平洋沿岸,中国、日本和韩国等主要的东亚国家在这些地区有着广泛的商业利益、能源安全需求或外交关切。太平洋和印度洋无论在经济上还是在安全上已经紧密联系在一起。无论承认与否,"印太"如今不只是一个直白的表述方式,而是逐渐成为主要国家进行战略谋划的主要概念框架和力量运用的主战场。

(一)本课题的现实意义

虽然在海洋生物学和种族学中,"印太"一词早已存在。[1] 但是作为一个地缘政治概念,"印太"则是近些年才开始被逐步使用。对于"印太"这一概念,印度、美国和澳大利亚的学术界运用得较多。澳大利亚在 2012 年的国防白皮书《亚洲世纪中的澳大利亚》(*Australia in Asian Century*)中将亚洲作为澳大利亚的战略重点。在 2013 年的国防白皮书中,澳大利亚政府明确提出了"印太"这一概念。澳大利亚是第一个将"印太"正式作为国家战略区的国家。虽然亚太仍然是美国的官方表述,但是印太也开始出现在美国的官方表达之中。前国务卿希拉里及其东亚助理国务卿库特·坎贝尔在演讲中也多次用到印太这一表述方式,原

---

[1] 吴兆礼:《"印太"的缘起与多国战略博弈》,载《太平洋学报》,2014 年第 1 期,第 29 页。

国务卿约翰·克里曾称缅甸为"印太经济走廊"。2013年,美国前副总统乔·拜登在对印度的访问中强调印度洋是美国太平洋"再平衡"的一个维度。美军太平洋司令部的海军上将塞缪尔·洛克利尔不再用亚太这一表述,而称之为"印度洋—亚洲—太平洋"。如今,"印太"这一地区概念已经引起了该地区很多国家的关注,尽管各国的表述方式不尽相同。印度称之为"印度—太平洋"(Indian-Pacific),暗含印度所属之意,日本称之为两洋汇合(confluence of two seas),印度尼西亚前总统苏西洛·班邦·尤多约诺的印太却是"Indo-Pasifik"。①

在印太地区,海上贸易和战略大国美国、中国和印度,以及日本和澳大利亚等国家的利益相互交织,正在形成一个战略体系。按照现实主义的观点,权力是国际关系的核心。中国和印度的快速发展,国家实力的提升,使两国的权力日益增大。中国又被外界尤其是美国政界认为是一个能挑战美国权力的潜在超级大国。近年来,朝鲜半岛无核化、中日钓鱼岛争端、台海争端,尤其是南中国海争端等问题使得亚太地区的安全局势不容乐观。美国重返亚太,不仅加大在亚太地区的军事存在,更频繁干预南海争端,挑动越南、菲律宾等国来挑衅中国,使得亚太地区的安全环境更加恶化。随着"东进"战略的推进,印度也开始活跃在亚太地区。通过加强与东盟及其各成员国的经济合作,与日本的军事演习,以及与澳大利亚的防务合作等一系列双边和多边框架,印度已是亚太地区诸多事务的重要参与国。

澳大利亚是一个地处两洋衔接处的中等强国,周边环绕着美国、中国、日本、东盟和印度等更强的国家或力量中心。经济全球化使两洋密不可分,而海权重要性的凸显更加催生了印太战略区的生成。权力转移导致亚太地区的格局产生变化。澳大利亚如何在印太这一区域中定位自己,做出何种战略选择来谋求国家利益的最大化,不仅事关澳大利亚

---

① Rory Medcalf, "The Indo-Pacific: What's in a Name?" *The American Interest*, Vol. 9, No. 2, pp. 58 - 66.

的长远发展,更影响到该地区内的主要国家。中国作为其中的重要一员,受到的影响将更为直接和巨大。

（二）研究本课题的战略意义

尽管印太生成的根源是经济一体化的发展,但是印太战略体系的形成所造成的影响却集中在战略方面,因为印太不是普通的地理区域,它是包含几个密切联系的"亚地区"的地缘政治区域。印太打破了20世纪后期所形成的东亚和南亚作为独立战略体系的概念,强调了海洋作为商业和竞争主要场所的重要性。有人可能认为印太地理范围过大,不能成为一个有意义的战略体系。但是印太地区,守成大国和崛起中的国家之间的互动有其特点和规律。中国和其他东亚国家对能源和资源有巨大的需求,并且有大量途经印度洋的海上贸易。印度洋的海盗活动,以及印度洋地区国家的动荡都对中国和其他亚太地区国家有着不可忽视的影响。印度的"东进"战略使印度在太平洋地区的活动增多,美国在印度洋和太平洋都扮演着至关重要的战略角色。利益的相互交织,战略上的互动或防范,使得太平洋和印度洋逐渐成为一个战略体系。

与此同时,"印太"这一概念也展现了印太地区的复杂性。地区内各种因素相互作用的加强在带来诸多利益的同时,也造成了不同问题交叠在一起,加大了战略选择的难度。尽管"亚地区"有其独特的战略微环境,"亚地区"的紧张局势可能被隔离或控制,但是当印太成为全球经济的中心,任何牵扯到印太主要国家美国、中国、印度和日本的问题,就会突破"亚地区"的限制,成为印太地区的问题,甚至产生全球影响。例如,南海问题已不再是一个东亚问题,各大国都将南海问题作为检验中国大国行为的试验场。不管承认与否,南海及东南亚地区的海上航线已经成为印太地区的一个核心问题。中国、印度和美国作为印太地区的三个最主要的大国,该地区的任何动荡不安都将对这三个大国的利益产生影响。对印度和中国而言,尤其如此。

因此,正在形成中的印太秩序事关如何处理好在印太这个广大的海域内众多国家间相互交织并不断扩大的国家利益。印太这一地区概念产生的根源也不是纯战略、外交或区域划分的因素,而是中国、印度、日本、东盟、美国、澳大利亚等在经济上的相互依赖,安全上的相互防范或合作。中国 80% 的石油进口来自途经印太海上航线的中东和非洲,中国在非洲和中东地区的经济贸易、利益存在也在不断扩增。根据 20 世纪90 年代的数据推测,中国和中东之间的贸易额在 2020 年将达到 5000 亿美元,中国与非洲之间的贸易增长保持在 20% 至 43% 之间。中国和马来西亚是非洲的前五大投资者。中国在非洲生活和工作的人员已达到100 万人,而在世纪之交只有几千人。①

在印太地区,经济上的发展变化正导致地区国家重新审视其战略利益并改变其战略。中国和其他大国正将安全关注转移到维护经济利益上,其他国家也在相应地做出回应。尽管澳大利亚、新加坡、印度和印度尼西亚与美国的防务关系在不断加强,但是这些国家都与中国经济关系密切,贸易交往量大。印度和美国是战略伙伴关系,双方开展的联合军事训练是非盟国间最多的。澳大利亚和新加坡位于太平洋和印度洋的交汇地带,对美国的海上力量而言是重要的交通要道和中转站。美国希望在澳大利亚和新加坡建立补给站或基地,以便美国调动力量,应对两洋的突发事件。澳大利亚和新加坡可以说是"枢纽中的枢纽"(a pivot within the pivot),足见印太地区地缘价值之重大。

如今,"印太"这一概念在地图上可以清楚地表示,物质现实也客观存在。通过语言和地图所表达的印太概念所折射出来的战略影响反过来又重塑该地区的物质现实和政治选择。印太是正在发生变化的反映和"代理人"。

三、国内外研究现状

由于"印太"概念是近几年新提出的概念,国内外学术界虽然对此有

---

① Rory Medcalf, "The Indo-Pacific: What's in a Name?" *The American Interest*, Vol. 9, No. 2, pp. 58 – 66.

一定的研究,但研究成果有待丰富。

(一)国内研究专著和硕博士论文

可能是由于印太体系尚在形成的过程中,还未得到各个国家的普遍认可,目前还未找到国内这方面的研究专著。有关澳大利亚对华政策、美澳关系、澳大利亚的东盟战略和澳大利亚的海洋战略的博硕士论文则相对较多(见表0-2),这也为研究本课题提供了一些帮助。

表0-2 有关澳对华政策、美澳关系、澳对东盟战略以及澳大利亚
海洋战略的部分硕、博士论文一览表①

编号	作者	题目	完成时间	备注
1	崔越	《澳大利亚二战后对外行为逻辑分析——基于中等强国研究的理论视角》	2014年6月	博士论文
2	钱锦	《21世纪澳大利亚对华外交政策探究》	2014年6月	硕士论文
3	李顺成	《21世纪初澳大利亚的对华政策的变化及其对中澳关系的影响》	2008年6月	硕士论文
4	甘振军	《澳大利亚对东盟国家关系研究(1967—2007)》	2012年5月	博士论文
5	程鹏翔	《同盟拓展:21世纪美澳关系研究》	2015年6月	博士论文
6	赵晶晶	《澳大利亚海洋安全战略及其对中国的影响》	2013年6月	硕士论文
7	张秋生	《澳大利亚与亚洲关系研究(1940—1995)》	1999年6月	博士论文

由外交学院苏浩教授指导,博士研究生崔越2014年撰写的博士论文《澳大利亚二战后对外行为逻辑分析——基于中等强国研究的理论视角》②,从中等强国的视角对澳大利亚的对外政策进行了分析。作者综合运用体系结构、体系心理以及地缘安全、功能主义和行为主义路径分析了二战后澳大利亚在联盟行为、地区行为和多边行为中的中等强国行为,并由此分析了影响澳大利亚各届政府外交政策的原因。

由周永生教授指导,外交学院硕士研究生钱锦2014年撰写的《21世纪

① 该表系作者独立绘制完成,具体内容来源于互联网、图书馆等书目与资料的收集。
② 崔越:《澳大利亚二战后对外行为逻辑分析》,外交学院2011年博士论文。

澳大利亚对华外交政策探究》①以时间为主线,对澳大利亚的对华政策进行了历史梳理,并分析了澳大利亚对华政策发生变化的原因。作者认为,新中国成立后澳大利亚的对华政策主要受冷战、澳美同盟、澳大利亚国内政治环境等因素的影响。进入 21 世纪后,澳大利亚对华政策从冷热交替到趋于务实,希望借助中国的发展来促进澳大利亚国内经济的发展。外交学院硕士研究生李顺成撰写的《21 世纪初澳大利亚的对华政策的变化及其对中澳关系的影响》②,对新中国成立后澳大利亚的对华政策进行了分析,认为 21 世纪澳大利亚对华政策主要受两国经贸关系、人员和文化交流、中国外交新变化、亚太地区发展趋势以及美国对华政策变化的影响。

华东师范大学的甘振军于 2012 年撰写的博士学位论文《澳大利亚对东盟国家关系研究(1967—2007)》③,将澳大利亚和东盟的关系发展过程,以冷战结束为界分成两大阶段。作者认为 1967—1991 年这段时间由于澳大利亚与东盟的关系刚刚起步,双方经济交往有限,贸易量较小,相互投资不平衡,且由于产业结构的相似性,双方摩擦较多。在防务领域,澳大利亚同印度尼西亚和马来西亚之间的合作有成效却也有曲折,同泰国、菲律宾则保持着松散的关系。在柬埔寨的和平进程中,澳大利亚和东盟在总体政策上一致,但也存在分歧。1991—2007 年的第二阶段中,澳大利亚对东盟的关系处于"全面介入"阶段。1991 年底,在澳大利亚基廷工党政府"面向亚洲"政策的推动下,澳大利亚与东盟处于良好的互动状态。但在随后 11 年的霍华德政府执政期间,澳大利亚与东盟在政治互信和安全合作关系上产生了动摇,甚至有所倒退。在与东盟成员国的双边关系方面,澳大利亚则是稳步推进与老成员国的关系,同时积极发展与新成员越南、老挝、柬埔寨和缅甸的双边关系。

吉林大学程鹏翔 2015 年撰写的博士学位论文《同盟拓展:21 世纪美

① 钱锦:《21 世纪澳大利亚对华外交政策探究》,外交学院 2014 年硕士论文。
② 李顺成:《21 世纪初澳大利亚的对华政策的变化及其对中澳关系的影响》,外交学院 2008 年硕士论文。
③ 甘振军:《澳大利亚对东盟国家关系研究(1967—2007)》,华东师范大学 2012 年博士论文。

澳关系研究》①,对 21 世纪美澳同盟内涵和视野的拓展进行了分析研究。作者认为美澳同盟不仅包括军备合作和情报合作,现已拓展到了太空、网络安全以及反恐等方面的合作。在视野范围上,美澳两国在东北亚、东南亚和南太平洋地区的合作不断增多,行动协调一致。作者还论述了在"印太"框架下,美澳同盟与印度和日本的关系,认为美、澳、印三方各取所需。在重返亚太的过程中,美国在加强美澳同盟的同时,积极拉拢印度。澳大利亚则利用其位置优势,同时在与美国和印度的关系上获益。印度则利用与美国和澳大利亚的关系来抗衡中国。美澳同盟虽然坚固却也面临着困境:在美国相对实力下降、财政紧缩和军费削减的情况下,美国继续强势介入亚太的能力受限,使澳大利亚对美国的信心有所动摇;由于中美关系的特殊性,澳大利亚面临在中美之间"选边站"的困境;澳大利亚自主意识增强使其在坚持美澳同盟和独立自主上摇摆纠结。

中国海洋大学赵晶晶 2013 年撰写的硕士学位论文《澳大利亚海洋安全战略及其对中国的影响》②,从地缘安全战略的角度分析认为,澳大利亚与亚太地区特别是东南亚各个国家之间的关系是其国家安全的根本所在。澳大利亚将美澳军事同盟作为其海洋战略的基础,通过不断加强包括海军力量在内的海洋实力建设,来保持澳大利亚在南太平洋地区的军事优势。与此同时,澳大利亚积极参与亚太经合组织和东盟地区论坛等亚太多边或双边安全合作防务机制。澳大利亚海洋战略的目标是在确保国家国防安全和经济安全的同时,使自己成为亚太地区特别是南太平洋地区有影响力的区域性海洋大国。

(二)国内学术文章

中国社会科学院吴兆礼在《"印太"的缘起与多国战略博弈》③一文中指出,"印太"这一地缘概念的产生是印度洋和太平洋地缘经济和地缘政治发展的产物。"印太"有地理、时间和战略三层内涵。美国、印度和澳

---

① 程鹏翔:《同盟拓展:21 世纪美澳关系研究》,吉林大学 2015 年博士论文。
② 赵晶晶:《澳大利亚海洋安全战略及其对中国的影响》,中国海洋大学 2013 年硕士论文。
③ 吴兆礼:《"印太"的缘起与多国战略博弈》,载《太平洋学报》,2014 年第 22 卷第 1 期。

大利亚在印太框架内各有考量。中国是"印太"形成的显性因素,中国是典型的印太国家。四川大学南亚研究所的张力所撰写的《"印太"构想对亚太地区多边格局的影响》①表达了不同的看法,他认为美国是"印太"概念的主要倡导者,印度国内对该概念存在分歧。日本是"印太"概念的主要相关国,"印太"战略构想与美、印、日三边合作交相影响。澳大利亚积极支持美国重返亚太和推动"印太"战略构想,希望充当沟通东西方的桥梁。"印太"还停留在理念的层次上,尚未形成真正的地区安全体系,中国的"印太"身份也不明朗。

北京第二外国语学院法政学院国际问题研究中心副教授肖洋所发表的《"印—太战略弧"语境下澳大利亚安全空间的战略重构》②指出,澳大利亚提出"印—太战略弧"是其西部经济发展推动的结果,也是西太平洋和印度洋经济联系增强以及美国重返亚太这些外部因素的推动。在此语境下,印度洋成为澳大利亚战略空间的新方向,南太平洋是澳大利亚需要密切关注的战略地带。中国的崛起削弱了澳美同盟的经济基础,亚太一体化议题的多国竞争机制削弱了澳大利亚的中等强国地位。

华中师范大学博士研究生陈邦瑜及其导师韦红共同撰写的《试论"印太时代"及中国的战略应对》③,从时代变迁和文明迁移的角度对亚太时代和印太时代的形成进行了对比。通过对比发现,印太时代意味着印度洋地区在政治、经济和地区影响力方面超越大东亚地区,成为未来国际社会互动的中心区域,对大东亚地区充满了排斥性。然而事实却并非如此,大东亚地区在经济、政治和影响力方面仍然是印度洋地区难以企及的。印太时代的实现必须依赖印度洋地区与大东亚地区的高度融合。针对这一现象,中国应该加强与俄罗斯的全面战略协作伙伴关系,发展与南亚地区的关系,促进东亚与印度洋地区的融合,积极推进与南太平

---

① 张力:《"印太"构想对亚太地区多边格局的影响》,载《南亚研究季刊》,2013 年第 4 期。
② 肖洋:《"印—太战略弧"语境下澳大利亚安全空间的战略重构》,载《江南社会学院学报》,2013 年第 15 卷第 4 期。
③ 陈邦瑜、韦红:《试论"印太时代"及中国的战略应对》,载《印度洋经济体研究》,2015 年第 2 期。

洋地区的澳大利亚、新西兰和其他国家的交流与合作,并扩大在南太平洋地区的利益存在和影响力。

（三）国外专著

目前,国外暂时还没有专门直接涉及澳大利亚印太战略的专题著作,大都是通过梳理、论述、分析澳大利亚的历史、身份定位、对外政策、安全战略、经济贸易以及同东亚、东南亚、印度洋地区和各双边或多边合作机制等的关系,从侧面间接地反映澳大利亚印太战略概念的形成与发展,这些国外著作(部分见表0-3)内容翔实、丰富,较为客观地全面展现了澳大利亚对外政策与战略选择形成进程的蓝图。

表0-3　侧面间接反映澳大利亚印太战略形成与发展的部分国外专著[①]

编号	作者	题目		出版年
		英文	中文	
1	Rawdon Dalrymple	*Continental Drift-Australia's search for a Regional Identity*	《大陆漂移——澳大利亚对地区身份的探索》	2003
2	Brendan Taylor	*Australia as an Asia Pacific Regional Power：friendship in Flux*	《作为一个亚太地区强国的澳大利亚——不断变化中的友好关系?》	2007
3	James Cotton，John Ravenhill	*Trading on Alliance Security-Australia in World Affairs 2001 - 2005*	《对联盟安全的利用——2001—2005 世界事务中的澳大利亚》	2007
4	James Cotton，John Ravenhill	*Middle Power Dreaming-Australia in World Affairs 2006 - 2010*	《中等强国的梦想——2006—2010 世界事务中的澳大利亚》	2011
5	Brad Williams，Andrew Newman	*Japan，Australia and Asia-Pacific Security*	《日本、澳大利亚与亚太安全》	2006
6	Sally Percival Wood, Baogang He	*the Australia-ASEAN Dialogue Tracing 40 Years of Partnership*	《澳大利亚—东盟对话40年伙伴关系追踪》	2014
7	Jiro Okamoto	*Australia's Foreign Economic Policy and ASEAN*	《澳大利亚的对外经济政策和东盟》	2010

---

① 该表系作者独立绘制完成,具体内容来源于互联网、图书馆等书目与资料的收集。

2003 年罗顿·达尔林普尔(Rawdon Dalrymple)的著作《大陆漂移——澳大利亚对地区身份的探索》①结合澳大利亚历史,就澳大利亚的国家身份进行了探索性论述。作者认为二战后到 1996 年,澳大利亚积极与东亚国家发展关系,尤其是贸易关系。但是澳大利亚人却同时又因为自身一些不切实际的形象和幻想而抵触现实,对澳大利亚的人口稀少也不再感到担忧,反而认为这对澳大利亚有益。澳大利亚地处不同文化和文明环境中,至今尚未解决妨碍它对国家身份有更清楚认识的基本问题。1996 年之前澳大利亚一直在是否增强与东亚地区的关系方面犹豫不决,但是 1996 年,基廷政府大力加强与东亚地区联系的政策又让很多澳大利亚人感到不满。作者所指的东亚地区是从中国北部一直延伸到南部印度尼西亚之间的区域。1998 年,由于东帝汶问题,澳大利亚和印度尼西亚的关系恶化,使澳大利亚在东亚地区面临不确定性和反对声。作者认为澳大利亚融入东亚是符合现实的,澳大利亚应该继续加强与东亚国家的关系,东亚国家对澳大利亚的接纳事关澳大利亚的长期安全,这也应该是澳大利亚外交政策的主要关注点。该著作中,作者认为澳大利亚与美国的安全盟友关系受到中国崛起、澳大利亚的地区战略重要性下降、中美在台湾问题上的对抗,以及澳大利亚国内反美情绪的影响。在与中国的关系上,澳大利亚采取的是双轨战略,一方面使中国融入亚太秩序中,另一方面将澳中关系与中美关系隔离。澳大利亚与印度的共同利益集中在有关跨国安全的问题上,澳大利亚是否向印度出售铀将对两国安全关系产生影响。由布伦丹·泰勒(Brendan Taylor)编纂的著作《作为一个亚太地区强国的澳大利亚——不断变化中的友好关系?》②收集了不同学者在具体方面的观点,探讨了作为一个亚太地区的强国,澳大利亚与美国、中国、印度和日本的安全关系,以及澳大利亚与印度尼西

---

① Rawdon Dalrymple, *Continental Drift-Australia's search for a Regional Identity*, Alder-shot: Ashgate Publishing Limited, 2003.

② Brendan Taylor, *Australia as an Asia Pacific Regional Power: friendship in Flux*, London: Routledge Taylor & Francis Group, 2007.

亚、新加坡、南太平洋岛国和新西兰的安全关系。

由詹姆斯·考登(James Cotton)和约翰·雷文希尔(John Ravenhill)共同主编的著作《对联盟安全的利用——2001—2005 年世界事务中的澳大利亚》①，以"9·11"事件为起点对 2001 年至 2005 年间澳大利亚的对外政策进行了分析。作者认为此时期内澳大利亚的外交政策充满了现实主义和双边主义，并积极参与地区接触。虽然这一时期澳大利亚的外交受双边主义的主导，但是澳大利亚并没有忽略对多边机制的参与，澳大利亚主要以非正式对话和交流的形式参与多边事务。澳大利亚除了加强与美国和日本的关系，还对中国尤为关注，其目的是为了加强与中国的经济合作。该著作还对澳大利亚与东南亚地区、英国、欧盟和西亚的关系进行了分析。所讨论的议题主要是安全、防务、恐怖主义以及全球经济。作者认为澳大利亚在未来将更加务实，在环境领域将面临更多挑战。2011 年，詹姆斯·考登和约翰·雷文希尔又共同主编了《中等强国的梦想——2006—2010 年世界事务中的澳大利亚》②对 2006 年至 2010 年间澳大利亚的对外政策进行了分析，包括澳大利亚与美国、中国、日本、欧洲、太平洋岛国和东帝汶以及非洲的关系。

2006 年出版，由布拉德·威廉姆斯(Brad Williams)和安德鲁·纽曼(Andrew Newman)共同编著的《日本、澳大利亚与亚太安全》③以时间为主线，对澳大利亚与日本从 1952 年到 20 世纪初的安全关系进行了分析。作者还对澳大利亚、日本和美国三方的安全合作进行了研究。2014年出版，由莎莉珀西瓦尔·伍德(Sally Percival Wood)和何包钢(Baogang He)共同编著的《澳大利亚—东盟对话 40 年伙伴关系追踪》④

---

① James Cotton and John Ravenhill, *Trading on Alliance Security-Australia in World Affairs 2001–2005*, South Melbourne: Oxford University Press, 2007.

② James Cotton and John Ravenhill, *Middle Power Dreaming-Australia in World Affairs 2006–2010*, South Melbourne: Oxford University Press, 2011.

③ Brad Williams and Andrew Newman, *Japan, Australia and Asia-Pacific Security*, Abingdon: Routledge, 2006.

④ Sally Percival Wood and Baogang He, *The Australia-ASEAN Dialogue Tracing 40 Years of Partnership*, New York: Palgrave Macmillan, 2014.

分三个部分讨论了澳大利亚与东盟的关系。第一部分是论述澳大利亚与东盟的总体关系,作者认为澳大利亚积极融入亚洲,澳大利亚对待亚洲地区主义的方式是加强与亚洲大国的关系,并积极参加东亚峰会。第二部分分析了澳大利亚所面临的挑战,这些挑战包括东帝汶问题、澳大利亚与东盟的反恐合作,以及移民问题。第三部分是有关澳大利亚与东盟的经济关系。冈本次郎(Jiro Okamoto)所著的《澳大利亚的对外经济政策和东盟》①对澳大利亚与东盟的经济关系进行了详细的分析,作者认为澳大利亚的对外经济政策受到国际体系和国内政策制定过程的影响,并且具有保护主义传统。冈本次郎以二战后澳大利亚对东南亚的态度为起点,分析了澳大利亚与东盟关系的发展历程,认为东盟是澳大利亚加强与东亚关系的大门。

（四）国外学术文章

2012 年 12 月,罗里·麦德卡尔夫(Rory Medcalf)在《外交家》杂志发表的《印太时代已经到来》②一文中指出,印太是一个正在形成的包括印度洋和太平洋地区在内的亚洲战略体系。它的形成部分是因为中国与印度的利益和影响在地理上的扩张,以及美国在与这两个国家交往过程中所扮演的战略角色和美国在中国、印度周边的存在。在印太地区,海上贸易与战略大国美国、中国和印度,以及日本和澳大利亚等国家的利益相互交织,正在形成一个战略体系。无论承认与否,印太都是客观存在的。作者认为核心的印太地区由南中国海、东南亚海域和孟加拉湾等重要海域组成。

2015 年,什瑞雅·乌帕德黑(Shreya Upadhyay)在为"国际和平和冲

---

① Jiro Okamoto, *Australia's Foreign Economic Policy and ASEAN*, Singapore: ISEAS Publishing Institute of Southeast Asian Studies, 2010.

② Rory Medcalf, "A Term Whose Time Has Come: The Indo-Pacific," *The Diplomat*, December 4, 2012, http://thediplomat.com/2012/12/a-term-whose-time-has-come-the-indo-pacific/.

突研究智库"(IPCS)撰写的文章《印太和印美地缘合作关系》①中指出,随着地缘经济和地缘政治的发展,由于过分关注美国、中国和日本,而忽略东南亚和南亚,亚太概念被认为过于狭隘。亚洲国家的崛起,印度洋地区在经济和人力资源方面的异军突起,及其对中东和北非石油、天然气的依赖,使印太逐渐成为新的地缘政治建构。美国本意欲通过东盟进行印太的地缘建构,但是东盟国家目前对印太的构建立场不一致,无法就此达成一致意见。中国曾因"亚太"概念将美国拉进亚洲而难以接受,现在"印太"概念将印度也包含在内,成了一种美中印的三头政治局面。印度的"东向"政策以及不断扩大其在印度洋地区的存在和影响力的努力为美国拉拢印度提供了机会。印度对"印太"概念持赞成态度是因为印太为印度的战略自主提供了空间。在印太框架下,印度可以自由地与各国进行接触,而不必结盟。印太使印度成为直接的利益相关方,而不是类似盟国的美国伙伴。印度可以采取与国家利益相一致的外交政策。一方面,在国际水域的航行自由问题上,印度选择与美国相一致的方针,还参与了美国和日本的安全对话。另一方面,印度又呼吁包括中国和美国等在内的亚洲国家协调一致,来确保印度洋的海上安全,以建立更加平衡的安全合作。

由拉尼·D. 马伦(Rani D. Mullen)和科迪·保普林(Cody Poplin)2015 年撰写,发表在《外交事务》杂志上的文章《新的大角逐——对印太地区介入和影响力的争夺》②论述了在印太地区中,中国和印度为发展各自经济,确保海上通道和增强地区影响力,在孟加拉国、巴基斯坦、缅甸和斯里兰卡进行了激烈的竞争。在对孟加拉国的影响上,双方胜负难分;在巴基斯坦,中国无疑是赢家;在缅甸,印度趁中国战略失利之际,成

---

① Shreya Upadhyay, "the Indo-Pacific & the Indo-US Relations Geopolitics of Cooperation," November 25, 2015, http://www.ipcs.org/issue-brief/china/the-indo-pacificnbsp-amp-the-indo-us-relations-geopolitics-of-256.html.

② Rani D. Mullen and Cody Poplin, "The New Great Game - A Battle for Access and Influence in the Indo-Pacific," *Foreign Affairs*, September 29, 2015, https://www.foreignaffairs.com/articles/china/2015-09-29/new-great-game.

为大赢家;在斯里兰卡,中国略胜一筹。

四、可能的创新

一是从权力转移和地缘政治的角度来解读印太体系。"印太"概念的产生是地区乃至全球权力转移的结果,由此导致的地缘政治变革,给我国周边安全环境带来了新的挑战。换言之,在印太体系中,各行为体之间的相互关系错综复杂,作为身处其中的重要一员,中国将受到深刻的影响。

二是从澳大利亚的视角来分析印太体系中主要国家的关系,以及澳大利亚在其中所发挥的作用。澳大利亚是第一个在官方文件中明确承认印太概念的国家,并以此作为其制定国家战略的理论依托。澳大利亚虽然只是印太体系中的一个中等强国,但是由于其地缘战略位置的特殊性,成为印太地区各主要大国竞相拉拢的对象。在印太架构下,澳大利亚的战略选择也变得尤为重要。

五、研究思路及主要内容

本研究拟采用系统分析法和功能分析法对印太体系的初步形成以及澳大利亚在其中所扮演的角色进行分析。最终落脚点是印太战略背景下澳大利亚的对华政策,最大意义是分析对中国的影响并思考中国的应对措施。

本书主体内容分为五部分:

第一章主要是对 20 世纪澳大利亚的对外战略进行了梳理。澳大利亚从独立到第二次世界大战期间,其对外战略从追随英国发展到追随美国。70 年代开始,由于冷战形势的缓和,澳大利亚与中国建交,在坚持澳美同盟的同时逐渐"面向亚洲"。90 年代末,霍华德政府采取了现实主义和务实的方针,这也被称之为"霍华德主义",其中与亚洲国家的关系和对美追随之间的矛盾开始显现。

第二章论述了澳大利亚印太观及印太战略的出台。进入 21 世纪,亚洲经济的持续发展和活力不仅使亚洲成为世界经济的重心,亚洲经济对太平洋和印度洋海上航线的依赖,也使太平洋和印度洋密不可分。南亚地区和印度洋与亚太地区逐渐形成一个地缘经济和地缘政治的整体。反映以上变化的印太这一地缘政治概念也逐渐得到美国、印度、日本、澳大利亚等国家的不同程度的认可和使用。澳大利亚由于其在印太地区中地缘战略位置的重要性,在 2013 年正式将印太作为国家的战略区域,并形成了自己的印太观,积极谋求在印太地区发挥地缘政治支轴作用。

第三章集中分析澳大利亚印太战略的目标追求。澳大利亚在印太地区的安全关切由东南亚、印度洋和南太平洋等地区组成。本土和近周边地区是澳大利亚最直接的安全关切。印度洋则是澳大利亚在经济上尤为重视的地区。当然,澳大利亚的繁荣与稳定更多地建立在以东亚和东南亚为主的亚洲地区。同时,澳大利亚积极向印度洋进军,扩充更大的利益空间,为今后更大的发展铺路和谋划。

第四章从外交、经济和防务三个方面对澳大利亚实施印太战略的情况进行梳理。探讨了在印太战略区中,澳大利亚如何协调与美国、印度和东盟的关系来争取安全利益和经济利益的最大化,如何发挥澳大利亚作为一个中等强国的作用。在对美政策方面,澳大利亚坚持与美国的防务合作,欢迎美国重返亚太。在印度洋安全方面,澳大利亚与印度存在共同的利益。澳大利亚与东盟中的新加坡、菲律宾、泰国、越南都是防务伙伴关系。印度尼西亚是东盟中离澳大利亚最近的邻国,又是东盟的领导国家,澳大利亚对印度尼西亚尤其重视。除安全领域,澳大利亚在经济、社会等方面与东盟的关系也尤为密切。

第五章阐述了印太战略背景下澳对华政策及对策思考。在印太战略区域中,澳大利亚虽然是一个中等强国,但却是大国关系网中的重要节点,对整个印太体系中的战略平衡有着至关重要的作用。澳大利亚在印太地区编织了一张复杂的关系网,影响到整个印太地区的安全与稳定。中国作为其中的重要一方,势必会受到影响。澳大利亚的战略选择对中国将会产生何种影响,以及中国应该如何应对,这都是必须面对的现实问题。可以确定的是,在印太的框架下,中国的权力将被稀释,因为印太是一个更广大的地区,不是任何一个国家可以控制的。它形成的部分原因就是中国的国家利益经过海洋向南向西的扩展。从概念上,印太就已经将中国包括在内。不管承认与否,这都将是一个不可改变的事实。而且,随着中国的发展,中国作为一个印太国家的事实将更加明显。

第一章　20世纪澳大利亚对外战略的演变

澳大利亚国家对外战略的演变主要是依据国家安全、经济和地区局势几个方面变化而变化。从英国的殖民地到独立建国,从依附英国转向美国,澳大利亚逐渐走向国际政治舞台。澳大利亚战略方向逐渐从模糊趋向清晰,从跟从依赖到自主性逐步加强,从依附英国和美国来维护国家安全,到不断发展防务能力和国家经济实力力求独当一面。从东南亚到东亚,再到亚太,直至今天的印太地区,澳大利亚的战略谋划和战略区域范围不断扩展。澳大利亚走向国际政治舞台的过程也是其国家权力不断增强,国家地位不断提升,国家影响力不断增强的过程。

第一节　从追随英国到追随美国

澳大利亚是一个具有西方尤其是英国传统,但在地理上却位于大洋洲,远离欧洲、美洲大陆,临近亚洲的国家。澳大利亚经历了寻找国家身份的漫长时期,其国家身份或地区认同几经调整,与之相伴随的是其对外战略的演变。与前往北美大陆的新教徒不同,澳大利亚原是英国政府流放和羁押罪犯的地方。这些罪犯和前来任职的政府人员认为自己仍然是英国的臣民,与英国本土的居民享有同样的权利。因此,澳大利亚的社会是对英国社会的复制,而不是一个新建立的自由世界。但是随着自由民涌入的增多,澳大利亚大陆岛内各殖民地的经济逐渐发展起来,不再是荒凉之地。随之而来的则是自主和独立意识的增强,而这从根本上决定了澳大利亚的独立以及与时俱进的战略调整。其核心要义则是从追随英国发展为追随美国。

一、建立联邦制与自立意识的萌发

1770年,英国皇家海军的库克船长(Captain James Cook)在第一次太平洋航行中到达了澳大利亚东海岸,并将其命名为"新南威尔士",并宣布这片土地属于英国。1788年,英国宣布新南威尔士为英国的直辖殖民地。到1859年,英国共在澳大利亚大陆建立了六块直辖殖民地,这六块直辖殖民地即是澳大利亚现在的六个州。[1] 自1788年起,英国就为澳大利亚提供防卫安全和保护,居住在澳大利亚的英国人也因此而感到安全和自豪。19世纪前半期,随着殖民地的扩展、经济的发展和英国自由移民涌入的增多,澳大利亚掀起了一场争取平等权利的自治运动。进入19世纪70年代以后,美国、德国和法国等国家在太平洋地区的活动对澳大利亚的海上贸易和陆上安全都造成了威胁。[2] 面对日益严峻的防务问题,英国虽然仍承担着对澳大利亚的海上防御,但已开始要求澳大利亚人独自承担陆上安全,并要求澳本岛各殖民地政府组建军队,补充英国政府的海上防御力量。英国的种种做法不仅使澳大利亚人意识到自己与英国本土存在着差别,并且对母国的索取心生不满。出于各自利益的考虑,围绕责任与义务等权利问题,澳大利亚各殖民地同英国之间产生了各种分歧。面对英国单方面改变政策的行为,澳大利亚各殖民地感到不安和无助,被迫走上自立、自主和互助的道路。[3] 从19世纪中期开始,

---

[1] 澳大利亚现有的领地是没有被英国殖民管辖的地方。——作者注
[2] 何显亮:《英国在澳大利亚民族国家建立过程中的作用》,载《学理论》,2009年第28期,第154—155页。
[3] 王宇博:《剖析19世纪澳大利亚民族认同》,载《世界历史》,2007年第6期,第111—120页。

在"牧羊业大潮""淘金热"的带动下,澳大利亚经济逐步走上工业化道路,不再单纯是英国经济的补充与延伸,澳民族经济日渐兴起。澳大利亚六块殖民地之间的经济和社会联系也日渐增多。澳大利亚人对经济利益的认同也逐渐由英国转向澳洲。1891 年,英国爆发经济危机,由于澳大利亚的经济严重依附于英国,使澳大利亚也陷入大萧条之中。而英国对澳大利亚经济危机的不作为,使澳大利亚各殖民地不得不抱团取暖,自渡难关。

从 1788 年至 1900 年,在这段漫长的时期里,澳大利亚并不是一个统一的实体,而是相互独立的六块英国殖民地。在经济、战略和文化上澳大利亚仍然被看作是英国的一部分。[①] 作为一个先前的殖民地,大多数澳大利亚人具有英国血统,并将自己看作是英国人,以澳大利亚是大英帝国的一部分而自豪。但这些殖民地认为,在面对欧洲其他帝国争夺本地区利益时,英国并不能给澳大利亚各殖民地足够的保护。当时澳大利亚希望维持其人口的英国属性,不希望有过多的亚洲人口。在面对中国、日本等国强烈抗议澳大利亚实行歧视性的移民政策时,英国为维护其在中国、日本等亚洲国家的利益,希望澳大利亚能改变现行的移民政策。针对这个问题,澳大利亚各殖民地有其独立的看法,不赞同英国的这一帝国政策,澳大利亚各殖民地希望维护其领地和国民的英国属性。面对这一系列的利益和政策分歧,在 1901 年之前,澳大利亚的六块殖民地不仅想摆脱英国政府的殖民统治,还希望拥有不同于英国政府的外交政策。澳大利亚各殖民地也逐渐走向了联合,并最终在 1901 年成为一个联邦制国家。虽然澳大利亚在 1901 年成为一个联邦国家,但仍然是英国直接管辖的领地,也就是说澳大利亚并未取得完全的独立自主。

二、争取内政外交的独立

第一次世界大战之前,澳大利亚在新赫布里底群岛就建立独立性国

---

① Thomas Ross, "Colony and Empire: Australia's Subservient Relationship with Britain," http://home. alphalink. com. au/~eureka/ozcol. htm.

家海军一事与英国产生分歧。1902年,在澳大利亚对不断强大的日本充满担忧的情况下,英国仍然与日本签订同盟条约,这让澳大利亚对英国的政策产生了疑惧。1908年,美国"大白舰队"访问澳大利亚,这不仅是澳大利亚积极同英国斗争,努力争做一个自治国家并获得独立外交权的结果,而且凸显了澳大利亚作为一个政治实体的地位。[①] 1911年,澳大利亚曾抗议英国在没有事先征求澳大利亚意见的情况下就代表澳大利亚加入国际条约。[②] 虽然澳大利亚对英国的帝国政策不满,认为英国没有切身维护澳大利亚的利益,但两国并未走向冲突和决裂。英国的日趋衰落,从太平洋地区的战略收缩,使澳大利亚日益感到不安。澳大利亚的民族独立意识也在不断提高。澳大利亚在民族利益和大英帝国对澳政策方面的矛盾日益显现。1908年英国曾就有关澳大利亚政府和新南威尔士政府之间的贸易代表权问题,迫使双方达成妥协。1914年,英国还限制了塔斯马尼亚州长的权力行使。即便澳大利亚已成立了新的联邦,但在内政方面仍受英国的强迫和干预。[③]

第一次世界大战爆发后,随着英国的参战,澳大利亚与新西兰组建的澳新军团(ANZAC)编入英军,参加了一战。澳新军团曾主要参加过对奥斯曼帝国的加利波利战役,以及对欧洲战场西线的索姆河战役、帕斯什达勒战役、伊普尔战役等许多著名战役。1915年4月到12月,澳新军团参加的加利波利半岛战役尤为艰难和惨烈。战争期间,有50万名左右的澳大利亚青年志愿军参加,伤亡率达到50%,而当时整个澳大利亚人口还不到500万。[④] 澳新军团在各大战役中的顽强和英勇,良好的军人素质,得到了协约国军队将领的赞赏。澳大利亚第一次在国际舞台

---

① 何显亮:《一战前澳大利亚与英国关系》,载《黑龙江史志》,2012年第18期,第82—85页。

② Peter Spearritt, *The British Dominion of Australia*, in: John Arnold, Peter Spearritt, and David Walker (eds.) *Out of Empire: The British Dominion of Australia*, Mandarin, Port Melbourne, 1993, p. 5.

③ William James Hudson and Martin Philip Sharp, *Australian Independence: Colony to Reluctant kingdom*, Melbourne University, 1988, pp. 42 – 43.

④ Australia War Memorial, "First World War 1914 – 18," https://www.awm.gov.au/atwar/ww1/.

上崭露头角,得到了其他国家的认可和尊重。可以说,第一次世界大战促进了澳大利亚大陆原六块殖民地的团结一致,促进了澳大利亚民族精神的形成。

战后,澳大利亚要求独立的呼声不断高涨,澳大利亚成立了一个外交机构,并不断向英国政府要求更高的自治权。在加拿大的不断努力下,英国向这些自治领部分移交了外交权。直到 1923 年,这些自治领才获得最终的外交独立。但就宣战权而言,这些自治领还未被批准获得决定权。1926 年和 1930 年英国两次召开帝国会议商讨英国与各自治领的关系。1931 年之前,澳大利亚没有独立的外交政策,直到 1931 年英国议会通过《威斯敏斯特法案》后,澳大利亚才获得了立法权和内政外交的独立自主权。但是此时,澳大利亚还不是一个完全独立的国家,在立法权和司法终审权上仍然受制于英国,尤其是在州一级层面。直到 1986 年,英国议会通过《与澳大利亚关系法》,澳大利亚才获得完整的立法权和司法终审权。此时,澳大利亚终于成为一个在内政外交上不受英国干扰的国家,取得了内政和外交完全的自主权。澳大利亚至今仍是英联邦一员,英国国王是澳大利亚的国家元首,并任命总督为其在澳大利亚的代表,但国家君主和总督并不过问澳大利亚的内政外交,只是象征意义的元首。

虽然第一次世界大战后澳大利亚的对外政策依然集中于维护英国的利益,但是澳大利亚政府的担忧却也与日俱增。由于靠近亚洲,日本的对外侵略行为使澳大利亚深感不安。澳大利亚不得不将部分注意力从英国转向亚洲地区,警惕地区安全威胁。澳大利亚与美国的关系也因此逐渐得到加强。1922 年,英国和土耳其发生冲突,时任总理比利·休斯(Billy Hughes)主动派兵 2 万人随英军一同作战。由于澳大利亚人民对一战的重大伤亡记忆犹新,比利·休斯的行为遭到了强烈反对。二战之前澳大利亚的战略担忧主要是日本不断增长的实力和侵略扩张行为,以及如果战争爆发大量欧洲难民将涌入澳大利亚的问题,这种担忧在 1938 年尤为明显。但是,1939 年第二次世界大战爆发后,出于对英国的忠诚,澳大利亚仍然派兵协助英国的对外抗击作战。

三、战争灾难中转向美国

二战前夕,由于一战的惨痛经历,澳大利亚并不希望英国对德国宣战。但是英国对德国宣战后,虽不情愿,澳大利亚仍宣布追随英国,进入战争状态并向欧洲和中东地区派兵。澳总理罗伯特·孟席斯在演讲中曾说:"澳大利亚同胞们,我悲痛地正式告知你们,由于德国坚持入侵波兰而英国已对德宣战,因此澳大利亚也将陷入战争,对于民主家领导人来说做出这样的宣布是最艰难的事。"在战争中,澳大利亚为英国提供了后勤物资援助和兵力支持,但是由于军事力量的限制和现实考虑,英国未能很好地维护澳大利亚的安全。澳大利亚与英国之间坚固的附庸关系渐渐被同美国之间的密切关系取代。第二次世界大战对澳大利亚同英国和美国的关系产生了深远影响。

1941年日本入侵东南亚地区伊始,英国曾向澳大利亚承诺,如果日本大规模侵略澳大利亚,英国将牺牲本土以外的利益进行援助。但是随着日本侵略的推进,英国却让澳大利亚大失所望。由于新加坡是英国和其他同盟国在东南亚的重要战略阵地,也是日本入侵澳大利亚的翘板,英国曾向澳大利亚承诺确保新加坡的安全。日本的侵略近在咫尺,时任澳大利亚总理约翰·柯廷(John Curtin)希望英国首相丘吉尔(Winston Churchill)能够将澳大利亚的士兵派回,但是一开始丘吉尔拒绝了这一合理请求。虽然最终丘吉尔同意将澳大利亚的士兵派还澳大利亚,但却先让澳大利亚的士兵绕道非洲进行了一场战斗。当这些士兵抵达澳大利亚时,澳大利亚与英国的关系已出现裂痕。

1941年12月7日珍珠港事件之后,澳大利亚面临日本入侵的威胁进一步增大,美国更是被迫卷入二战,澳大利亚随之成为美国对日反击的据点。1941年12月27日,柯廷总理在发表的新年讯息《未来的任务》中,鼓励澳大利亚用独立和创新的方式来应对地区和国际问题,与英国和美国共同确立太平洋地区战略。"我可以毫无顾虑地明确指出,澳大利亚依靠美国,不会有任何丧失与英国的传统联系或亲缘关系而带来的悲痛",这成为澳大利亚转向美国最直接的表述。① 1942 年 2 月 15 日,新加坡陷落,随后的 2 月 19 日,日本对澳大利亚的达尔文进行轰炸,澳总理宣布澳大利亚陷入全面的战争灾难之中。1942 年在日本直取东南亚并准备进攻澳大利亚之时,澳大利亚陷入了孤立无援的境地。英国由于能力有限且在欧洲战场忙于对德作战,而无法支援澳大利亚。此时美国就成了澳大利亚唯一可依靠的力量。1942 年 5 月,日本为控制澳大利亚,防止澳大利亚成为英国和美国实施反攻的据点,发动了珊瑚海之战(the battle of the Coral Sea)以切断其与珍珠港的联系。在这场艰难残酷的战斗中,美国的航母舰队重挫日本联合舰队,取得了战略性的胜利,保证了澳大利亚的安全。1942 年,麦克阿瑟抵达澳大利亚时,受到了澳大利亚人民的欢迎。澳大利亚政府支持麦克阿瑟将军在太平洋地区的盟军作战行动,随着新加坡的沦陷和日本对达尔文港的轰炸,澳大利亚开始依靠美国为其提供军事保护。二战中澳大利亚付出了巨大的艰辛,"记载显示澳大利亚军队在麦克阿瑟的指挥下忠实地履行了三年不懈的艰苦作战,人员、物资消耗巨大,然而却只能向西沿新几内亚北部海岸到马克姆拉穆谷,向东通过霍恩佩尼,缓慢地击退日军"。

二战之前,澳大利亚追随英国,为英国而战。而二战之后,澳大利亚派兵帮助美国,如朝鲜战争和越南战争。二战成为澳大利亚与英国和美国发展亲密关系的转折点。在安全上澳大利亚不再依靠英国,而与美国成为盟友。当日本进攻澳大利亚时,美国海军第一个做出反应,以最快的速度向澳大利亚提供援助。由于英国的一系列错误决定,澳大利亚与英国的关系逐渐疏远。澳大利亚与美国之间的关系却因美国及时和有力的援助得到了加强。战争使澳大利亚公民和美军士兵建立了深厚的友谊。澳大利亚的无线广播充斥着美国的新闻和体育赛事,在政府的鼓励下,澳大利亚公众也欢迎美国士兵进驻澳大利亚。

---

① John Curtin, "The Task Ahead," *The Herald*, December 27, 1941.

　　1949 年新中国成立后,美国对中国采取了从阿拉斯加到菲律宾的弧形包围政策。1950 年爆发的朝鲜战争促使美国与日本匆促签订了和平协议。澳大利亚则由于美国对日本的仁慈而感到不安,希望在太平洋地区建立一个安全框架,即建议美国签订一个包括美国、英国、澳大利亚和新西兰在内的太平洋条约。① 但是由于英国和美国不愿在太平洋地区承担过多的责任,以及英美各自不同的考量,最终美国在与英国相互妥协的过程中,放弃了"岛屿链"方案,决定与澳大利亚和新西兰单独谈判,签订一个三方条约。② 在此背景下,澳大利亚、新西兰和美国于 1951 年签订了《澳新美安全条约》(*Australia, New Zealand and the United States Pacific Security Treaty*, ANZUS),也被称之为《太平洋安全条约》。该条约并没有覆盖英国在东南亚的殖民地,并且将英国排除在外,这说明澳大利亚在安全上已不再依靠英国。《澳新美安全条约》标志着 1908 年澳大利亚总理阿尔弗雷德·迪金邀请美国"大白舰队"访问澳大利亚为开端的澳美关系达到一个新的顶峰。《澳新美安全条约》的签订不仅是澳大利亚由依靠英国而倒向美国的主要标志,也是澳大利亚开始独自积极谋划地区安全框架,独自走向国际舞台的标志。澳大利亚对外战略的新篇章也由此开始。自此之后,澳大利亚与美国一直保持着同盟关系,并一直并肩作战。在包括越南战争、海湾战争、阿富汗战争和伊拉克战争等美国发动的主要战争中,澳大利亚一直派兵追随美国。另外,在1944 年推动构建太平洋条约的过程中,澳大利亚在不追随英国的情况下,独自与新西兰签订《澳大利亚—新西兰协定》。该协定开启了太平洋地区区域合作的先例,同时也宣示了中等强国和小国能够独自在地区事务中共同发挥作用。

　　澳大利亚作为英国的前殖民地,在文化传统上与英国有很深的渊

① Brad Williams and Andrew Newman: *Japan, Australia and Asia-Pacific Security*, Abingdon: Routledge, 2006, pp. 9 - 30.
② 李静:《英国与〈澳新美同盟条约〉的形成(1945—1951)》,载《社科纵横》,2013 年第 11 期,第 107—111 页。

源。澳大利亚多数居民具有英国血统。直到第二次世界大战之前,绝大多数的澳大利亚人还认为自己是英国人。具有英国血统的美国人会将自己看作是美国的公民,但是澳大利亚人却同时认为自己是英国社会的一员,因为他们持有英国的护照,是英国君主的臣民。澳大利亚一直将自己视为英国在遥远南半球的一个分支,即使与英国有明显的不同,仍将维护英国的利益视为己任。可以说,第二次世界大战之前,澳大利亚战略的核心就是维护自身发展的同时,追随并维护英国的利益。

当前,澳大利亚虽然与英国还保持着一定的军事合作,并于 2009 年与英国建立了国家安全伙伴关系,以共同应对传统和非传统安全威胁。但是,澳英之间的合作已不再是澳大利亚对英国的追随,而是共同合作,平等参与。例如,澳大利亚和英国是"五眼情报联盟"(AUSCAN-NZUKUS)、《五国联防协议》、联合特遣部队 151(Combined Task Force 151)等组织和活动的共同成员。澳大利亚与英国虽然一直保持政府首脑、部长级等高层对话,但是其合作主要集中于经济领域。2016 年 6 月英国举行公投,确定退出欧盟后,澳大利亚希望与英国建立自由贸易区,密切两国的经济合作。相反,澳美关系则更加全面和紧密。

第二节 战略关注点聚焦东南亚

二战后,国际局势发生巨大变化,美苏两大阵营对抗的大幕拉开,东南亚地区成为美苏两霸争夺的主要区域之一。由于地理位置上的靠近和二战中新加坡失守后日本南下侵略澳大利亚的惨痛教训,澳大利亚担心东南亚地区如若发生"多米诺骨牌"效应会危及澳大利亚的国家安全。在国家力量尤其是军事力量不足的情况下,澳大利亚积极跟随美国,希望美国能够承担起维护地区安全的重任。澳大利亚积极同美国一道建立了东南亚联合防共遏制体系,并签订《东南亚集体防御条约》,其国家目光聚焦于东南亚地区。澳大利亚在积极维护东南亚安全稳定的同时,其战略自主性也在不断加强。

一、对东南亚安全形势的担忧

澳大利亚虽然与英国有着密切的历史和文化联系,但是二战后与英国的安全关系呈急剧下降趋势。这一方面是由于英国在二战中遭受重创,导致英国难以承担《英马防务协议》带来的安全责任。虽然1971年11月《英马防务协定》期满后,英国与澳大利亚、马来西亚、新西兰以及新加坡签订了《五国联防协议》(*Five Power Defence Arrangements*,FP-DA),但是英国逐渐从新加坡和马来西亚撤军,英国的军事力量退出了东南亚地区。①

作为一个从英国独立出来的国家,澳大利亚由于地域广阔,人口稀少,传统安全一直是澳大利亚在独立前后所担忧的问题。二战前澳大利亚在安全上依靠英国,二战期间,开始依靠美国。但是这种依靠并没有给澳大利亚带来足够的安全感。澳大利亚一直在依靠盟国的支援与希望依靠自身独自应对危险之间徘徊。澳大利亚对国防的这种纠结由来已久。19世纪80年代,德国、俄国和美国等国家的崛起,对英国的全球霸主地位构成了挑战,引起了澳大利亚对国家安全的思考。而在这之前,澳大利亚一直寄希望于英国的皇家海军能随时提供保护。随着英国国家权力的衰落,澳大利亚意识到,不能想当然地依靠母国英国提供保护,但是没有英国的帮助,澳大利亚也难以自卫。澳大利亚国土辽阔但是人口稀少,国防力量较弱,但是其北部东南亚地区的邻国虽然贫穷却人口众多,东南亚国家的动荡不安有可能威胁到澳大利亚。虽然二战中,澳大利亚和美国、英国等同盟国在太平洋地区取得了对日作战的胜利,但二战后,美苏两大阵营的对抗和冷战形势在全球的漫延,使东南亚成为美苏两国对抗的主要地区之一。基于历史原因,东南亚地区还基本是西方国家的殖民地,民族意识的觉醒和宗主国的衰落,使东南亚地区

---

① 英国撤军后,澳大利亚和新西兰也逐渐从新加坡撤军,联合部队司令部也于1976年4月解散。现在的《五国联防协议》虽然是东南亚地区唯一的官方多边安全协定,但是五国之间的合作主要集中于人道主义援助、救灾和反恐等方面。

的民族独立运动高涨。与此同时,地区内部复杂的民族矛盾,领土争端更使东南亚地区的安全形势雪上加霜。鉴于地理位置和二战中的惨痛教训,为了维护本国的安全,澳大利亚政府不得不考虑东南亚地区的安全形势,并帮助东南亚国家稳定局势。

二、寻求在东南亚发挥积极作用

1953 年到 1983 年,澳大利亚战略指导文件通常命名为《澳大利亚国防政策的战略基础》,基本上每三年由国防部向政府提交一次,作为政府制定政策的参考。[①] 澳弗雷泽政府(1975 年 11 月—1983 年 3 月)上台后就要求以 1976 年的《澳大利亚战略分析和国防政策目标》代替 1975 年的战略基础文件。尽管名称不同,1976 年的《澳大利亚战略分析和国防政策目标》仍然是战略基础文件系列的一部分。除此之外,有五份报告虽然在程序上不是正式的战略基础系列的报告,但是具有类似的性质和作用。它们是 1946 年和 1947 年的《对澳大利亚战略地位的评估》,1950 年的《英联邦国防政策和总体战略的基本目标》与《战略责任和战争努力分配的合适基础》是澳大利亚与英国和新西兰进行防务协调的一部分,以及 1963 年刊发的战略分析报告《澳大利亚的战略地位》。《澳大利亚战略地位评估(1946)》指出,"澳大利亚应该面对在当地保护领土安全的必要性,由于资源的有限和领土的广阔,情况可能很糟糕。"[②]虽然澳大利亚看到了地理位置和联合国集体安全对澳大利亚的安全作用,但是它也意识到在没有援助的情况下,澳大利亚难以抵抗一个主要大国的攻击。澳大利亚在该文件中指出,未来,苏联是

[①] 由于当时传统安全几乎占据了澳大利亚国家对外战略的核心,《澳大利亚国防政策的战略基础》是 1953—1983 年,澳大利亚政府在安全方面的权威文件,在 1976 年和 1987 年第一、二版国防白皮书之前几乎相当于国防白皮书的作用。

[②] Chiefs of Staff Committee, *Appreciation of the Strategical Position of Australia*, March 20, 1946, p. 109.

唯一可能是敌人的主要大国。① 由于对外界援助的依赖,澳大利亚强调在运用武装力量的战略考虑方面应该超越地区的范围。② 1946 年和1947 年的评估均认为澳大利亚应该积极参与东南亚的事务,这是澳大利亚全球同盟战略的一部分。③ 1953 年澳内阁通过国防委员会提交的战略基础报告后,罗伯特·孟席斯总理指出中东和东南亚地区带来的威胁是该报告的基础。该报告指出,相比于 1950 年,全球大战的危险性已降低,对东南亚地区冷战形势的考虑要优先于为世界大战做准备。④ 1955年,东南亚条约组织(Southeast Asia Treaty Organization,SEATO)的成立,使美国正式成为东南亚地区事务的参与国。⑤ 同年 10 月,澳大利亚派部队加入派往马来西亚的英联邦战略储备部队。1956 年的战略基础报告指出,澳大利亚应该将战略重点集中在东南亚地区,并将马来西亚作为澳大利亚的第一道防线。⑥

20 世纪 60 年代,对印度支那和印度尼西亚发生战争的担忧是澳大利亚对外战略的主要忧虑。1960 年老挝发生政变,苏联和美国的介入使东南亚地区的形势变得更为紧张。由于东南亚条约组织很可能介入,澳大利亚内阁决定将同美国一道参与行动。1959 年开始,美国派遣大量顾问帮助南越,美国对越南战争的介入不断加深。1960 年,印度尼西亚总统苏加诺在巩固政权后开始寻求苏联的军事援助,并在新几内亚向荷兰

① Chiefs of Staff Committee, *Appreciation of the Strategical Position of Australia*, March 20, 1946, pp. 45, 53.

② *Ibid.*, pp. 3, 64.

③ Stephan Frühling, *A History of Australian Strategic Policy Since 1945*, Canberra: Department of Defence, 2009. p. 13.

④ Defence Committee, *Strategic Basis of Australian Defence Policy*, January 8, 1953, pp. 16, 20, 51.

⑤ 东南亚条约组织成立于 1955 年 2 月 19 日,成立的目的是为了遏制亚洲的共产主义势力。但由于内部的分歧无法协调一致,导致该组织在防务方面无所作为,也未能对老挝内战和越南战争进行介入。其成员国为英国、美国、法国、澳大利亚、新西兰、菲律宾、泰国和巴基斯坦,仅有两个成员国菲律宾和泰国是东南亚国家。该组织于 1977 年 6 月 30 日正式宣布解散。

⑥ Defence Committee, *Strategic Basis of Australian Defence Policy*, October 11, 1956, p. 12.

施加外交和军事压力。在此背景下,澳大利亚国防委员会于 1962 年 1 月出台了新的战略基础报告,认为如果澳大利亚对东南亚事务进行介入,澳大利亚的常备军将不足以支持这样的大规模部署。

由于印度尼西亚横亘在澳大利亚的北部,如果印尼成为共产主义阵营的一员,可能会直接对澳大利亚造成威胁。反之,则可以成为阻止共产主义南下的屏障。澳大利亚需要防务力量的前沿部署来维护东南亚地区的安全,但由于英国对该地区的关注减少,东南亚条约组织的无作为,使得美国成为最主要的战略力量。[①] 1962 年,印度尼西亚开始了与马来西亚的对抗,并支持文莱的武装起义,美国在越南也正在遭受伤亡。东南亚地区的安全形势不断恶化。澳大利亚担忧东南亚地区会出现"多米诺骨牌"效应,其内阁接受了 1963 年的《澳大利亚的战略位置》对东南亚形势的判断,并对与印度尼西亚可能的直接军事冲突表示担忧,同意支持马来西亚的独立,以及承担因此与印度尼西亚关系恶化的后果。保持在东南亚地区的前沿存在依然是澳大利亚的军事战略。[②] 为此,澳大利亚政府大幅增加军费,购买新的武器装备,并且再次开始征兵,扩充兵力。美国对印度尼西亚的主要战略目标是防止印度尼西亚成为一个共产主义营地。澳大利亚由于距离印度尼西亚较近,其利益不可避免地与美国的战略目标有所不同。澳大利亚政府认为,在支持盟国于东南亚地区的行动时,澳大利亚应该有单独应对印度尼西亚的防务能力。

澳大利亚在南越、泰国等东南亚地区的前沿防务存在有赖于美国对东南亚事务的直接介入。即使美国不再对东南亚进行直接介入,只要美国和它的盟国仍然控制从日本到新几内亚的岛链,澳大利亚的对外战略就不会发生大的改变。但是如果盟国的前沿战略失败,澳大利亚应该会有时间来迅速加强防务能力。[③] 英国在东南亚地区主张的不确定性,不

---

① Defence Committee, *Strategic Basis of Australian Defence Policy*, January 25, 1962, pp. 2, 35, 36, 44.

② *Cabinet Decision No. 675*, 5 March, 1963, NAA: A1945, pp. 83, 82, 88.

③ Defence Committee, *Interim Review of the Strategic Basis of Australian Defence Policy*, November 24, 1966, pp. 41, 42, NAA: A1838, TS677/3 PART 10.

仅影响到了澳大利亚的前沿防务,而且还使澳大利亚与美国的关系受到影响。英国在东南亚地区的角色充满了不确定性,这使得澳大利亚最终更多地支持美国在越南的战争。澳大利亚虽然在印度尼西亚与马来西亚的对抗和越南战争中发挥的作用有限,但其却显示出了一种维护地区安全的积极态度和强烈的地区责任感。

1966年,澳大利亚总理哈罗德·霍尔特分别对美国和英国进行了访问。霍尔特在访问美国时表示,澳大利亚将永远支持约翰逊总统。而在访问英国时,霍尔特批评西方国家不参与越南战争。虽然霍尔特指出这不包括英国,但却被西方媒体认为澳大利亚正在背弃英国,投靠美国。同年10月,美国总统约翰逊回访澳大利亚,这也是美国总统首次访问澳大利亚。澳大利亚不仅希望美国在东南亚地区保持军事存在,还希望美国能向英国施压,以免英国撤出东南亚地区。为此,澳大利亚政府强烈建议召开澳大利亚、美国、英国和新西兰共同参加的会议以共同商讨地区局势。澳大利亚和新西兰在美国的支持下共同谴责英国从苏伊士运河以东撤军的任何提议。澳大利亚的努力并未能阻止英国撤出东南亚地区。考虑到英国在东南亚地区影响力的逐渐减弱和英国存在的不确定性,澳大利亚最终选择支持美国的越南战争,并将此作为不援助英国的理由。[①]

1967年,由于东南亚局势的变化,澳大利亚国防委员会要求对战略基础报告进行修正,并最终形成了1968年的战略基础报告。1968年的战略基础报告虽然只是在细节上进行了修改,但是却首次对澳大利亚在东南亚地区的独立影响力进行了思考。鉴于英国在东南亚地区的军事存在正在减少,甚至有可能完全不存在。澳大利亚和新西兰认为,应该增强在马来西亚和新加坡的影响力来共同应对未来可能的威胁与挑

---

① Adam Scanlon, *the Australian-American Alliance*:*Holt*,*LBJ and the Vietnam War.* Diss. Victoria University, 2013.

战。① 国防委员会认为印度支那和泰国不会成为共产主义的营地,美国也将继续在该地区存在。印度尼西亚、马来西亚和新加坡在各自国内击败共产主义后也更加稳定。因此,1968 年的战略基础认为,"多米诺骨牌"效应不会像以前那样可能发生。但是,由于美国不愿在印度尼西亚部署军事力量,澳大利亚需要独立应对来自印度尼西亚的威胁,当然报告同时指出,主要的军事挑战是应对叛乱。② 澳大利亚认为在解决引发叛乱的经济和政治问题时,东南亚地区的政府需要援助。澳大利亚不仅应该提供经济和政治方面的援助,对马来西亚和新加坡还应提供一定的军事援助。③ 越南局势稳定后,澳大利亚政府认为不应继续在该地区无限期驻军,但也不能排除因为东南亚条约组织或其他机制,向东南亚地区派兵的可能性。④ 1971 年的战略基础报告并未得到内阁的认可。内阁认为相对于 1968 年,澳大利亚面对的形势并未发生显著的变化,因此也不愿就该版战略基础报告进行分析讨论。⑤ 面对东南亚地区安全形势的变化,美国和英国的不同态度与应对方式,使澳大利亚在追随英国还是美国的选择中做出了追随和依靠美国的决定。澳大利亚的对外战略由过去的追随英国基本完全转向依靠美国的过程,也是澳大利亚在东南亚地区发挥自身影响力、对外战略形成的过程。

三、对外战略趋向独立自主

二战结束后,澳大利亚积极参与地区与国际事务和机制,不再躲在大国背后,开始积极寻求在地区和国际社会中的独立地位。工党领袖

---

① Defence Committee, *Strategic Basis of Australian Defence Policy-Second Revision 1967*, July 6, 1967, p. 30.
② Defence Committee, *Strategic Basis of Australian Defence Policy*, August 19, 1968, pp. 127 - 135.
③ *Ibid.*, pp. 97 - 100, 145 - 155.
④ Defence Committee, *Strategic Basis of Australian Defence Policy*, August 19, 1968, pp. 187, 189 - 191.
⑤ Arthur Tange and Peter Edwards, *Defence Policy-making: A Close-up View, 1950 - 1980: a Personal Memoir*, ANU Press, 2013, pp. 34 - 46.

本·奇夫利(Ben Chifley)任总理时(1945年7月—1949年12月),澳大利亚成为联合国安全理事会成员国以及布雷顿森林体系的创始会员国。澳大利亚还积极加入东南亚条约组织和亚洲太平洋理事会(the Asian and Pacific Council),另外,澳大利亚还发起倡议并推动科伦坡计划的通过,向南亚和东南亚国家提供援助,并帮助印度尼西亚走向独立。在马来西亚和印度尼西亚的对抗中,澳大利亚不再追随英国和美国的政策,而是自主地选择支持马来西亚。澳大利亚还积极推动了巴布亚新几内亚的独立。

惠特拉姆政府时期(1972年12月—1975年11月)签署了很多人权协议,包括民权和政治权利公约。1973年澳大利亚废除饱受争议的带有种族歧视的"白澳"政策。"白澳"政策的废除,象征着澳大利亚不再坚持种族的纯正,不再以"澳大利亚英国人"自居,对英国的民族认同感和身份归属感下降。随后,澳大利亚颁布新的移民法,确立了无人种和国籍歧视的移民政策,促进了亚洲入澳移民数量的增加。1975—1980年,来自亚洲的移民相比1965—1970年翻了一倍。这也为以后澳大利亚与亚洲国家关系的改善和澳大利亚多元文化的形成奠定了基础。[①]

80年代以来,尤其是工党霍克政府(1983年3月—1991年12月)执政后,澳大利亚不仅更加积极地加强与亚洲国家的社会和文化联系,经济合作也更加密切。澳大利亚也不再一味地支持美国的政策,对美国的核战略以及美国支持第三世界专政政权的行为表示不满,澳大利亚同美国的同盟关系受到一定的影响。与此同时,欧美地区的贸易壁垒使澳大利亚不得不另寻市场。澳大利亚积极推动亚洲地区多边贸易自由化的发展,并主张将中国纳入多边贸易进程中。澳大利亚"融入亚洲"的过程也是澳大利亚对外战略趋向自主的过程。

---

① 张秋生:《略论二战后至20世纪70年代澳大利亚亚洲移民政策的重大调整》,载《世界民族》,2003年第6期,第65页。

第三节　依托澳美同盟转向亚洲模式

进入 20 世纪 70 年代后,苏攻美守下的美国向中国伸出橄榄枝,中美迅速确立正常化关系,追随美国的澳大利亚也顺势与中国建立正式外交关系,同时,随着东北亚和东南亚的紧张局势的缓解,澳大利亚认为其所面临的共产主义入侵和地区冲突的威胁在逐渐降低,澳大利亚也逐渐摆脱冷战思维,不再过分关注安全领域,战略重点开始向经济方面倾斜。由于经济区域化和集团化的发展,作为身处异地的西方世界一员,80 年代前后,澳大利亚的经济没有受惠于欧洲和美国,反而受到欧美国家关税壁垒的不良影响,经济下行压力较大。距离较近的亚洲地区不仅在经济上充满了活力,市场巨大,而且自由开放。澳大利亚在亚洲经济的崛起中受益颇丰。在这种情况下,澳大利亚提出"面向亚洲""融入亚洲""脱欧入亚"等一连串的战略方针,开启了亚洲模式。

一、安全威胁降低催生战略转变

澳大利亚对国家安全的先天性担忧,是澳大利业对外战略的主要驱动力。第二次世界大战中,澳大利亚务实地迅速由依附英国转向投靠美国,这是其维护国家安全的现实选择。二战后初期,东南亚地区带来的安全挑战,使澳大利亚与东南亚地区融为一体,并开始放弃坚守已久的"白澳"政策,开始走向亚洲。战火将澳大利亚卷入了东南亚,也改变着澳大利亚的区域认同和定位。作为一个孤悬地球南端地广人稀的国家,其自建国开始就有着追随大国的传统。周边安全环境的恶化,如日本、印度尼西亚等国家带来的威胁,使澳大利亚清楚地意识到,依靠自身的实力无法使周边环境稳定,本国安全也受到影响。澳大利亚在历史上形成了一种战略的不安。这种不安不仅驱动着澳大利亚在安全上坚定地追随美国,也驱动着澳大利亚的自我成长。越南战争后,整个东亚地区的形势趋于缓和。日本成为一个西方国家,并且是美国的盟国。美国与中国邦交正常化,减少了澳大利亚对中国共产主义的忧虑。

在20世纪70年代,随着中美关系和澳中关系的正常化,澳大利亚认为中国共产主义的威胁正在消失。此时,澳大利亚与印度尼西亚的关系也得到了改善。澳大利亚本土受到进攻的威胁下降,澳大利亚相信在当时的国际环境下,如果澳大利亚受到任何严重的威胁,美国都不会置之不理。澳大利亚感受到了自19世纪80年代英国强权开始衰落之后前所未有的安全,这也鼓励澳大利亚对自身的安全负责。1976年澳自由党弗雷泽政府在国防白皮书中指出,中国、印度和日本都不会对澳大利亚构成安全威胁。考虑到美苏两国相互的核遏制,以及中欧和东北亚的形势,其战略关系相对稳定。澳大利亚应该使自己在没有盟国直接的作战援助时,能够守护澳大利亚大陆的安全。① 自我依靠自此成为澳大利亚国防政策的主要信条。虽然印度尼西亚是可能性较大的潜在敌人,但是印度尼西亚重陆军,其海空力量薄弱,澳大利亚的空军一直占有优势,这大大减轻了澳大利亚的防务压力。

1971年的战略基础报告强调无论是追随盟国还是依靠澳大利亚自身的力量,未来的前沿防务部署政策都面临很大的困难,但并未提出明确的防务计划或政策建议,而这些成为新的工党惠特拉姆政府的战略重点。1973年的战略基础报告对未来15年内澳大利亚的战略形势进行了分析,强调澳大利亚增强防务能力的重要性。② 也是在该版的战略报告中,澳大利亚第一次将全球问题分为东南亚、澳大利亚的"近邻"等区域,这种战略结构一直沿用至今。该报告指出,澳大利亚面临的战略形势与十年前大不相同,东盟成员国积极推动民族独立,对共产主义表现出了极大的敌对,澳大利亚遭受武装进攻的可能性也不明显。③ 印度尼西亚也希望地区局势稳定,并不再将澳大利亚看作敌国。在国防方面,该报

---

① The Minister for Defence, the Hon. D. J. Killen, *Australia Defence*, Canberra: Austnllian Government Publishing Service, 1976, pp. 3 - 5.

② Defence Committee, *Strategic Basis of Australian Defence Policy*, June 1, 1973, pp. I - 6.

③ *Ibid.*, pp. III - 24, 28, VII - 1, 14.

告指出,澳大利亚需要更加自立,独立自主地行动,如果东南亚地区发生动乱,澳大利亚需要有能力进行援助。但是总理惠特拉姆却认为该战略基础报告过于保守,会引起批评,而且内阁不会让澳大利亚牵扯进东南亚地区的动乱。因此,在1975年的战略报告中,国防委员会虽然对战略环境做出了相似的评估,但是放弃了动用武装力量来帮助东南亚国家平息叛乱的选择。该战略基础报告指出,独立地应对地区威胁是澳大利亚自身的第一要务。提高面对更大威胁的防务能力仍然是澳大利亚的首要任务,应对低层次的突发事件是保卫澳大利亚安全的第二层次力量运用原则。[1]

1976年9月,国防委员会应内阁要求提交了《澳大利亚战略分析和国防政策目标》报告。该报告虽然就澳大利亚的武装力量做出了与1975年战略基础报告相同的结论,但是就全球和地区不确定性对澳大利亚战略政策所产生的影响,尤其是对与美国的同盟关系和澳大利亚防务力量在东南亚的存在范围进行了具体分析。该报告认为,澳大利亚应该参与西方的军事力量在印度洋地区的侦察,并强调在印度洋地区对抗苏联的存在是美国的主要责任。[2] 报告再一次讨论了澳大利亚在防务上自主与依靠美国的矛盾。该报告认为就印度尼西亚而言,如果澳大利亚与印度尼西亚发生冲突,由于美国进行军事干预的门槛较高,美国能否给予支持存在很大的不确定性。澳大利亚应该增强自我依靠的能力,1976年的国防白皮书也提出了类似的观点。在《五国联防协议》的框架下,向马来西亚和新加坡提供军事援助的主要责任将落到澳大利亚肩上,而澳大利亚的资助并不具有决定意义,其政治意义大于军事意义,而且针对的目标很有可能是印度尼西亚。此时印度尼西亚的战略意图对澳大利亚的决策尤为重要。向马来西亚部署战斗机使澳大利亚与东南亚地区的安

---

① Defence Committee, *Strategic Basis of Australian Defence Policy*, October 3, 1975, pp. 159, 204, 275, 282.

② Defence Committee, *Australian Strategic Analysis and Defence Policy Objectives*, September 2, 1976, pp. 56, 62 - 68, 70, 72, 361.

全紧密联系起来,但是由于《五国联防协议》并没有对武装力量的支援做出具体规定,也使澳大利亚免于卷入其中。[①] 在 1972—1975 年,澳大利亚和印度尼西亚维持了良好的防务合作关系,如帮助印度尼西亚增强海上侦察能力,进行军人培训和联合演习等。[②] 澳大利亚对于印度尼西亚的安全担忧相应地缓解了。

二、困境与机遇中身份定位指向亚洲

20 世纪 70 年代开始,美苏之间的冷战趋于缓和,东南亚的安全局势也趋于稳定。此时澳大利亚经济在经过了一段蓬勃发展的时期后,由于全球经济的不景气,逐渐遇到了瓶颈。随着全球经济区域化、集团化的发展,世界各地纷纷成立自贸区或经济共同体,澳大利亚作为一个外向型经济国家,受此影响巨大。英国在 1973 年加入欧洲经济共同体后,受贸易壁垒影响,澳大利亚向英国和其他西欧国家的出口受到严重限制,而澳大利亚从欧洲经济共同体成员国的进口并没有减少。不仅如此,欧共体的贸易补贴政策还挤占了澳大利亚在世界农产品市场的份额,澳大利亚的对外贸易因此受到重创。1975 年到 1983 年的澳大利亚马尔科姆·弗雷泽政府面临着巨大的贸易逆差。澳大利亚认为,英国在加入欧洲经济共同体后,并没有给予澳大利亚适当的关注,这才导致此种局面的出现。澳大利亚与英国的关系再次变得疏远。

1972 年,澳大利亚与中国正式建立外交关系,这是澳大利亚加强与亚洲国家关系的重要事件。澳大利亚由对"红色中国"的担心,转向积极接触。当时的惠特拉姆政府做出了"澳大利亚至少在 10 年内不会面临严重威胁"的判断,并逐渐从新加坡、马来西亚和越南撤军。[③] 此时澳大

① Defence Committee, *Australian Strategic Analysis and Defence Policy Objectives*, September 2, 1976, pp. 177 - 185, 198, 370.
② The Minister for Defence, the Hon. D. J. Killen, *Australia Defence*, Canberra: Austnllian Government Publishing Service, 1976, p. 8.
③ 马慧:《澳大利亚基廷政府"融入亚洲"战略研究》,南京大学 2015 年硕士论文,第 18 页。

利亚已开始对冷战思维下的地缘政治观进行调整。惠特拉姆政府不再将《澳新美安全条约》作为澳美关系的唯一重要因素,也不再将澳美关系作为澳大利亚对外战略的唯一重要因素,决定积极与亚洲国家进行接触,降低意识形态对外交关系的影响。① 惠特拉姆政府也不再一味地支持美国和西方国家的政策。对亚洲由安全防范和文化抵触,走向政治上积极接触,经济上加强合作的道路。惠特拉姆政府积极推动建立太平洋地区机制,希望将东盟成员国、日本、韩国,尤其是本国都包括在内。虽然东盟对此反应冷淡,惠特拉姆政府时期也未能如愿,但是却深刻影响到澳大利亚以后的政策。在联合国等多边机制内,澳大利亚不再一味地支持美国和其他西方国家的政策,也开始发表自己独立的意见。由于英国加入欧共体和欧洲经济一体化的发展,澳大利亚不得不寻找新的市场,此时亚洲经济的良好发展和地理位置上的便利,为澳大利亚提供了机遇。惠特拉姆政府时期开始,澳大利亚不仅审视其在地理上与亚洲挨近,且经济上与亚洲的联系也开始密切。

1978 年,中国开始改革开放,为周边国家打开了巨大的市场,日本经济在 60 年代到 80 年代得到了较快的发展,并成为世界第二大经济体。中国香港、中国台湾、韩国是"亚洲四小龙"之中的三个。此时,东南亚地区经济在东亚经济的带动下也得到了较大的发展,东盟的成立更是促进了地区经济的发展。在这一时期,东亚成为亚太地区经济最有活力的地区。泰国、马来西亚、菲律宾和印度尼西亚成为"亚洲四小虎",新加坡则是"亚洲四小龙"之一。在亚洲,中国和日本经济的巨大发展,新兴经济体的涌现,以及开放的经济模式,对澳大利亚的吸引力更为明显。与此同时,欧共体的共同农业政策不仅损害了澳大利亚的利益,也损害了其他发展中国家的利益,英国加入欧共体后对澳大利亚在经济上的排斥,更使弗雷泽政府坚定了与亚洲国家开展经济合作的决心。出于经济的

---

① Department of Foreign Affairs, "Pime Minister's Address to National Press Club," Washington, July 13, 1973, http://pmtranscripts. pmc. gov. au/sites/default/files/original/00002980. pdf.

考虑,马尔科姆·弗雷泽总理(1975年11月—1983年3月)上台后,将日本和中国作为首批出访的国家。

澳大利亚地广人稀,自然资源,尤其是矿产资源丰富,而东亚国家人口众多,且矿产资源相对贫乏。经济上的互补性使澳大利亚在向东亚出口煤、铁矿石以及农产品等初级产品的同时,也大量进口劳动密集型产品。随着东亚经济的发展,东亚国家对能源和农产品的需求也不断增长,这使澳大利亚一直保持着贸易顺差。1975—1984年,澳大利亚对东亚地区的贸易顺差由14.9亿澳元增加到29亿澳元。[①]

虽然相比惠特拉姆政府,弗雷泽政府对苏联势力的扩张更为担忧,并希望与美国、日本和中国共同遏制苏联。但是,弗雷泽总理对国际贸易体系的不公平现象也尤为关注。任期内致力于缩小南北差距,改革国际贸易体系,改变工业国家对第三世界国家的剥削。因为在地理上澳大利亚位于非工业化的南部,与非工业化的国家具有经济上的共同利益。为此,弗雷泽总理与德意志联邦共和国总理、牙买加总理等国家领导人积极推动南北对话。到弗雷泽政府后期,虽然澳大利亚还就有些问题咨询英国,并与美国保持着安全和其他方面的合作,但是对大国的追随已不是澳大利亚对外战略的基础。惠特拉姆总理和弗雷泽总理用不同的方式使澳大利亚在战略上日趋自主和独立。

三、融入亚洲与对美国的安全依赖

1983年工党执政,总理霍克虽然认为澳大利亚的利益与西方阵营一致,需要维护好与美国的盟友关系来确保安全。但在国际问题上,霍克政府更加坚定地表达澳大利亚的主张。由于对裁军和人权的重视,霍克政府对美国支持专制国家的做法感到不满。在裁军方面,霍克政府任命了"裁军大使"专门在国内外代表政府表达有关裁军的观点,并在澳大利

---

① 林汉隽:《澳大利亚对外经济关系中的东亚地区(一)》,载《亚太经济》,1987年第5期,第11—18页。

亚国立大学设立了和平研究所,在外交部设立了裁军机构。1985年,新西兰由于坚定的反核立场,与美国就即将访问新西兰的导弹驱逐舰"布坎南号"是否载有核武器或以核为动力发生摩擦,使《澳新美安全条约》面临被解散的危险。在澳大利亚的积极斡旋下,《澳新美安全条约》得以保留,但是美国却要求澳大利亚不得将来自美国的情报和信息分享给新西兰。

虽然霍克政府认为与美国的盟友关系至关重要,因为美国在布林顿森林体系、国际货币基金组织和世界银行等国际组织中具有主导作用,但是在经济方面,美国对澳大利亚的影响,更确切地说是帮助较小。美国为应对欧洲的出口补助,也采取了相应的出口刺激措施,即为出口海外的农产品给予政府补助,但是这却损害了澳大利亚的利益。虽然霍克政府积极游说里根政府,希望美国改变这一政策,但美国却不为所动。与70年代英国加入欧洲经济共同体后澳大利亚受到的影响一样,澳大利亚再次被排斥在了公平合理的贸易机会之外。与欧洲和美国的贸易逆差再次使澳大利亚将目光投向了亚洲。为此,霍克政府专门任命前驻华大使、经济学家郜若泰就东北亚的经济发展对澳大利亚的重要性进行了研究。

1989年,郜若泰提交的《澳大利亚与东北亚优势》的报告认为,澳大利亚应该跳出自身的文化和政治思考方式,了解亚洲的文化和社会,更好地处理与东北亚的关系,澳大利亚的未来与东北亚地区息息相关。该报告对澳大利亚的国家战略产生了重要影响,成为澳大利亚工业政策、移民、地区合作和教育等一系列政策的基础。该报告是六七十年代澳大利亚转向亚洲的意识不断增强的结果,标志着澳大利亚的战略关注点正式转向其所在的地理区域——亚洲。与亚洲国家进行建设性的接触成为澳大利亚对外战略的主要内容。

在加强与亚洲国家经济合作的同时,霍克政府还在澳大利亚各院校开设亚洲语言和社会研究课程。霍克政府不仅积极维护与美国的盟友关系,还积极推动包括美国在内的多边贸易机制,并鼓励将中国也囊括在内。霍克政府还积极游说日本、韩国和东盟成员国成立政府间合作组织,以弥补太平洋经济合作理事会(Pacific Economic Cooperation Council,PECC)的不足,推动太平洋地区合作机制的建立。澳大利亚对亚太经合组织的成立可以说是功不可没。

在"面向亚洲"战略框架下,霍克政府积极加强与亚洲国家的关系。霍克任职期间于 1984 年和 1986 年两次访华,使澳中关系得到了进一步的发展。霍克政府还派外长出访东盟五国。1983 年霍克总理在与外长海登再次访问泰国时强调,澳大利亚外交的重点在近邻地区。在东南亚地区,霍克政府尤其注重改善与印度尼西亚的关系。[①] 80 年代霍克政府的对外战略重点是在太平洋的西部地区,即东亚建立的地区合作机制,并希望中国这个人口最多、经济发展迅速的国家与太平洋地区的其他国家开展更多的合作。与此同时,澳大利亚积极拉拢美国加入东亚地区的合作机制,增加美国在该地区的利益存在,以促使美国保持在太平洋地区的安全角色。可以说霍克政府既坚持澳美同盟,又积极融入亚洲。

1991 年保罗·基廷就任总理后,进一步推进了融入亚洲的近程。总体上,基廷政府(1991 年 12 月—1996 年 3 月)延续了霍克政府时期的对外战略,在积极提升亚太经合组织作用的同时,成功地吸引了美国对太平洋西岸的关注。苏联的解体,冷战的结束,使澳大利亚不必再担忧共产主义的威胁,意识形态对外交政策的影响进一步下降。国际形势尤其是亚洲地区安全形势的缓和,使亚洲国家的经济更加蓬勃发展,经济发展也成为澳大利亚关注的首要议题。澳大利亚与亚洲的经济一体化程度不断加深。[②] 截止到 1989 年,虽然美国是澳大利亚的主要投资国,但是日本、中国等国对澳大利亚的对外直接投资比重在不断增加。在对外贸易方面,美国只占澳大利亚出口份额的不足 12%,东亚则占澳大利亚

---

① 杨洪贵:《试论澳大利亚"面向亚洲"政策的形成与实施》,载《重庆文理学院学报》,2000 年第 2 期,第 11—14 页。

② 许善品:《论澳大利亚融入亚洲的进程(1972—2012)年》,华东师范大学 2014 年博士论文,第 87—89 页。

出口的 50% 以上,其中东北亚为 41.8%,东盟为 9.3%。① 这表明澳大利亚在经济上对亚洲国家的依存度已远超过对英国、美国等欧美国家的依存度。1994 年,美国与加拿大、墨西哥建立的北美自由贸易区(North American Free Trade Area,NAFTA)正式建立后,澳大利亚又面临着 70 年代英国加入欧洲经济共同体时同样的情况。作为一个既不是欧洲也不是北美的国家,澳大利亚再一次受到影响。澳大利亚保罗·基廷政府与弗雷泽政府一样做出了积极的努力,试图影响美国的对澳贸易政策,但结果同样苍白。② 澳大利亚再次被自己的盟国排除在区域经济集团之外。

在基廷总理的推动下,亚太经合组织(APEC)领导人会晤机制得以建立,APEC 成为澳大利亚与亚太地区经济合作的重要地区论坛。基廷政府还号召成立了消除核武器的堪培拉委员会。在帮助柬埔寨结束内战,建立民主政府方面,澳大利亚在地区和国际社会的共同努力中发挥了关键性作用。基廷政府在强调与东亚经济的相互依赖和地区多边合作时,采取了独立于美国甚至相反的政策。为了更好地融入亚洲,与亚洲国家建立良好的关系,基廷政府不顾美国对中国的人权现状的所谓批评,积极游说美国给予中国最惠国待遇。在与印度尼西亚就签订安全条约进行谈判的漫长过程中,也未征求美国的意见,仅在签约前知会了美国。这说明澳大利亚在安全上虽然希望依靠美国维护地区稳定,并维持澳美同盟,但在国家战略的其他方面更加自主,并坚定地表达本国的意见。

四、自主与追随的矛盾开始显现

1996 年霍华德领导的自由党—联盟党取代了执政长达 13 年之久的

---

① Ross Garnaut, *Australia and the Northeast Asian Ascendancy*: *Report to the Prime Minister and the Minister for Foreign Affairs and Trade*, Australian Government Publishing Service, 1989, Table 3.10, p.72.

② Rawdon Dalrymple, *Continental Drift-Australia's search for a Regional Identity*, Aldershot: Ashgate Publishing Limited, 2003, pp.77-78.

工党上台,霍华德政府(1996年3月—2007年12月)认为澳大利亚不应过分地向亚洲倾斜而疏远美国,并着手拉近与美国的距离。[1] 台海危机时,右翼保守的霍华德政府第一个公开支持美国向台湾海峡派遣航母战斗群,危及澳中关系。90年代日本经济的衰退和1997—1998年的亚洲金融危机,使澳大利亚对亚洲经济的发展前景产生犹疑。在与印度尼西亚的关系上由于东帝汶问题也急剧恶化。1999年澳大利亚虽然成功对东帝汶的形势进行了干预,并帮助东帝汶最终于2002年独立,但是与印度尼西亚的关系却再次陷入低谷。

在1994年的国防白皮中,澳大利亚对中国的快速发展就表现出了担忧,澳大利亚担心中国的继续崛起不仅会影响到全球大国关系,还会成为亚太地区最重要的战略因素。[2] 霍华德政府在1997年的战略政策审查中指出,中国持续的权力增长会削弱美国的影响力,或导致中美之间发生具有破坏性的竞争。[3] 霍华德政府不希望与东亚国家间的关系影响到与英国的传统关系,尤其是与美国的盟友关系。在继续保持与中国的友好关系和与美国的盟友关系之间,澳大利亚开始面临艰难的选择。霍华德政府对外战略的最大调整就是由工党的"面向亚洲"和"融入亚洲"向美国倾斜。[4] "9·11"恐怖袭击发生后,澳大利亚追随美国参加了反恐战争。在亚太地区,无论是在台海问题还是反恐合作方面,澳大利亚都紧随美国,支持美国在亚太地区的军事存在。经济发展的需要,与美国的盟友关系,以及传统安全和非传统安全问题的交织,使澳大利亚的对外战略不能进行简单的优先排序。但是相比全球范围内的反恐战

---

[1] 孙伟:《冷战后澳大利亚在中美之间的均衡外交》,载《南通大学学报(社会科学版)》,2015年第6期,第36—41页。

[2] Department of Defence, *Defending Australia*: *Defence White Paper*, Canberra: Commenwealth of Australia, 1994, p.27.

[3] Department of Defence, *Australia's Strategic Policy*, Canberra: Commenwealth of Australia, 1997, p.14.

[4] 王传剑:《澳大利亚与东亚合作:政策演进及发展趋势》,载《世界经济与政治论坛》,2007年第1期,第81—87页。

争,澳大利亚关注更多的是其所处的亚太地区。①

　　第二次世界大战前后的这一段时间,澳大利亚一直将自己看作是一个身处异地的欧洲国家。但是自 20 世纪 80 年代开始,澳大利亚不再强调其"英国属性"和"欧洲色彩",而以亚太国家自居。进入 90 年代直到 21 世纪之初,澳大利亚在坚持澳美同盟这一战略基石的同时,将经济、政治和对外关系等各方面的重心转向了亚太地区。澳大利亚获得独立,并加入英联邦是澳大利亚历史上的第一次重大战略选择。第二次世界大战之后,澳大利亚与美国结盟,是澳大利亚的第二次重大战略转折。在和平时期转向亚太,也是澳大利亚基于现实做出的重大战略选择,且意义更加深远。澳大利亚融入亚洲,将自己定位为一个亚太国家,不仅是澳大利亚区域认同上的转变,更是其对外战略的重大调整。澳大利亚对外战略的发展与亚洲息息相关,从与亚洲的相对隔绝,到由于战争威胁和安全考虑而被动介入,再到基于经济发展的现实需要主动走向亚洲。这其中有对大国的依赖和追随,更多的是战略的自主选择。

---

① McDougall, Derek, and Peter Shearman, *Australian Security after 9/11: New and Old A-gendas*, Ashgate Publishing, Ltd., 2006, pp. 25 - 27.

第二章　澳大利亚的印太观及印太战略的出台

进入 21 世纪,亚洲经济得到了持续的快速发展,东亚和南亚之间的经济联系变得尤为密切。尤其是中国和印度经济的发展以及影响力的增强,使亚洲的经济和安全形势发生了重大变化。为追求大国地位和影响力,印度不仅意图在印度洋地区占主导地位,而且在"东向"和"东进"战略的实施下,更加积极地走向亚太地区。亚太作为一个地缘政治区域与印度洋地区逐渐融合在一起,印太应运而生。澳大利亚作为一个衔接印度洋和太平洋的国家,为了更好地对国家身份进行界定,提升其作为一个中等强国的地位和影响力,在国内外因素的驱动下,不仅接受了印太概念,更将印太作为国家的对外战略区域。

第一节　从亚太到印太的战略观念变迁

冷战结束后,和平与发展成为世界的主题。亚洲经济迎来了新的发展浪潮。南亚国家也打破贸易壁垒,实行了一系列促进贸易发展的举措,不仅促进了南亚内部的贸易发展,更加强了与东亚的经济联系。南亚和东亚的经济相互依赖程度不断加深。亚洲经济的发展使太平洋和印度洋之间的海上航线成为世界上最繁忙的航线,海上安全也日益重要。印度在加强与东亚国家经济联系的同时,也积极寻求在亚太地区发挥影响力。亚太和印度洋地区之间的相对孤立状态已逐渐被打破,并趋向成为地缘经济和地缘政治相互依赖的整体。印太作为一个地缘政治构想具有了现实可能性,并得到了美国、印度、澳大利亚、日本和印度尼西亚等国家不同程度的认可。

一、亚洲的崛起及其安全意涵

冷战结束后,南亚地区国家利用有利的国际和地区环境,开始抛开政治、安全分歧,谋求地区内部的经济融合,突破封闭式的地区主义,主动学习东亚开放式的发展环境,积极打开大门并走出去。[①] 因此,在 90 年代,南亚地区国家开始改变内向型的发展战略,进行经济改革,发展对外贸易。南亚和东亚之间的经济得到了加强,亚洲再次凝聚成为一个整

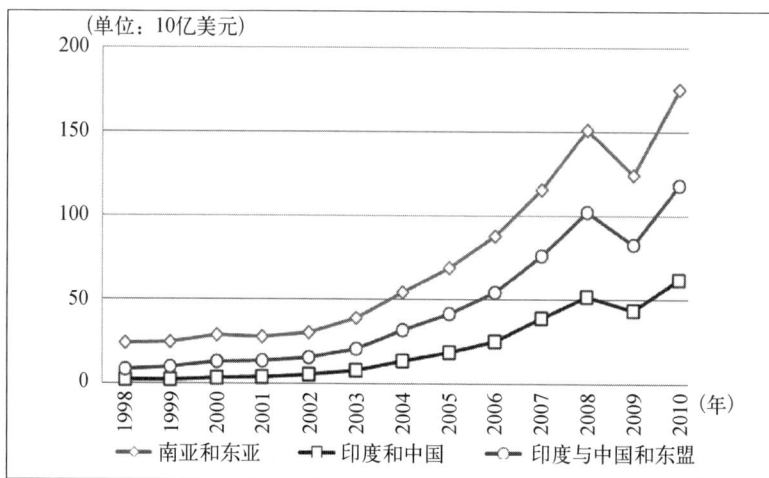

图 2 - 1　1998—2010 年南亚和东亚之间的贸易总量[②]

①　Pradumna B Rana, "Renaissance of Asia Evolving Economic Relations between South Asia and East Asia", World Scientific, 2012, pp. 4 - 7.

②　该图来自于 Pradumna B Rana and Chia Wai-Mun, "Strengthening Economic Linkages between South Asia and East Asia: The Case for a Second Round of 'Look East' Policies," Singapore: S. Rajaratnam School of International Studies, January 17, 2013, p. 8. https://www.rsis.edu.sg/wp-content/uploads/rsis-pubs/WP253.pdf.

体。经济发展以及中国和印度的再次"相遇",促进了亚洲的复兴。2009年,中国成为印度最大的货物贸易伙伴国。南亚和东亚之间的经贸往来在不断增长的同时,吸引的对外直接投资也在不断增多。

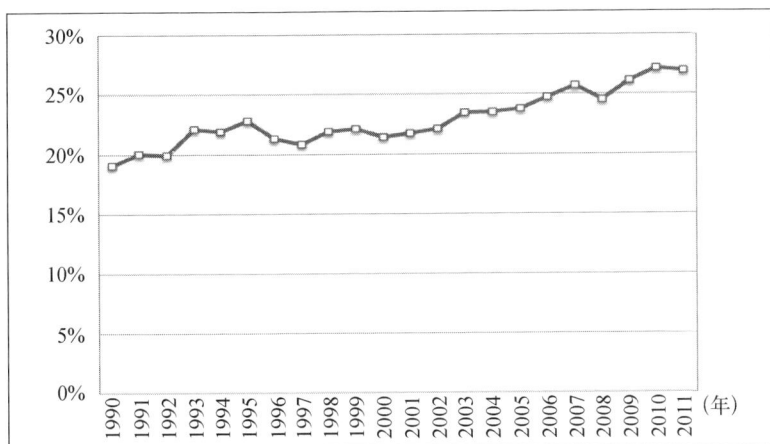

图 2 - 2　1990—2011 年南亚和东亚之间的贸易总量占南亚总贸易量的百分比①

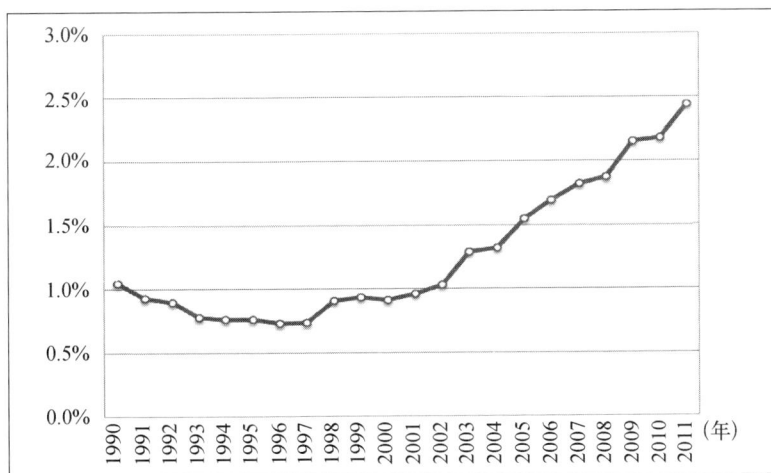

图 2 - 3　1990—2011 年南亚和东亚之间的贸易总量占东亚总贸易量的百分比②

---

① 该图来自于 Pradumna B Rana and Chia Wai-Mun, Strengthening Economic Linkages between South Asia and East Asia: The Case for a Second Round of "Look East" Policies, Singapore: S. Rajaratnam School of International Studies, 17 January, 2013, p. 12. https://www.rsis.edu.sg/wp-content/uploads/rsis-pubs/WP253.pdf。

② 同上,p.8。

表2-1　流入南亚和东亚的对外直接投资(单位:百万美元)①

地区和国家	1990 年	1995 年	2000 年	2005 年	2010 年
南亚	567.55	2 800.40	4 648.10	10 942.48	27 658.84
孟加拉国	3.24	92.30	578.64	845.26	913.30
印度	236.69	2 151.00	3 587.99	7 621.77	24 159.20
尼泊尔	5.94	0.00	—0.48	2.45	86.74
巴基斯坦	278.33	492.10	309.00	2 201.00	2 022.00
斯里兰卡	43.35	65.00	172.95	272.00	477.60
东亚	19 583.03	72 366.26	125 348.82	140 994.98	264 765.54
文莱	7.00	582.76	549.61	289.48	625.67
柬埔寨	0.00	150.70	148.50	381.18	782.60
中国	3 487.11	37 520.53	40 714.81	72 406.00	114 734.00
中国香港	3 275.07	6 213.36	61 937.94	33 624.65	71 069.50
印度尼西亚	1 092.00	4 419.00	—4 495.00	NA	NA
老挝	6.00	95.10	33.89	27.70	332.60
马来西亚	2 611.00	5 815.00	3 787.63	4 065.31	9 102.97
缅甸	225.10	317.60	208.00	235.80	450.20
菲律宾	550.00	1 459.00	2 240.00	1 854.00	1 298.00
新加坡	5 574.75	11 942.81	15 515.33	18 090.30	48 636.68
泰国	2 575.00	2 070.00	3 410.12	8 066.55	9 733.32
越南	180.00	1 780.40	1 298.00	1 954.00	8 000.00

　　亚洲是当今世界最具经济活力和增长潜力的地区,2015 年亚洲地区经济占全球经济总量的 40%,其增长量占到全球经济总增长的 2/3,其中中国、日本和印度是亚洲排名前三位的三大经济体,增长速度最为明

① 该图来自于 Pradumna B Rana and Chia Wai-Mun, Strengthening Economic Linkages between South Asia and East Asia:The Case for a Second Round of "Look East" Policies, Singapore: S. Rajaratnam School of International Studies, 17 January, 2013, p. 14. https://www. rsis. edu. sg/wp-content/uploads/rsis-pubs/WP253. pdf。

显。中国的经济增长趋于稳定,2015 年的 GDP 增长为 6.8%,印度为 7.5%,日本的 GDP 增速也达到了 1%。[①] 预计到 2025 年,亚洲的经济总量将占全球经济总产量的 1/2(见图 2-4)。[②] 亚洲地区的军事力量也有了显著的增强,中国、日本、印度等几个军事力量不断提升的大国都位于亚洲地区。2012 年开始,全球军费开支虽呈总体下降趋势,但是亚洲和大洋洲的军费开支却在增长,2012 年亚洲国家的军费支出首次超过欧洲国家。2014 年,亚洲和大洋洲的军费开支增长了 5%,达到 4 390 亿美元,其中,中国的增长为 9.7%,澳大利亚为 6.7%,印度为 1.8%,韩国为 2.3%,日本的军费开支保持平稳。与中国存在南海争端的越南,其军费增长也尤为显著,达 9.6%。[③]

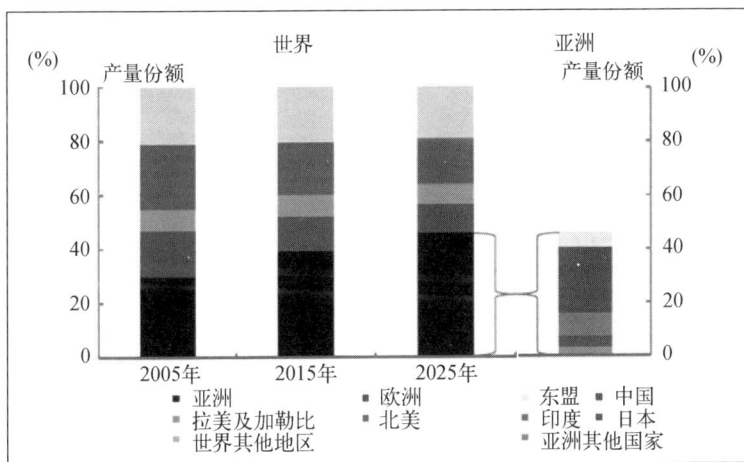

图 2-4 世界经济总产量份额比[④]

① See, IMF Survey, "Asia: Stabilizing and Outperforming Other Regions", May 6, 2015, IMF.

② Department of the Prime Minister and Cabinet, *Australia in the Asian Century: White paper*, Canberra: Commonwealth of Australia, 2012, p. 6.

③ Sam Perlo-Freeman, Aude Fleurant, Pieter D. Wezeman and Siemon T. Wezeman, "Trends in World Military Expenditure, 2014", *SIPRI Fact Sheet*, April, 2015.

④ 该图来源于 Jane Hardy, "The Asian Century and Europe: an Australian View," Australian Embassy Spain, May10, 2013, http://spain. embassy. gov. au/madr/speechesspeeches. html.

亚洲经济的发展不仅为美国、欧洲、澳大利亚等国家和地区提供了市场和机遇;而且由于经济发展对石油、天然气和原材料等能源和自然资源的依赖,亚洲地区和美国需要有大量的贸易途经太平洋和印度洋,印太两大洋之间的海上运输航线就成为全球最为繁忙的航线。印度洋已取代大西洋,成为全球最繁忙和战略意义最重要的海上贸易通道。全球有1/3的大宗货物和2/3的石油通过印度洋进行运输。东亚经济的发展依赖从中东和非洲经印度洋运输的石油进口,而且这种依赖性还将进一步加剧。中国80%的石油进口,日本和韩国90%的石油进口都是通过这一航线进行运输,这导致了东亚国家在能源战略上的脆弱性。对进口能源的绝对依赖,不仅影响到外交和伙伴关系,还会对国家的海军建设产生影响。

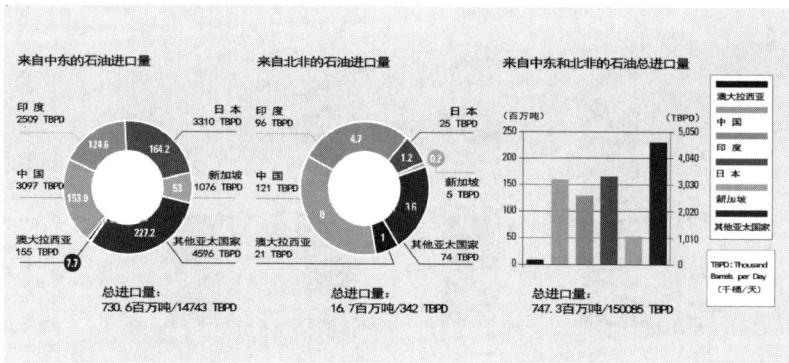

图 2 - 5　2013 年亚太地区从中东和北非的石油进口①

亚太地区经济在突飞猛进的同时,安全结构也在发生着变化。亚太地区安全结构的变化主要是由于中国和印度的崛起,导致权力转移,这对美国主导的地区秩序造成了一定冲击。美国出于遏制中国的考虑,对其在亚太地区的安全布局进行了调整。通过亚太"再平衡"战略的实施,美国对其在亚太的军事力量进行了由北到南的任务式分散部署,并强化

---

① 该图根据以下文件里的数据绘制:"BP Statistical Review of World Energy," June, 2013, http://www. rrojasdatabank. info/bpworld2013. pdf。

与同盟国和伙伴国的军事合作,编织安全网络。① 以美国为轮毂的"同盟型"结构由"轮辐体系"向"网络化"转型。美国的安全布局不再局限于盟国之间,开始吸纳对美国有帮助的准同盟国或伙伴国。② 2015 年 10 月,美国与印度尼西亚的关系由"全面伙伴"上升为"战略伙伴",美国与越南更是抛开历史恩怨,加强安全领域的合作。美国在拉拢印度尼西亚、越南的同时,也在拉拢印度。在这种情况下,亚太地区在安全上呈现的是地区力量制衡或威胁制衡的模式。地区安全形势更为复杂。③

以东盟为基础的东盟地区论坛和东盟国防部长扩大会议等地区安全机制,为亚太地区的大国提供了安全对话平台,成为连接大国的桥梁。有学者将亚太地区的这种安全结构形容为"哑铃型",东盟地区论坛是中间的部分,两头分别是以美国为主导的同盟和东亚大陆中国与俄罗斯的大国协调。④ 在这种"哑铃型"的安全结构中,印度也通过参与东盟地区论坛成为其中的一员。作为美国盟国的日本也在积极拉拢印度,将印度作为"亚洲民主安全菱形"的一部分。

二、印度冲出南亚走进亚太

印度作为南亚地区大国,无论是在巴里·布赞提出的亚洲超级复合体中还是在亚太地区内,一直都是值得讨论和关注的重要国家。南亚地区长期处于一种冲突形态结构,其安全结构的形成具有多维动力。⑤ 巴里·布赞认为印度在国家实力方面正在超越巴基斯坦,使得南亚地区逐渐由两极结构变为单极,印度也正在由地区大国向全球大国迈进。事实

① 王慧芳、高博:《美国"亚太再平衡战略"的军事东向评析》,载《国防科技》,2016 年第 6 期,第 76—80 页。
② 任远喆:《亚太地区安全结构转型与东盟的角色》,载《国际安全研究》,2016 年第 2 期,第 33—49 页。
③ 王学玉、王永洁:《转变中的东亚地区秩序》,载《山东大学学报哲学社会科学版》,2010 年第 4 期,第 58—64 页。
④ 详情参见苏浩:《从哑铃到橄榄:亚太安全合作的模式研究》,北京:世界知识出版社 2003 年版。
⑤ 郭松:《区域安全复合体理论视角下的南亚地区安全》,载《江苏第二师范学院学报》,2012 年第 2 期,第 87—92 页。

证明,巴里·布赞的这一判断是正确的。印度现在已是南亚地区无可争议的大国,并且是亚洲四大新兴经济体之一。2001 年印度又成为"金砖国家"(BRIC)的成员国。

在民族宗教层次、国家政治层次、南亚国家间关系层次等多层次的安全困境中,南亚各个国家采取了借势、自助与合作等不同的战略,其中印度的借势战略运用得最为成功。20 世纪 90 年代,印度开始重视南亚国家在经济上的互动,推动南亚区域合作联盟向自由贸易区发展,并与多个国家建立了自贸区或实行贸易互惠。印度借美国反恐战争之机向美国示好,换来了美国"帮助印度成为世界大国"的承诺。印度的视线已超出南亚地区,投向亚太地区甚至是全球。① 进入新时期后,美国不断加深与印度的合作,美国官方的政策智库也将更多目光转向印度。威尔逊中心"印度在亚洲"项目主要关注的就是印度如何在美国亚太"再平衡"战略下处理、发展同亚洲相关国家的关系。在亚洲,印度与日本的关系已提升为全球战略伙伴关系,与东南亚国家的关系发展正日益密切,而且印度还是发展中的印度-日本-美国三边关系的一方,也是澳大利亚-印度-日本-美国四边关系中的 一方。

印度经济发展带来的是印度综合国力的提升。在此基础上,印度不断走出去,积极参与到地区事务中,争取在地区和国际社会获得更大的发言权。2014 年莫迪执政后不久即提出了升级版的"东向行动政策"(即"东进"),取代了前任政府的"东看政策"(即"东向"),更加积极地与亚洲国家互动。② 印度"东向"和"东进"战略的实施使印度与亚太地区在经济上的联系更加紧密。印度对亚太地区安全事务的关注,对东盟地区论坛的积极参与,尤其是印度对南海争端的关注和某种程度上的介入,使之成为亚太地区安全态势的相关方。除了是东盟地区论坛的一员,印度还是亚洲基础设施投资银行和《区域全面经济伙伴关系协定》的成员国。

---

① 杨思灵:《南亚地区安全:多重层次分析视角》,载《国际安全研究》,2016 年第 6 期,第 66—
89 页。
② 葛红亮:《莫迪政府"东向行动政策"析论》,载《南亚研究》,2015 年第 1 期,第 68 页。

作为世界第二大人口大国和金砖国家之一,印度对亚洲经济一体化的全面参与将有利于整个亚洲经济的发展。

随着经济的对外开放,包括印度在内的印度洋地区国家与世界主要海上国家的联系更加紧密。当前,各国的能源和矿产资源需求都严重依赖海洋运输,印度洋的重要性也日益突出。印度通过双边和多边框架与地区行为体的交往不断增多。从“东向”到“东进”战略,印度在加强与印太地区国家全面合作的基础上,与东盟、中国、日本和澳大利亚的经济关系也不断发展。

鉴于印度的崛起,美国和澳大利亚积极将印度纳入印太地区,认为印度应该在印太地区的经济和安全框架中发挥领导作用。美国认为印度的理想角色是维护海上运输通道和印度洋公共海域的“安全净提供者”。[1] 印度加强在亚太地区存在感和影响力的一系列举措使美国决策者看到了希望。

以印度和南非为主要行为体的环印度洋联盟(IORA)[2]作为印度洋地区国家组成的经济合作组织,其成员国地跨亚洲、非洲和大洋洲,旨在推动区域内贸易和投资自由化,促进地区经贸往来和科技交流,扩大人力资源开发、基础设施建设等方面的合作,并加强成员国在国际经济事务中的协调。从 2012 年开始,印度将海上安全作为该组织关注的主要领域之一,号召成员国在区域内加强合作。[3] 印度还是“环孟加拉湾多领域经济技术合作倡议”(BIMSTEC)的主要成员。印度通过该组织在贸易方面与孟加拉国、缅甸、斯里兰卡、泰国、尼泊尔等国有密切的合作。

---

[1] David Scott, "The 'Indo-Pacific' New Regional Formulations and New Maritime Frameworks for US-India Strategic Convergence", *Asia Pacific Review*, February 19, 2012, pp. 85 – 109, 89.

[2] 1997 年 3 月,环印度洋地区合作联盟(The Indian Ocean Rim Association for Regional Cooperation, IOR‑ARC)成立。2013 年 11 月 1 日,更名为环印度洋联盟(The Indian Ocean Rim Association, IORA)。现有 21 个成员国,七个对话伙伴国:中国、埃及、法国、德国、日本、英国、美国和两个组织。

[3] Gurgaon, "India Emphasises on Maritime Security in Indian Ocean Region," *The Hindu*, November 2, 2012.

2000 年,印度与泰国、缅甸、老挝、柬埔寨和越南发起的"湄公河——恒河合作倡议"(Mekong-Ganga Initiative),已从过去最初的佛教旅游为主转向包括贸易、投资、食品安全和高速互通等全面综合领域。[①] 印度积极拓展同中国、俄罗斯的经济合作关系,并建立三边战略伙伴关系,印度在贸易、技术转让和资源共享等方面在中俄的合作支持下取得较大发展和成果。亚洲市场的活力催生了这些双边和多边合作的发展,印度作为发展中的大国,积极参与这些区域的一体化机制,放开眼界主动抓住机遇,促进了印度自身发展。

印度在印度洋地区的海上军事存在不断增强,在采购和建造航空母舰、核潜艇以及其他舰船等军事装备的同时,印度还加强与新加坡、阿曼等印度洋地区国家的海上军事关系。印度的海上军事存在从波斯湾一直延伸到马六甲海峡地区。在军事防务和安全合作上,印度不断走出印度洋地区,与世界各主要国家展开合作,扩大军事影响力和地区存在感。从 2002 年开始,印度与法国海军每年都举行"伐楼拿"(Varuna)联合军事演习;从 2003 年开始,印俄两国举行年度"因陀罗"(Indra)演习;从 2004 年开始,印度还与英国共同举行"康坎"(Konkan)军事演习。印度与美国始于 1992 的"马拉巴尔"(Malabar)联合海上军事演习,在 2002 年成为常态化例行军事演习,而且演习规模不断扩大,内容也更加丰富,演习地域也逐渐由印度洋向西太平洋延伸。该演习从最初的海上航行机动和补给,到 2016 年已发展成为向实战靠拢的综合性多国联合军演。2003 年印美海军以该演习为平台举行大规模反潜作战演练,2005 年美国和印度双方在演习中都动用了航空母舰,显示了双方在合同作战中的力量投送能力。2007 年 9 月的"马拉巴尔-2"军事演习还包括了日本、新加坡和澳大利亚。虽然之后的演习基本上都是双边的,但是 2014 年,印度正式邀请日本常态化加入,使得该演习的地缘政治意义值得关注。

---

① 邓蓝:《湄公河——恒河合作倡议:十年发展与前景展望》,载《东南亚研究》,2010 年第 4 期,第 67—69 页。

　　随着非传统安全威胁在全球范围内不断蔓延,印度也将非传统的安全挑战视为其印太地区政策的主要内容。除印度和巴基斯坦等少数几个国家外,印度洋地区其他国家实力普遍较弱,主导印度洋地区事务的印度认为其有责任保卫印度洋和西太平洋之间的海上通道安全。《亚洲地区反海盗及武装劫船合作协定》(*Regional Cooperation Agreement on Combating Piracy and Armed Robbery against Ships in Asia*, Re-CAAP)就是为了维护这一地区的海上航线安全而签订的协定。Re-CAAP 的成员国现在已达到 20 个,除了英国、丹麦、荷兰、挪威这四个国家,美国、澳大利亚、孟加拉国、文莱、老挝、中国、印度、日本、韩国、老挝、缅甸、越南、菲律宾、新加坡、斯里兰卡、泰国都是太平洋和印度洋地区的国家。[1] 在救灾、缉毒、反海盗与打击走私等方面,印度海军和亚太地区其他国家的海上力量也进行了合作。

三、印太概念的兴起与发展

　　在一千多年以前,佛教从印度向东亚的传播就带动了印度和东亚在文化与经济方面的交流。15 世纪时,郑和下西洋就多次航行到印度洋地区。之后,西方殖民势力开始对印度洋和东南亚地区进行渗透和殖民。荷兰、葡萄牙和英国等国的殖民公司、探险家的活动就已不局限于我们所理解的亚洲范围。英属印度殖民地就依托东南亚向东经过新加坡到澳大利亚和中国,向西到非洲和苏伊士运河的航线进行殖民贸易。在殖民地时期,欧洲所绘制的亚洲版图由从印度洋边缘经过东南亚到中国、朝鲜和日本的弧形所包围。

　　19 世纪末 20 世纪初,美国海权理论家阿尔弗雷德·马汉和英国地理学家都将亚洲看作一个整体区域。[2] 德国地缘政治学家卡尔·豪斯霍

① About ReCAAP,http://www. recaap. org/AboutReCAAPISC. aspx.

② Dennis Rumley, Timothy Doyle and Sanjay Chaturvedi,"'Securing'the Indian Ocean? Competing regional security constructions,"*Journal of the Indian Ocean Region*, Volume 8, Issue 1, 2012, pp. 11 – 12.

弗尔也将日本、中国、朝鲜以及印度连带一起定义为一个地区。1924 年，豪斯霍弗尔将世界划分为四个平底锅形的地区，认为每一个地区都有利益牵连，都有一个强国主导。20 世纪，在人种学和海洋生物学上，印太是一个已被接受的地理概念。卡尔·豪斯霍弗尔认为该地区是日本的战略势力范围，日本可能会与俄国共享该势力范围。① 二战中，同盟国对日本的作战范围也基本与现在的印太地区一致。二战后，英国对印度洋和太平洋的战略规划实质上部分地相当于今天的说法"印太"。

20 世纪 70 年代，英国的势力逐渐退出亚洲。由于冷战形势的缓和，以日本为代表的东亚经济开始迅速发展，中国改革开放后，经济潜力亦得到了释放。美国在这一时期与中国建交，并与日本、中国、东南亚国家的经济联系得到加强。亚太作为一个新的地缘政治概念开始逐渐形成。"亚太"主要反映的是美国在东亚的战略和经济角色，以及东亚的工业化国家与美国成功建立的贸易伙伴关系。20 世纪 80 年代末，亚洲太平洋经济合作组织的成立使得"亚太"作为一个地区概念得到了进一步发展。亚太经合组织不仅包括美国和大多数的东亚国家，还涵盖澳大利亚和二个拉美国家。亚太经合组织成员国的构成减轻了美国对冷战后期其战略紧缩的担忧。东盟和东盟地区论坛的成立强化了亚太的合作机制。但是 20 世纪 90 年代，印度发展成为一个影响范围超出南亚地区的经济和军事大国，东亚地区和印度洋地区的经济联系日益密切，尤其是东亚对途经印度洋的能源依赖，使得亚太地区国家不得不将这两个变化考虑在内。因此，印度在 1996 年加入了东盟地区论坛。东亚峰会的成立更是形成了印太地区的雏形。2005 年东亚峰会举行第一届会议时就包括了印度、澳大利亚和新西兰，此后这三个国家一直是稳定的观察员国家，美国也随后加入。巴基斯坦和孟加拉国被认为是未来的参加国。

---

① Karl Haushofer, *An English Translation and Analysis of Major General Karl Ernst Haushofer's Geopolitics of the Pacific Ocean*: *Studies on the Relationship between Geography and History*, Vol. 7, New York: Edwin Mellen Press, 2002.

随着亚洲经济融合式发展和印度在东亚地区影响力的增强,"印太"开始出现在一些国家的学者和官方话语中。澳大利亚战略家常以"印太"来概括澳大利亚战略演进中的地域环境。美国也希望在印太地区建立以相互理解、协作和同盟为基础的多边结构。2010年10月,时任国务卿的希拉里在对火奴鲁鲁进行访问时,用"印太"一词来描述这一新出现的综合区域,"印度洋和太平洋正被航运和战略联系在一起"[①]。2011年11月,奥巴马在访问澳大利亚时,强调美国将"有更多新的机会与盟国和伙伴国从印度洋到太平洋地区共同加强军事训练"[②]。美国承认印度洋和太平洋已经成为相互联系的地缘政治空间,不仅仅是因为通过这两个大洋互联互通的全球贸易和商业往来,更是因为它们对各国战略的共同作用和影响。

尽管奥巴马政府并没有在所有的部门或层级用"印太"来代替"亚太",但是美国官方话语中已开始有与"印太"同义的表达。2010年,国务卿希拉里·克林顿和助理国务卿库尔特·坎贝尔(Kurt Campbell)在谈论美国的亚太"再平衡"战略,尤其是定义美国与印度和澳大利亚的战略关系时使用了印太一词。[③] 美国太平洋司令部用"印-亚太"(Indo-Asia Pacific)来描述其作战范围。[④] 2015年1月奥巴马访问印度,在与印度总理莫迪的共同声明中强调"美国和印度在促进亚太和印度洋地区的和

---

① U. S Department of State, "America's Engagement in the Asia-Pacific," remarks by Hillary Clinton, Secretary of State, Honolulu, Hawaii, October 28, 2010, http://m. state. gov/md150141. htm.

② Office of the Press, "Secretary Remarks By President Obama to the Australian Parliament", the White House, November 17, 2011.

③ U. S Department of State, "America's Engagement in the Asia-Pacific," remarks by Hillary Clinton, Secretary of State, Honolulu, Hawaii, October 28, 2010, http://m. state. gov/md150141. htm.

④ US House Armed Services Committee, "Statement of Admiral Samuel J. Locklear, U. S. Navy Commander, U. S. Pacific Command before the House Armed Services Committee on U. S. Pacific Command Posture," March 5, 2013, http://docs. house. gov/meetings/AS/AS00/20130305/100393/HHRG – 113 – AS00 – Wstate-LocklearUSNA – 20130305. pdf.

平、繁荣、稳定和安全中具有重要作用"①,是对印太概念的含蓄认可。特朗普政府则通过一系列的举措表达了对印太概念的接受。2018 年 5 月 30 日,美国国防部长宣布,将美国"太平洋司令部"正式更名为"印太司令部",以深化与印太盟友的关系。2019 年 6 月 1 日,美国国防部发布了《印太战略报告》,称印太是美国的优先战区,并制定了一系列维护美国在印太地区利益的举措。

印度、日本和印度尼西亚等国家领导人也开始使用"印太"这一术语。2012 年底到 2013 年,印度总理曼哈曼•辛格(Manmohan Singh)在谈到印度与东盟和日本的关系时频繁使用该词。② 莫迪在描述他对印度与日本和澳大利亚的关系设想时也使用了类似的术语。2016 年,日本首相安倍晋三提出了"自由、开放的印太地区"这一概念,并制定了相应的战略,以加强日本在印太地区的海上能力建设和互联互通能力。③ 2013 年 5 月,印度尼西亚外交部长马蒂•纳塔莱加瓦(Marty Natalegawa)提出了一项名为"印太条约"(Indo-Pacific Treaty)的倡议。马蒂•纳塔莱加瓦称东亚峰会的组织构成是东南亚国家印太外交的有意行为。④

2013 年,中国国家主席习近平提出的包括印度洋地区在内的"海上丝绸之路"(Maritime Silk Road)也被认为与"印太"这一地区概念重叠。2013 年澳大利亚更是直接在国家官方文件中将印太作为其战略区域。

---

① The White House, Office of the Press Secretary, "Shared effort: progress for all, US-India Joint Statement," January 25, 2015, http://www. whitehouse. gov/the-press-office/2015/01/25/us-india-joint-statement-shared-effort-progress-all.

② Ministry of External Affairs, Government of India, "Prime Minister's address to Japan-India Association, Japan-India Parliamentary Friendship League and International Friendship Exchange Council," May 28, 2013, http://www. mea. gov. in/in-focus-article. htm? 21754/Prime+Ministers+address+to+JapanIndia+Association+JapanIndia+Parliamentary+Friendship+League+and+International+Friendship+Exchange+Council.

③ Simi Mehta, "The Free and Open Indo-Pacific strategy a way forward," July 25, 2019, https://www. policyforum. net/the-free-and-open-indo-pacific-strategy-a-way-forward/.

④ Marty Natalegawa, "An Indonesian Perspective on the Indo-Pacific," May 16, 2013, https://csis-prod. s3. amazonaws. com/s3fs-public/legacy _ files/files/attachments/130516 _ MartyNatalegawa_Speech. pdf.

2013年秋,美国智库史汀生中心(Stimson Center)和印度观察家研究基金会(India's Observer Research Foundation,ORF)以及两国总领事馆共同组织发起了一项名为"海上的变化:印太地区海上地缘政治的演变"(Sea Change:Evolving Maritime Geopolitics in the Indo-Pacific Region)的研讨活动,主要讨论印度洋地区和西太平洋地区作为21世纪海上地缘政治的主要中心所面临的挑战和机遇。印太地区的水域、运输航道、自然资源对主要地区大国和域外大国之间关系的影响是讨论的主要议题。参加研讨的有来自印度、美国、澳大利亚、中国、日本等国家的高级政府官员、学者、军方代表、商业人士等。探讨的议题涉及影响印太地区的战略、社会经济、商业、环境等问题,以及该地区面临的海上安全风险与现有的制度和法律框架的适用性等。[1]

　　印太作为一个地区概念,可以从不同的角度进行理解。从建构主义的角度讲,由于机制性框架和国家间的互动,印度洋和太平洋被紧紧联系在一起,印太就是对这种联系所产生的一种观念和想象的建构。印度洋和太平洋地区范围内国家利益的交汇使得印太两洋成为一个紧密联系整体。从地区主义的角度讲,印太是对印度洋和太平洋地区国家利益和外交发展演变的描述。从地缘政治的角度讲,卡尔·豪斯霍弗尔(Karl Ernst Haushofer)认为印太地区(Indopazifischen Raum)是由于处于印度洋和太平洋的中印两国以及其人口、文化在地理上受到两洋岛屿所形成弧形地带的天然庇护而形成的。[2]

　　根本上,印太概念的提出是地缘政治发展的结果。冷战后,亚太地区作为一个新的地缘政治概念被广为接受。随着地缘政治的发展,由于亚太对美国、中国和日本的过于强调,在一定程度上没有给东南亚和南

---

[1] David Michel, "Sea Change Evolving Maritime Geopolitics in the Indo-Pacific Region," March 25, 2015, https://www.stimson.org/sites/default/files/file.../SEA-CHANGE-WEB.pdf.

[2] Ernst Haushofer, *An English Translation and Analysis of Major Karl Ernst Haushofer's Geopolitics of the Pacific Ocean*, Lewis Tambs and Ernst Brehm trans, Lampeter: Edwin Mwllor, 2002, p.141.

亚地区足够的重视,而变得狭隘。随着亚洲国家的快速发展,印度洋地区成为新的重要经济区域,且印度洋是连接中东和北非极为丰富的石油和天然气资源的海上交通要道。这样,从亚太到印太也就顺理成章了。印太地区国家对能源的依赖使得该地区的能源安全问题更为凸显,过多依靠海洋运输通道也就使地区能源安全变得相对脆弱。同时,印太地区还面临诸如气候问题、极端组织等非传统安全等问题。印太是世界武装力量密集度和军事化程度最高的地区,世界十大常备军中的七个,以及世界上最强大的海军都位于该地区,另外该地区还有五个有核国家。该地区还面临一系列的地区安全问题,如南海争端、朝鲜半岛统一、朝鲜核问题、台湾问题、印巴领土争端等。

在印太概念生成过程中,美国的地缘作用不可忽视。美国在将战略重心转向亚太的同时,并没有忽略印度洋。印度洋不仅是国际贸易和能源运输的重要通道,更是美国从太平洋司令部运送武装力量到中东和西南亚的战略要道。在1991年的"沙漠风暴行动"、2001年阿富汗战争中的"持久自由军事行动"以及2003年伊拉克战争中的"伊拉克自由行动"等军事行动中,美国均从太平洋地区经印度洋向目标区投送大量军事力量。[1] 2012年,美国在《维持美国的全球领导地位:21世纪国防优先任务》中指出:"美国的经济和安全利益与从西太平洋和东亚地区到印度洋和南亚地区密不可分,美国在这一地带面临大量的机遇和挑战。"[2]

印太地区大部为海洋和海上通道所连接,美国海军在该地区具有重要的作用。美国《2010四年防务评估》报告指出,要加强在印太地区的同盟关系以更好地维护美国的海外安全利益。美国正在不断加强与"南北双锚"澳大利亚和日本的传统盟友关系,并与印度建立新型安全伙伴关系,以轮换部署的方式增加在澳大利亚、新加坡、印度尼西亚等

① 王晓文:《21世纪美国的印度洋战略与美国霸权》,载《世界经济与政治论坛》,2014年第4期,第20—32页。
② Leon Panetta, *Sustaining US Global Leadership*: *Priorities for 21st Century Defense*, Washington, DC: US Department of Defense, 2012.

国家的军事存在。2020年之前,美国海军60％的力量,包括六个航母战斗群,以及大多数的巡洋舰、驱逐舰、濒海战斗舰和潜艇都将前沿部署至印太地区。[①] 除了加强安全关系,美国还不断加强与亚洲国家的经济合作。

美国与东南亚和南亚国家在农业、食品安全、通信、教育、能源和环境等方面都存在广泛的多边合作关系。通过"印太经济走廊"(Indo-Pacific Economic Corridor)和"湄公河下游倡议"(Lower Mekong Initiative),美国增强了在其他一些领域的存在。[②] 另外,美国还曾一度试图通过跨太平洋伙伴关系协定(TPP,2017年1月美国已宣布退出)把太平洋地区的发达国家和发展中国家等经济实体融入统一的贸易区域之中,以促进美国与这些国家的经济联系,维护美国对农产品、工业和服务业的市场准入。印度洋沿岸与东亚之间的能源和经济交往增长显著,可替代能源、非常规油气资源和不断增长的能源需求都在重塑该地区的地缘能源空间。

印太作为一个地缘政治概念,仍处于发展阶段,美国、印度和日本都在一定程度上接受了这一地缘政治概念,并积极在印太地区范围内进行战略谋划。对美国而言,将印度纳入亚太范围能更好地维护美国的超级大国地位,加强美国对中国的遏制。美国对印太地区各领域的广泛参与反映了美国对印太地区的重视和在印太极大的利益存在。借助印太概念,澳大利亚则能在维护中等强国地位的同时,提升国际地位和影响力。印度国内对是否接受印太地区这一地缘框架存在不同声音。反对者认为这会损害印度的外交传统,支持者认为印度能够在维护外交传统的同时保持战略自主,并利用这一地区框架促进国内经济发展。在两种不同的态度下,印度官方虽然已逐渐接受印太概念,但是其目标却与美国和

---

① Jonathan Marcus, "Leon Panetta: US to deploy 60％ of navy fleet to Pacific", June 2, 2012, BBC News, http://www.bbc.com/news/world-us-canada-18305750.

② Kurt Campbell and Brian Andrews, *Explaining the US "Pivot"to Asia*, London: Chatman House, 2013, p. 6.

澳大利亚不同。印度希望在印太地区建立"多极、包容和开放的地区安全机制"①。另外,印太框架下的战略自主被认为比"不结盟"的外交政策更能够使印度在处理外交关系方面有更多的选择。②

亚太地区的经济发展和军事实力的增强,引起的全球权力重心的转移,印度的崛起和"东进",使亚太地区的秩序发生重大变化,并使印度洋和太平洋在地缘政治及地缘经济上紧密联系在一起。现在亚太正在让位于印太这一地区概念。地缘政治术语的改变,对相关国家如何认识地区安全秩序,如何面对挑战,如何应对未来发展都有深刻影响。一国如何从观念上对亚洲进行建构,选择哪一个地区概念不仅关系到如何应对权力转移带来的诸多挑战,更对其国家安全战略产生重大影响。无论印太地区将来是竞争或是更加合作的安全局面,都将会牵扯到印度洋地区和太平洋地区。因此,印太地区国家急需制定综合性的印太战略。当然,也有分析认为,印太地区涵盖的地域范围过大,战略互动的边界难以确定,对于印太地区是否为一个有意义的战略体系存在疑义。的确,印太地区内某一区域的安全问题并不一定会影响到印太的其他地区。在应对安全挑战时,由于印太地区范围过广,在建立连贯、包容性的地区安全和外交机制上存在一定难度。而且,印太地区的一些安全挑战仅局限于亚地区的范围内。例如,朝鲜半岛的紧张局势,对印度而言并不重要,印度和巴基斯坦之间的纠纷对中国以外的东北亚国家而言也影响甚微。中日钓鱼岛争端、台海问题等基本都是东北亚地区内的问题。南海争端由于牵扯的国家较多,美国、印度、澳大利亚等国家试图干预的态度对印太地区安全形势的影响较大。

对美国而言,印太地区不是因为某个单一问题或涉及整个印太地区安全的某个因素才受到重视,而是因为该地区大国的崛起挑战了美国的

---

① Priya Chacko, "India and the Indo-Pacific: An emerging regional vision," Indo-Pacific Governance Research Centre Policy Brief, Issue 5, November, 2012.

② Colin Geraghty, *India in the Indian Ocean region: Re-calibrating US Expectations*, American Security Project, 2012.

霸权地位,美国需要借助地区内其他国家的力量对中国实施遏制。对中国的遏制,在印太概念提出之前,早已在美国亚太地区的战略意图中显露无遗。尽管有分析认为,美国应该将亚太地区和印度洋地区区分对待,以免分散战略力量和影响力。但是麦迪卡夫认为,由于中国的国家利益、地区权力甚至脆弱性都具有印太属性,美国更应该抓住印太地区的机会与中国进行竞争或合作。

澳大利亚在印太地区具有独特的地位和作用,是最早提出和倡导"印太"地区概念的国家。首先澳大利亚在印太的战略体系中是一个中等强国,国际影响力也是中等。澳大利亚地处太平洋和印度洋衔接地带,地理位置独特。澳大利亚不仅是美国在该地区的重要盟友,与亚洲其他大国在经济、安全、资源、社会文化等方面关系密切。而且长期以来,澳大利亚一直深受国家身份认同的困扰。澳大利亚独处大洋洲大陆,但作为英国前殖民地,文化上是西方国家,无论是作为亚洲地区的成员,还是西方社会的成员都很牵强。"印太"作为一个新的地缘政治建构,无论从地理上,还是从安全和经济方面都很好地将澳大利亚囊括在内。因此,澳大利亚是推进"印太"地区概念最为积极的国家,而且2013年澳大利亚就在国防白皮书中将印太作为其战略区域。澳大利亚的印太地区战略具有连贯性,得到了工党和自由党的贯彻执行。从2013年时任总理的工党领袖朱莉娅·吉拉德(Julia Gillard)到2015年出任总理的自由党领导人马尔科姆·特恩布尔,都在坚定不移地将印太作为澳大利亚的战略区域,其国家身份也由此成为印太地区中的一员。

第二节 澳大利亚战略谱系中的印太战略区域

第二次世界大战之后,澳大利亚由在安全上被迫卷入亚洲地区冲突,到在政治上和经济上主动靠近亚洲,对亚洲的多元文化日益了解和包容。20世纪八九十年代,国际格局和亚太地区态势都发生了深刻的变化。冷战结束后,美国成为唯一的超级大国,澳大利亚对亚洲共产主义威胁的担忧消失。亚太地区的局势也相对稳定,经济蓬勃发展。与此同时,澳大利亚国内经济却处于相对低迷的时期。鉴于国内外环境的变化,澳大利亚适时对本国的战略进行调整,融入亚洲已是大势所趋。

进入 21 世纪,澳大利亚与亚洲国家在经济、文化、教育等方面的交往达到了前所未有的高度。在亚太地区,相对于中国、日本、东盟等大国和地区力量,澳大利亚是一个中等强国,但由于地处太平洋南端,澳大利亚得以利用亚洲经济崛起所带来的机遇促进本国的发展。由于历史文化、社会政治、地缘战略的不同,在亚太地区,澳大利亚仍然是一个边缘化的国家。在安全方面,澳大利亚的影响力更多的是源于美国的盟国这一身份,而不是自身的国家实力。亚太地区的发展变化,印度洋和太平洋之间密不可分的关系,尤其是印太概念的提出和广泛运用,促使澳大利亚对其亚太地区的国家身份进行思考,最终澳大利亚选择了印太概念,并将印太作为国家的对外战略区域。

一、澳大利亚外部战略环境的大变迁

虽然二战中,澳大利亚由依靠英国转向追随美国,但是同英国和美国距离的遥远,使澳大利亚难以融入其区域经济集团。与英国和美国的经济关系无法满足澳大利亚经济发展的需要。新加坡总理李光耀在 1965 年时曾警告澳大利亚,丰富的自然和矿产资源既不是经济长期繁荣的必要条件,也不是充分条件,澳大利亚要避免成为"亚洲贫穷的白色垃圾"(poor white trash of Asia)。[①] 出于发展经济的现实考虑,澳大利亚不得不将视线转向经济开始快速发展的亚洲地区。60 年代,日本已经超越英国,成为澳大利亚的主要贸易伙伴。也大概是从 60 年代开始,澳大利亚与亚洲的经济关系不断加强,可以说是经历了四次浪潮。第一次是

---

① Graeme Dobell, "Lee Kuan Yew and Oz: White Trash or White Tribe of Asia (1)," The Strategist, April 7, 2015, https://www.aspistrategist.org.au/lee-kuan-yew-and-oz-white-trash-or-white-tribe-of-asia-1/.

1957年到1972年,澳大利亚与日本关系的破冰;第二次浪潮是1972年到1982年,与中国关系的改善;第三次浪潮是1983年到2008年打破关税壁垒;第四次浪潮是亚洲世纪的全球参与。[①]

如今,中国已超过日本成为澳大利亚最大的贸易伙伴,而全球经济秩序重组,东盟国家的经济增长,这些都将重塑澳大利亚的亚洲参与。第四次浪潮也因此而不同。首先,澳大利亚与东盟、中国和印度都建立了良好的合作平台,老挝、柬埔寨、缅甸等湄公河三角洲地区的市场也在对澳大利亚开放。其次,澳大利亚的大公司在亚洲已打开了市场,建立了成熟的全球供应链,开放的地区主义使澳大利亚的中小企业也有机会参与。再次,在此次浪潮中,服务业所占的比重上升。矿业和农业虽然仍然是大头,但是服务业的贸易量在不断增长,人民之间的交流也因此增多。中国和印度的二线城市有很多澳大利亚的工程师和建筑师。总之,商品贸易所建立的平台促进了服务业贸易的增长,也给中小企业带来了投资机会。经济全球化和区域化不断发展,使澳大利亚的经济更易受外界供需的影响。澳大利亚的经济发展随着亚洲经济的起伏而变化,这给澳大利亚带了挑战,但更多的是机遇。澳大利亚希望借助亚洲经济的腾飞实现本国经济的快速增长。

澳大利亚的对外战略有三大支柱:与美国的同盟关系,对联合国等多边和地区机制的参与,与亚太地区的密切关系。[②] 由柯廷总理开创,在奇夫利总理时期得到巩固的参与多边机制的传统,以及奇夫利总理时期开始而在惠特拉姆总理时期得到巩固,并在霍克和基廷政府时期成熟的地区主义传统,在澳大利亚的对外战略中都具有重要的作用。

2007—2009年的全球经济危机对亚洲国家的影响虽然各有不同,但是亚洲由于经济的多样化和活力,经受住了经济危机的考验。澳大利亚

---

① Tim Harcourt, "Australia and Asia the power of proximity," Organisation for Economic Co-operation and Development, the OECD Observer, No. 300, 2014, p. 34.

② Stephen Smith, "Australian Foreign Policy under Labor Governments from John Curtin's Prime Ministership to the Present," July 6, 2010, http://john. curtin. edu. au/events/speeches/smith. html.

与亚太经合组织成员国和印度的经济联系使其得以平稳度过危机。亚洲的经济繁荣和安全稳定，对澳大利亚而言极为重要。因为亚洲不仅是澳大利亚主要的市场，而且亚洲地区在全球的影响力得到了世界的公认。二十国集团(G20)中有六个成员国来自亚洲，在 G20 中新兴经济体与传统工业大国首次获得了平等地位。这不仅使亚洲国家，更使一些中等经济体在国际金融管理的改革中获得重要的发言权。澳大利亚作为 G20 的成员国，积极推动 G20 在全球经济中的作用，并在 2014 年举办第 20 次会议。在多边经济机制方面，澳大利亚还是亚太经合组织的创始国，亚太经合组织地位和作用的积极推动者。

澳大利亚不仅积极参与全球或地区多边经济机制，还积极参与或推动成立其他多边机制。2008 年，陆克文总理提出建立亚太共同体的倡议。印度不是亚洲太平洋经济合作组织的成员国，美国不是东亚峰会的成员国，澳大利亚希望通过亚太共同体将这些大国都囊括在内，以共同解决战略安全、经济等问题。澳大利亚认为东盟将是地区机制的核心，因此澳大利亚欢迎美国和俄国积极参加与亚洲地区机制的合作，不管是通过东亚峰会还是"东盟 10＋8"，澳大利亚将此举看作是建立亚洲协调机制的关键一步。① 澳大利亚对地区机制的参与不仅局限于周边地区，澳大利亚还是南亚区域合作联盟(SAARC)、环印度洋地区合作联盟(IOR-ARC)、海湾合作理事会(GCC)、非洲联盟(the African Union)、南部非洲发展共同体(SADC)、加勒比共同体(CARICOM)、欧洲安全与合作组织(OSCE)等组织的成员或观察员国。

尽管澳大利亚在经济和多边机制中实现了战略自信和自主，但是由于先天安全感的缺乏和国家军事力量的限制，在安全方面却始终难以完全自立。自二战中开始追随美国，澳大利亚已习惯了数十年澳美同盟或美国主导的地区秩序下的安全稳定。但由于亚洲经济的持续高速发展

---

① Stephen Smith, "Australian Foreign Policy under Labor Governments from John Curtin's Prime Ministership to the Present," July 6, 2010, http://john. curtin. edu. au/events/speeches/smith. html.

引起战略力量的变化,这种现状也相应发生变化,大国之间战略竞争的风险日益增大。亚洲世纪不仅仅意味着中美之间的权力均衡,中日之间的角逐、中印之间的博弈等大国关系对亚洲战略未来也十分重要。印度尼西亚在日益强大之后,已不再满足于东盟成员国的身份,也在积极扩展在亚洲地区的影响力。对澳大利亚而言,亚洲地区秩序将取决于这些国家之间的权力对比。

亚洲世纪并不意味着亚太机制会有更大的作用。亚太经合组织在1997年亚洲金融危机中表现欠佳,相反,"东盟10＋3"(中国、日本、韩国)的作用更为突出。创建于2005年的东亚峰会(EAS),是另一个亚洲多边机制。澳大利亚政府在美国之前就选择加入EAS,而不是一味地维护亚太经合组织的地位或对美国亦步亦趋,这是澳大利亚对外战略自主的又一体现。虽然美国在2011年加入东亚峰会,但是无论美国在东亚峰会内影响如何,澳大利亚都选择与亚洲国家进行互动。此时,"融入亚洲"不再是澳大利亚经常提到的政策口号,因为澳大利亚更多地在思考和实践如何更好地融入亚洲。

后冷战时代,临时性的伙伴合作正在取代传统的盟友关系。在阿富汗战争和伊拉克战争中,美国组建了以美国为首的临时联盟。通过这种临时联盟,美国能够自由挑选对美国最有帮助的安全伙伴国。在发动伊拉克战争前夕,面对欧洲盟友的强烈反对,时任美国国防部长唐纳德·拉姆斯菲尔德就曾直言不讳地指出,"任务决定联盟,而不是联盟决定任务"①。由于这种临时联盟的功利性,美国与北约成员国法国、德国等国,以及其他的盟国巴基斯坦、韩国等国家的安全关系变得日渐松散。虽然澳大利亚和英国一直是美国的坚定追随者,但是面对美国联盟战略的功利主义,以及支持美国的军事行动所付出的高昂代价,澳大利亚和英国

---

① "Text：Rumsfeld's Pentagon News Conference," October 18, 2001, *The Washington Post*, http://www.washingtonpost.com/wp-srv/nation/specials/attacked/transcripts/rumsfeld_text101801.html.

也有所动摇。①

全球经济、战略、政治影响力都在转向澳大利亚所处的亚太地区,亚洲正在成为世界的重心。中国的崛起是亚洲影响力增强的一个决定性因素,但是印度的崛起、东盟的经济实力、印度尼西亚的国家潜力以及日本与韩国持久的经济实力等都不容忽视。亚洲的经济增长速度在多年前已超过世界其他地区,但是权力的转移不仅只是关于经济总量和人口数量。经济总量的增长是军事现代化的基础,军事力量的增长又导致政治和战略影响力上升。亚太地区的秩序正在这种转变中发生变化。世界两大人口大国中国和印度在亚洲,最大的外汇储备拥有国在亚洲,中国和日本作为三大经济体之二在亚洲,亚洲的穆斯林人口数量也为全球之最,中国、印度和日本的军事力量均位于世界前列。澳大利亚同亚洲国家的贸易和投资是其经济繁荣的前提。2008 年,亚洲在澳大利亚的留学生已达 19 万人,并为澳大利亚创造了众多的就业机会。澳大利亚还注重培养年轻人的亚洲知识,澳大利亚青年教育目标《墨尔本宣言》指出,澳大利亚人需要加强亚洲文学。2012 年 7 月,澳大利亚政府通过亚洲国家亚洲语言和学校研究计划(NALSSP),并投入 6 240 万美元用于国民的亚洲知识教育。

虽然澳大利亚在经济上融入亚洲,将自己看作亚太地区的一员,但是出于地缘政治的考虑,其在安全上依然依靠美国,奉行的依然是欧美的政治准则,通过与强国结盟来维护本国的安全。第二次世界大战后,澳美同盟一直是澳大利亚对外战略的基石。在文化上,作为一个英国的前殖民地,英联邦的成员国,其主流的文化意识仍然是以欧美为核心的西方文化意识。澳大利亚不仅是一个以英裔白人为主的社会,而且 60%以上的澳大利亚人信奉基督教,澳大利亚无疑是西方社会的一员。② 历

---

① 澳英两国对追随美国出兵他国,与美存在争议,英国已多次不出兵,澳政府也在犹豫。——作者注

② 徐明棋:《经济利益与地缘政治的深层次纠结——澳大利亚的亚太战略角色分析》,载《人民论坛学术前沿》,2013 年第 16 期,第 45—51 页。

史的发展,并没有使澳大利亚彻底摆脱对强国的依赖,澳大利亚虽然多次强调加强自身的国防能力,但是同时却也不得不依靠美国。作为美国亚太"再平衡"战略的南锚,澳大利亚坚信美国在亚太地区的军事存在是亚太地区安全的基石。经济上和安全上的分裂行为使得澳大利亚成为一个表面融入亚洲,实则奉行西方战略传统的"香蕉人"。①

冷战后,美国作为世界上最大的经济体和军事强国,以较小的代价维持着霸权地位。澳大利亚、日本、韩国等盟国也一直享受着美国主导下的国际秩序所带来的红利。长久以来,美国能确保澳大利亚的安全不是因为《澳新美安全条约》,或者彼此之间的情报、技术等方面的合作,而是美国在亚洲所发挥的作用和战略主导地位。90年代开始,尤其是进入21世纪,随着中国权力的增长,中美之间权力平衡发生变化,澳大利亚认为美国的这种地位正在受到中国的挑战,如何应对中国崛起是亚洲几十年来最重要的战略话题,这对澳大利亚未来的安全和繁荣也至关重要。印度紧跟中国的发展步伐,印度尼西亚的GDP也超过澳大利亚。这些变化意味着澳大利亚并没有真正摆脱自我防卫和依靠远方盟国的困境。

澳大利亚政府担心,中美之间的战略竞争会使亚太地区陷入类似于冷战时期美苏对峙的局面。奥巴马政府的亚太"再平衡"战略力图通过向亚太地区部署军事力量,展示美国维护全球领导地位的决心,以使中国放弃挑战美国地位,接受美国的领导。但是亚太"再平衡"战略并没有达到预期效果。② 亚太"再平衡"战略低估了权力转移向中国方向的倾斜,虽然美国依然很强大,但是中国拥有在经济、外交和军事上给予美国重创的能力。美国只通过威胁使用严厉制裁,而不必冒大的风险就能对中国产生重大影响的时代已一去不复返。为此,美国希望通过利用与盟

① "香蕉人"最初指在美国出生的华裔,被称之为ABC(American Born Chinese),现在直接以"banana"(香蕉)称呼,指那些长期生活在海外的华人,黄皮肤却不懂汉语和中华文化,在思想和行为上是白种美国人,即"黄皮白心",现在泛指西方国家中的类似华裔。
② Hugh White, "Relying on Trump: Australia Needs to Rethink its Approach to Regional Security," *Monthly*, February, 2012, https://www.themonthly.com.au/issue/2017/february/1485867600/hugh-white/relying-trump.

国和伙伴国编织成的安全网络及在亚太地区强大的军事存在来确保美国的主导地位。

可以说,中国的发展和整个亚洲的崛起是一个多世纪以来最大的权力转移,也是澳大利亚自建国以来其周边战略平衡发生的最大变化。这对澳大利亚对外战略的影响是显而易见的。首先,澳大利亚一直所依赖的美国主导地位正在受到挑战。其不确定亚洲是否会出现新的稳定的地区秩序,并且难以确定这种秩序能否持久。因此澳大利亚认为将来可能会面对的风险,尤其是主要大国之间的敌对和冲突正在增大。其次,中国、印度等国家快速的经济增长和军事力量的增强,导致美国国力的相对下降,使美国要求包括澳大利亚在内的盟国对其维护优势地位进行支持。这不仅会使澳大利亚面临"选边站"的困境,关键是会将澳大利亚卷入大国之间的对抗竞争。还有就是澳大利亚长期存在的担忧,当国家面临安全危机时,美国是否愿意或者能否及时提供支援。最后,如果印度尼西亚实现了国家潜力,有能力建设强大的海空军时,澳大利亚将会在家门口直面一个地区大国,这将直接影响澳大利亚的安全环境。虽然以前可以在安全上依靠盟国,但是在当前的战略环境下,澳大利亚更加不确定是否可以依靠盟国。

陆克文政府在 2009 年的国防白皮书中,试图解决这一困境,但并没有成功。陆克文政府虽然描述了澳大利亚所处的战略环境,但认为在 2030 年之前形势并不会发生大的变化,因此也没有做出实质性的决策。澳大利亚政府虽然认为澳大利亚是亚洲世纪中的中等强国,但是提出的能力建设计划基本还停留在约翰·霍华德政府时期。然而由于国家预算的削减,这些计划也受到了影响。如 2012—2013 年度的预算比上一年度减少了 10%。将潜艇从 6 艘增加到 12 艘的计划在近 20 年内也难以实现,可能要到 2050 年才能实现。①

---

① Hugh White, "A Middling Power Why Australia's Defence is all at Sea," *Monthly*, September, 2012, p. 22.

澳大利亚认为中国的发展和强大很可能是和平的,但是亚洲需要一种新的秩序来接纳中国不断增长的权力,并维护其他国家的利益。澳大利亚在 2013 年国防白皮书中,将创建新的地区秩序作为最重要的外交任务。尽管如此,澳大利亚担心如果接受中国权力不断增长的事实,但创建新的地区秩序失败,亚洲将会由于大国之间的敌对而四分五裂。即使中国不会威胁到澳大利亚,澳大利亚的战略环境也将受到影响。就印度尼西亚而言,虽然没有确切的根据表明强大后的印度尼西亚会威胁到澳大利亚,但是鉴于澳大利亚与印度尼西亚复杂的历史恩怨,长远而言,印度尼西亚将越发强大,如果澳大利亚和印度尼西亚发生冲突,也就对澳大利亚越不利。因此,对于澳大利亚是否应该坚持在 20 世纪 70 年代已确立的独自应对直接军事进攻的目标,是 2013 年国防白皮书应该解决的问题。如果做出另一种选择,即依靠美国的帮助,那么就算美国的国家权力相对下降,澳大利亚在国家安全上也会有一份保险。是继续追随并依靠美国还是独立自主,这也是澳大利亚在亚太地区的新形势中所面对的基本战略问题。

从很多方面讲,澳大利亚是一个安全的国家。远离世界权力的主要中心,邻国较弱,四周环海,国土辽阔而难以占领。而且,澳大利亚还有一个强大的盟国美国的庇护。但是亚太地区的战略环境正在发生巨大变化,中国的崛起、印度的强大、美国的相对衰落都在改变亚洲的地缘政治环境。如果印度尼西亚实现国家权力的巨大增长,成为一个地区强国,澳大利亚的地理优势也将难以确保澳大利亚的安全。澳大利亚卷入大国之间的竞争和冲突的风险正在增大。在这种背景下,澳大利亚的战略选择尤为重要。

二、澳大利亚对所处地区的认识

亚太地区作为亚洲和太平洋沿岸地区的简称,其地域范围至今并没有特别确切的界定,总体上有广义和狭义之分。广义上,亚太地区包括整个环太平洋地区,即太平洋西岸的中国、日本、俄罗斯、韩国、东盟各国,太平洋东岸的美国、加拿大、智利、秘鲁等南北美洲的国家,以及大洋洲的澳大利亚、新西兰等国家和地区。狭义上指西太平洋地区,主要包括东北亚的中国、日本、韩国等国以及东南亚地区各国,有时也包括大洋洲的澳大利亚和新西兰等国。① 亚太地区范围无论是广义还是狭义的界定,东亚、东南亚和大洋洲基本都包括在内。亚太这一地区概念兴起于20世纪80年代,起因主要是该地区迅猛的经济发展和新兴市场的崛起。目前,南亚国家是否属于亚太地区范畴,国内外还存在明显争议。在谈论有关亚太地区的安全时,印度通常被包括在内,然而亚太的一些地区机制通常不包括印度。印度和平与冲突研究协会顾问、已退役少将迪潘卡·班那吉认为,在战略上亚太地区包括东北亚、东南亚、美国、南亚和澳大利亚。② 对亚太地区较为宽泛的地理界定,是包括东北亚、中亚、东南亚、南亚、大洋洲、太平洋、美洲西部、东印度洋。③ 这显然已经超出了太平洋及其周边的范围。通常情况下,涉及亚太地区时,虽然有时南亚尤其是印度被包括在内,但印度洋无论是在经济上和安全上却不被包括在内。

如前所述,20世纪70年代,日本和亚洲“四小龙”经济的快速增长,中国的发展,美国与中国关系正常化,促进了亚太概念的出现和使用。而亚太概念的普遍使用则是由于1989年亚洲太平洋经济合作组织(简称亚太经合组织,Asia-Pacific Economic Cooperation, APEC)的成立。亚太经合组织的最初创始会员国只有12个,包括澳大利亚、新西兰、日本、韩国、印度尼西亚、马来西亚、菲律宾、新加坡、泰国、文莱、美国、加拿大。澳大利亚不仅是创始会员国之一,而且首届“亚洲太平洋经济合作部长级会议”在澳大利亚首都堪培拉举行。现在,亚太经合组织共有21个会员(一般称之为经济体),除上述12个创始会员国外,还包括中国、

① 李彰有:《漫话亚太概念》,载《中学地理教学参考》,2003年第1期,第18页。
② 迪潘卡·班那吉:《关于亚太地区合作的再思考》,载赵蔚彬、李水生主编,中国军事科学学会香山论坛论文集《亚太地区安全:新问题与新思路》,北京:军事科学出版社2014年版,第70—83页。
③ 朱阳明:《亚太安全战略论》,北京:军事科学出版社,2000年,第36页。

中国香港、中国台北、智利、墨西哥、巴布亚新几内亚、秘鲁、俄国和越南。可以看出,亚太经合组织并不包括南亚地区国家。而澳大利亚作为大洋洲的中等强国,不仅是亚太经合组织的成员,更是其创始成员国。

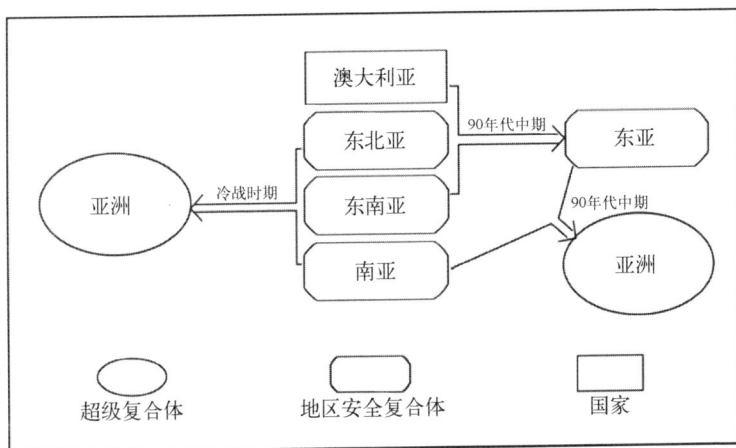

图2-6　冷战前后亚洲的地区安全复合体①

冷战结束后,由于亚洲地区安全形势的变化和对中国国家权力不断增长的担忧,霍华德政府采取进一步拉近与美国盟友关系的政策,在对华政策上与美国保持一致。这也是巴里·布赞在90年代将澳大利亚纳入东亚范围的原因。②

在亚太地区安全中,超级大国、全球大国、地区大国的影响毋庸置疑。除去朝核问题,存在领土纠纷的相关国家更是牵动着地区安全的神经。但长期以来过于关注大国,中等强国在地区安全中的作用却容易被

---

① 冷战后,东北亚地区安全复合体和东南亚地区安全复合体合并为东亚安全复合体,东北亚和东南亚成为次级复合体,而南亚由于印度尚未打破与巴基斯坦对峙的两极模式,仍然是与东北亚和东亚联系松散的安全复合体。详情参见,巴里·布赞(Barry Buzan),[丹]奥利·维夫(Ole Waever):《地区安全复合体与国际安全结构》第91—97页。

② 由于除美国外,智利、墨西哥、秘鲁、加拿大等太平洋沿岸的美洲国家在经济和安全上与东亚地区联系较少,学术界在谈论亚太问题时也很少提到,因此本研究对亚太的定义,不将其包括在内。对于南亚也不包括在内的原因,在书中另做说明。俄罗斯的远东地区虽然也被包括在内,但是俄国与东亚中的东南亚地区和大洋洲联系较为松散,尤其是与澳大利亚的关系相对疏远。

忽视。韩国、印度尼西亚、澳大利亚等是亚太地区典型的中等强国。虽然中等强国拥有相当的经济总量,但是相比地区大国、全球大国等,其总体国家实力相对较弱,而且在安全或经济方面对大国具有一定的依赖性。韩国和澳大利亚是美国的盟国,在安全上忠实地依附于美国,在对外政策上也唯美国马首是瞻。印度尼西亚由于在南海问题上与中国存在争端,希望借助美国的力量来平衡中国不断增强的现代化军事建设和持续提升的军事实力。与此同时,这些国家又不愿放弃与中国合作所带来的经济利益。如何增强在安全或经济方面的主导权是这些中等强国在地区事务中面临的首要问题。

虽然韩国、印度尼西亚、澳大利亚都是东盟地区论坛的成员国,东盟地区论坛是亚太地区规模最大、影响最广的政府间多边政治与安全对话合作交流平台,但由于美国、中国、日本等大国都在其中,这些中等强国的发言权也就变得相对较弱。近些年来,为了提升国家战略空间,提高国际地位,中等强国不断发挥自身优势,通过加强与大国的对话和合作来提高国际影响力及受关注程度。甚至有些中等强国之间还跨区域相互建立非正式伙伴关系。2013 年在纽约举行联合国大会期间,澳大利亚、韩国、印度尼西亚、墨西哥、土耳其五国共同组建中等强国合作体(MIKTA),旨在国际能源管理和使用、反恐与安全、贸易和经济等方面加强合作,提升各自国际地位,增强在国际社会的发言权。[①] 在亚太地区,相比美国、中国、日本、印度等大国,澳大利亚的地位和影响力无疑是次要的,在地理位置上,澳大利亚更是地处亚太地区的最南端。总体而言,在亚太地区,澳大利亚是一个边缘化的国家。

正因为如此,从英国的殖民地,到地球南端的孤岛国家,到因战争威胁而关注东南亚,经济发展的需要融入亚洲,澳大利亚一直在对国家的战略区域进行调整。在此过程中,无论是追随英国还是美国,作为具有

① 丁工:《从全球治理视角透析中等强国合作体的意义与前景》,载《太平洋学报》,2016 年第 3 期,第 39 页。

西方文化传统的国家,文化和地理的错位,使澳大利亚即使在经济上融入亚洲,在文化上也不可能是属于亚洲的国家。在亚太地区,澳大利亚的政治影响力,更多的是源于作为美国盟友的身份。

虽然澳大利亚的人口仅有 2 568.7 万,但澳大利亚是全球 15 大经济体之一,人均收入排名居前 15,澳大利亚的资金投资池也位列全球第四。① 澳大利亚经济实力的背后就是亚洲地区的发展,澳大利亚在亚洲各大经济实体的带动下不断发展。为了谋求更广阔的空间和发展前景,澳大利亚经济上依托亚洲地区,安全上借重澳美同盟,在印度洋地区也有利益存在,其对外战略向太平洋和印度洋两个方向拓展延伸。现如今,作为一个与印度、美国、中国和日本都有密切关系的国家,澳大利亚认为自身是亚太地区重要的中等强国,应该发挥更大的影响力。亚洲的崛起,尤其是印度国家权力的发展,以及印度洋与太平洋之间海上贸易的繁荣,促使澳大利亚对其地区身份和战略区域进行再次思考。

三、澳大利亚印太观的形成

可以说澳大利亚是在官方文件中使用"印太"一词最早的国家。在1976 年的国防白皮书中,澳大利亚不仅重点强调了冷战形势下,苏联对印度洋地区的势力渗透和影响,还使用了"印太区域"(Indo-Pacific area)一词来描述澳大利亚的战略环境,并指出印太区域中的主要大国是中国、印度和日本。② 澳大利亚由于地处太平洋和印度洋的交界地带,虽然由于气候的影响,人口和经济都集中于东部,对外战略的方向也更多的是面向北部的太平洋地区,但是在安全上澳大利亚对印度洋地区一直都相当关注。近年来,随着印度及其他南亚国家经济的发展和印度大国地

---

① The Hon Stephen Smith MP,"Australia and the Asia-Pacific Century," for the Griffith Asia Institute at the Gallery of Modern Art, Brisbane, August 14, 2009, http://foreignminister. gov. au/speeches/2009/090814_gai. html.

② The Minister for Defence, the Hon. D. J. Killen, *Australia Defence*, Canberra: Austnllian Government Publishing Service,1976, p. 4 - 5.

位的提升,澳大利亚与印度的合作不断增多,其在印度洋地区也有广泛的安全和经济利益。

在2009年的国防白皮书中,澳大利亚明确将"更广阔的亚太地区"(the wider Asia-Pacific region)作为其战略区域,该区域是指从北亚到印度洋东部的区域,中国、日本和印度都是该区域的主要大国,东南亚由于横跨在澳大利亚的北部,对澳大利亚而言具有重要的战略意义。另外,除中国、日本和印度,澳大利亚对韩国和印度尼西亚也给予了重点关注。① 2012年10月,澳大利亚政府发布白皮书《亚洲世纪中的澳大利亚》,对亚洲的崛起和未来给予了充分肯定,同时认为亚洲的崛起为澳大利亚带来了巨大的发展机遇,白皮书中详细列举了澳大利亚为抓住机遇所需要进行的努力。随着世界的重心正在转向亚洲地区,澳大利亚距离世界的重心也越来越近。正如《亚洲世纪中的澳大利亚》所描绘,澳大利亚在正确的时间处在正确的地点,那就是亚洲世纪中的亚洲地区。②

亚洲的经济发展正在改变该地区和全球范围内的经济互动发展。亚洲的稳定和繁荣取决于几个主要大国间的关系。尤其是中国、印度、日本和美国。亚洲战略秩序的变化必然导致一定程度的竞争,但是该地区的所有国家在稳定与经济发展方面都密不可分,复杂的相互依赖和不断增长的双边需求是维护亚洲的稳定力量。进入21世纪,亚洲对澳大利亚自然资源的需求创造了澳大利亚贸易的罕见增长,以及在矿产和能源投资方面的异常繁荣,显著增加了澳大利亚的国家收入。③

在亚洲经济发展的推动下,印度洋正在超过大西洋和太平洋成为世界上最繁忙,最具战略意义的贸易走廊。印度洋和太平洋之间繁忙的海上运输,以及澳大利亚衔接两洋的位置,使澳大利亚能更直接地意识到

① Department of Defence, *Defending Australia in the Asia-Pacific Century*: *Force 2030*, Canberra: Commonwealth of Australia, 2009, pp. 12, 95 - 96.

② *Ibid.*, p. 1.

③ Department of the Prime Minister and Cabinet, *Australia in the Asian Century*: *White paper*, Canberra: Commonwealth of Australia, 2012, p. 1.

这一点。在 2012 年《亚洲世纪中的澳大利亚》白皮书中，澳大利亚对"印太"概念和"跨亚洲地区"(the trans-Asian region)进行了比较，以选择一个最合适的地区概念来表达亚洲地区发生的变化。在"印太"概念下，西太平洋和印度洋形成了一个战略弧形地带。"跨亚洲地区"则是对印度与东亚和东南亚之间不断加强的经济联系、历史、社会和文化交流，以及印度"东向"战略的强调。与此同时，北亚和东南亚国家正在向西看，尤其是在能源方面。[①]在亚洲地区，中国成为印度最大的出口市场，中国和日本都在积极投资跨亚洲的基础设施建设，如中国在从边界向南修建铁路和公路。

　　相比"印太"概念，"跨亚洲地区"侧重的是陆上区域，而印太则侧重海洋。澳大利亚在地理上并不是亚洲国家，与亚洲有海洋相隔。采用"跨亚洲地区"概念不能体现出澳大利亚的地理位置，也不能反映印度洋和太平洋之间经济联系的密切，以及美国、印度、中国等国家对海洋的重视和海上力量的发展。"印太"作为一个地缘战略概念，不仅能将亚洲经济持续增长的沿海国家包括在内，还能将澳大利亚和美国包括在内。美国作为一个超级大国，在印度洋和太平洋都有军事存在，而且美国为实施亚太"再平衡"战略，将军事力量大部分部署在太平洋海域及周边。亚洲地区存在的主要领土争端或者热点问题，如钓鱼岛争端、南海争端、台海争端等都与海洋密切相关。"印太"更能反映亚洲及其周边海域太平洋和印度洋的地缘政治与地缘经济因素。印度和中国由于国家战略利益的拓展所发生的利益重叠或冲突也位于印度洋和太平洋。另外，"印太"概念已得到美国、印度、日本和印度尼西亚的一定认同。因此，澳大利亚在 2013 年的国防白皮书中，采用了"印太"这一地缘政治构想。

　　澳大利亚对外战略的区域从亚太转向"更广阔的亚太地区"再到印

---

① Department of the Prime Minister and Cabinet, *Australia in the Asian Century*: *White paper*, Canberra: Commonwealth of Australia, 2012, p. 74.

太地区,既有外部因素也有国内原因。外部因素是西太平洋和印度洋日益密切的经济联系,以及美国重返亚太带来的战略效应。而内部因素则是,澳大利亚西部的西澳大利亚州虽然人口稀少,只占全国人口的10%,但是其出口占全国总量的30%,在2011—2012年,其经济增长额甚至占到全国的一半。澳大利亚主要的贸易航线也由东部的澳—新—美航线转移到西部的印度洋—太平洋航线。①

在2013年的国防白皮书中,印太地区正式成为澳大利亚战略文件中的战略区域,并据此对战略重点进行了区分和规划部署。印太地区这一战略弧形地带包括了澳大利亚的近周边地区、东北亚、东南亚和南亚,以及阿富汗、中东和非洲。虽然中东事关澳大利亚的石油利益,但由于澳大利亚本身石油矿藏丰富,中东只占澳大利亚石油产品来源的20%。澳大利亚在阿富汗的利益也主要是由于其追随美国出兵阿富汗所造成的在阿富汗的军事存在。非洲在澳大利亚的战略中则影响更小。因此,澳大利亚实施国家战略的印太地区主要是东北亚、东南亚和南亚及衔接这些地区的太平洋及印度洋海域。在2017年外交政策白皮书中,澳大利亚政府再次明确指出,印太地区是指由东南亚衔接的从印度洋东部到太平洋,包括印度、北亚和美国在内的区域。②

在2016年的国防白皮书中,澳大利亚以印太为战略区域明确了国家战略防务利益和目标。澳大利亚的印太构想从2009年陆克文政府时期的初见端倪,到2013年的正式确立和在2016年的国防白皮书中的延续,说明印太构想得到了工党和自由党两党的共同支持。2017年11月,澳大利亚联盟党政府则以印太地区为战略区域发布了其外交政策白皮书。

---

① 肖洋:《"印—太战略弧"语境下澳大利亚安全空间的战略重构》,载《江南社会学院学报》,2013年第4期,第16—20页。

② Australian Government, *2017 Foreign Policy White Paper*, CanPrint Communications Pty Ltd, November, 2017, p. 1.

表 2 - 2　澳大利亚的战略防务规划①

	第一	第二	第三
战略防务利益	维持澳大利亚的安全和恢复能力,确保澳大利亚北部的出入和海上航线安全	维护澳大利亚近周边地区的安全,即海上东南亚和南太平洋地区的安全	印太地区的稳定和以规则为基础的全球秩序
战略防务目标	威慑、制止和击败对澳大利亚国家利益和北部进出通道的进攻、威胁或遏制	为维护东南亚海上地区的安全提供有效的军事援助,支持巴布亚新几内亚、东帝汶和太平洋岛国建立和增强国家安全	向在以规则为基础的国际秩序中支持澳大利亚利益的盟友的作战提供军事帮助

　　澳大利亚是第一个在官方战略文件中正式采用"印太"这一地缘政治术语来统领其战略规划的国家。印太地区内的其他国家也越来越多地使用这一术语来表达共同的利益空间。2015 年,印度、日本和澳大利亚三国的外交部长进行会晤,讨论了地区安全问题。印度总理莫迪称澳大利亚为亚太和印度洋的心脏地带。和澳大利亚类似,印度尼西亚也认为中等强国在印太地区的战略体系中有发挥影响力的潜力和空间。印度尼西亚总统佐科·维多多(Joko Widodo)将印度尼西亚看作印度洋和太平洋之间具有重要战略地位的海上枢纽。②"印太"作为一个地缘政治概念的出台不仅仅是表面或语义上的,决策者们对地区的定义会影响到国家的战略方向,安全伙伴的选择以及对地区组织的参与度。"印太"一词的广泛使用已影响到地区其他国家在应对中国实力增强形势下的判断和举措。2019 年,美国国防部因此制定了《印太战略报告》,报告称中国为印太地区的修正主义大国,正在挑战美国在印太地区的主导地位。美国国防部划定的印太地区,是指从美国西岸到印度西海岸的区域,这

---

① Department of Defence, *2016 Defence White Paper*, Canberra: Commonwealth of Australia, 2016, p. 68.

② Rory Medcalf, "Reimagining Asia: From Asia-Pacific to Indo-Pacific," *Asian Forum*, Vol. 26, 2015.

与澳大利亚界定的印太地区范围大部分重合。①

在澳大利亚看来,印太地区作为一个地缘政治概念能否持久存在还要看该地区其他国家的态度、政策选择和国家行为,尤其是中国的政策选择。继奥巴马政府实施亚太"再平衡"战略,特朗普政府制定印太战略,美国将在印太地区对中国实施遏制。中国是印太地区大国,中国和美国国家利益在印太地区的交汇将成为印太地区的主要特点。印太地区汇聚了经济和战略因素。中国和印度在经济上的不断发展,军事力量的不断增强,是该地区形成的主要推动力。中国走向印度洋,印度走向太平洋,这两个大国海上利益区不可避免地出现交叉。但是印太地区权力结构不仅仅只包括印度和中国,还有美国、日本,以及澳大利亚、韩国、印度尼西亚等中等强国。美国在印度洋和太平洋地区持久的战略角色和存在是影响印太地区建构的主要因素。日本和韩国,与中国相比,对通过印度洋进行运输的能源依赖更为严重,因此也是印太地区的战略相关方。近年来日本推行积极的外交战略,与印度在安全和经济方面建立伙伴关系,并在吉布提(Djibouti)建立军事基地。日本的政策清楚地指出印度洋、太平洋、东海等海域的安全问题具有相关性,日本是印太利益相关方之一。韩国虽然在印太地区面临的安全问题相对较少,但是韩国也派遣部队参加亚丁湾护航。另外,韩国也在大力发展"蓝水"海军用以保护能源生命线的安全。2011年开始,韩国还派特种部队帮助阿拉伯联合酋长国进行反恐培训。

第三节 澳大利亚的印太战略大图景

从权力平衡的角度讲,印太地区是一个多极地区。美国、中国、印度、日本是该地区的大国,澳大利亚、印度尼西亚和韩国都是印太权力格局中重要成员。美国是该地区毫无疑问的占据优势地位的大国,中国则

---

① The U. S. Department of Defense, *Indo-Pacific Strategy Report: Preparedness, Partnerships and Promoting a Networked Region*, June 1, 2019, pp. 1 - 7.

被认为是一个崛起中的经济和战略大国。澳大利亚接受印太地区概念，并将印太地区作为国家的战略区域，既是对太平洋和印度洋密切的经济与安全联系的承认，更是对印度和中国在印太地区作用的重视。在印太地区，澳大利亚与美国是盟国，与日本也一直保持着良好的经济和安全合作关系，与印度的关系也在不断深化。澳大利亚希望利用衔接太平洋和印度洋的地理位置优势，与印太地区主要国家的友好关系，提升其在印太地区中的地缘政治地位和影响力。

一、对印太地区秩序的战略期许

尽管印太地区国家间的经济合作和区域经济一体化得到了很大发展，印太地区的地缘政治框架却处于变动之中。印度洋地区的安全形势相对比较稳定，太平洋地区的形势则比较复杂。由于全球的经济重心正在转向亚洲，印度洋和太平洋沿岸国家是亚洲经济增长的引擎。近年来，印度洋和太平洋地区国家的海上力量得到了较大发展。美国是印度洋和太平洋地区长期稳固的海上强国，印度和中国作为亚洲崛起中的海上大国也备受关注。而且，由于经济的相互依赖、海上贸易的发展和海上安全等问题的紧密交织，使得印度洋和太平洋沿岸国家更加紧密地联系在一起。中、美、印都在努力维持或争取获得海上力量优势，最终共同组成了印太地区整体的海上力量结构。印太地区也逐渐成为大国关注的热点地区。中国、美国和印度是全球范围内最大海上区域中的主要力量，"印太"界定了这些国家海上力量交汇所形成的新的空间，代表了这三个国家彼此之间既有竞争又有合作的二重奏。[1] 即使美国、印度和中国之间具有很深的经济依赖和海上贸易，但在地缘政治方面三国不可避免地存在竞争。日本作为印太地区的大国，由于与中国的历史恩怨和对全球大国地位的追求，在印太地区积极谋求战略优势。澳大利亚作为与

---

[1] Rajiv K Bhatia, Vijay Sakhuja, *Indo Pacific Region: Political and Strategic Prospects*, Vij Books India Pvt Ltd, 2014, p. 5.

美国、中国、印度和日本都有密切关系的中等强国,希望借助地缘战略位置的重要性,发挥影响力,提升国家地位。由于领土争端、核扩散、导弹部署等问题,印太地区在安全上较为脆弱。例如,朝鲜进行核试验的冒险政策和朝鲜半岛紧张局势给周边国家带来了非常不利的影响。

印太地区的权力转移被认为是对美国这一传统大国和原有地区秩序的挑战。不仅美国用亚太"再平衡"战略、印太战略来应对中国军事实力的增强,印太地区的其他国家也纷纷表示担忧。印太地区的权力转移在海军和空军力量的军备竞赛方面尤其明显。为了维持其主导地位,美国不断向亚太地区增兵,而且全方位加强与印度的关系。美国宣布在2020年之前将60%的海空力量部署在这一地区。美国在2018年版《国防战略报告》和《国家军事战略》中都将中国作为战略竞争对手,并制定了一系列的军事举措来应对中国的军事能力。而印度、澳大利亚等国也纷纷建设和购置海上舰船,加强海上力量建设。

美国不仅与印太地区国家的经济相互依赖,在该地区还有日本、韩国、澳大利亚、菲律宾等传统盟国和印度这个新的伙伴国。2012年6月,时任美国防部长的里昂·帕内塔曾指出,"美国正处在一个转折点,经历了十年的战争,我们正确立新的防务战略。我们将会在从西太平洋和东亚延伸到印度洋和南亚的弧形地带扩展军事伙伴关系和美国的军事存在,与印度的防务合作是这项战略的关键"①。2016年9月,美国与印度签署了《后勤交换协议备忘录》(*Logistics Exchange Memorandum of Agreement*),允许两国军方使用彼此的海陆空基地以进行补给、武器维修和军人休憩等后勤补给作业,美国也因此宣布印度为美国的主要防务合作伙伴国。

如果说利用盟国关系编织安全网络对中国进行围堵是美国在安全方面应对中国崛起的举措,那么2016年2月4日,美国、智利、秘鲁、越

---

① Zhao Minghao, "The Emerging Strategic Triangle in Indo-Pacific Asia," November 24, 2015, http://thediplomat. com/2013/06/the-emerging-strategic-triangle-in-indo-pacific-asia/.

南、新加坡、新西兰、文莱、澳大利亚、日本、加拿大和韩国等12国共同签订跨太平洋伙伴关系协定（Trans-Pacific Partnership Agreement, TPP），并将中国这一经济大国排斥在外，则被认为是美国主导的对中国经济的遏制。虽然2017年1月23日，美国总统特朗普签署退出跨太平洋伙伴关系协定的行政命令，但是美国对中国的遏制并未因此而停止。

印度是一个有着全球大国野心的国家，随着其国家权力的提高和外溢，印度在印度洋地区奉行排他性和扩张性的"印度洋战略"，并防范中国与南亚国家建立友好关系，牵制中国的"海上丝绸之路"建设。印度还力图通过插手南海争端平衡中国在印度洋地区的影响力。① 印度在军事基地和海军建设上的投资尤其引人注目。2015年9月，印度政府向安达曼和尼科巴群岛投资15亿美元，重点加大对首府布莱尔港基础建造设施的维护更新，以将该港建设成为舰船维修的枢纽。而且在这之前，印度政府还宣布将制定方案以加快这些岛屿的经济建设。印度此举目的是强化在这些岛屿的军事存在，建立其东方前哨阵地。由于这类前哨阵地靠近马六甲海峡的西部出口，因而更靠近中国船只通往欧洲和中东的航线，安达曼和尼科巴岛链重要的地缘政治价值由此可见一斑。

在印度总理莫迪访问东南亚并宣布"东向行动"战略后，印度对安达曼和尼科巴岛链更为重视，说明印度打算将该岛链打造成连接东南亚的重要商业枢纽和战略前哨。在距离安达曼岛以北12海里处就是缅甸的科科岛（Coco Islands），印度认为中国自2009年开始在科科岛进行的作业是企图将其打造成中国海军的补给站。印度还担心中国会在泰国的克拉地峡（the Isthmus of Kra）开通一条运河，以缩短中国船只通往印度洋的距离。所有这些都被印度认为是中国意图加强在印度洋的存在，甚至是军事存在，挤压印度的战略空间。②

---

① 胡志勇：《印度的"印度洋战略"对中国海上丝绸之路建设的影响》，载《南亚研究季刊》，2014年第4期，第1—7页。

② Sarah Watson, "Will India Truly Start 'Acting East' in Andaman and Nicobar," November 16, 2015, https://amti.csis.org/will-india-truly-start-acting-east-in-andaman-and-nicobar/.

随着中国倡导并推进"一带一路"建设,以及中国海军实力的提升,印度认为中国在打造所谓的海上"珍珠链"以包围印度,因此印度希望减少中国在该地区的存在和影响力。与此同时,印度与越南展开海军合作和油气开发。在对待南海争端这一问题上,印度强调西太平洋的航行自由以及海上争端的和平解决。印度和中国虽然在战略上互相防范,但是两国在加强政治互信,促进双边合作方面取得了较大进展。印度和中国的合作不仅局限于经济领域,还涉及协商解决边界争端、非传统安全领域等。印度与中国都意识到解决印太地区的恐怖主义、跨国犯罪、海盗、自然灾害等非传统安全领域的问题需要地区间国家的相互配合协作。

无论从何角度来看,中国都是一个印太地区大国,中国的地位和作用不容忽视,如果不是中国国家利益的扩展和国家权力的增长,印太作为一个地区概念也难以形成。与印度相比,中国更是一个典型的印太地区国家。无论对印太地区的建构接受与否,中国在印度洋地区的存在和影响力会稀释印度的主导地位,而印度对东亚事务的参与也相应地会对中国在该地区的影响力产生干扰。尽管有学者认为印太本身是一个排斥中国的地区概念,但是中国的利益的确具有印太属性。[1] 中国不仅与印度洋各国都有合作密切的经济往来,而且中国的大部分能源进口要依赖印度洋航线进行运输。随着经济的发展,中国的能源需求不断增长,陆上能源管道的缓解作用甚微。另外,中国在非洲有大量的经济投资,有很多侨胞在非洲工作和生活,发生危险时的撤侨问题也变得日益突出。

当前,中国海军力量现代化建设稳步推进,对建设"蓝水"海军的投入不断增加。中国海上力量的提升被外界认为中国不再局限于近海地区,而是在向整个印太地区发展。[2] 中国是一个陆海复合型的国家,建设

---

① 〔澳〕梅丽莎·康利·泰勒、阿卡提·班次瓦特、钟爱:《澳大利亚与印度在"印太"认识上的分歧》,载《印度洋经济体研究》,2014 年第 1 期,第 142 页。

② Liu Zongyi, "New Delhi-Beijing Cooperation Key to Building an 'Indo-Pacific Era'," *Global Times*, November 30, 2014, http://www.globaltimes.cn/content/894334.shtml.

海上强国是维护中国海上利益的现实需要。2015 年《中国军事战略》白皮书指出,中国海军的战略方针将逐步由近海防御转向近海防御与远海护卫相结合。[①] 这被外界解读为中国海军将走出亚洲海域,走向印度洋。中国自 2008 年开始参加亚丁湾护航,2013 年中国海军"和平方舟"医院船赴巴基斯坦、孟加拉国、柬埔寨、缅甸、印度、印度尼西亚、文莱、马尔代夫等亚洲八国执行"和谐使命-2013"的友好访问。2014 年中国潜艇停靠斯里兰卡科伦坡港,类似的海军活动都被别有用心的外部力量解读为中国海上力量的向外扩张。中国潜艇停靠斯里兰卡港口,以及中国对斯里兰卡港口的基础设施投资建设等中斯双方的经济、政治友好关系,引起了印度的强烈不满,印度认为此举是对印度在印度洋地区主导地位的挑战。

虽然印度战略界对"印太"这一地缘政治概念存在分歧,但是却一致认为印度和美国在印太地区具有共同利益。印度与日本、澳大利亚和韩国不断扩展的交往使"印太"这一地区构想具有了现实可能性,而且印度与东盟、东亚峰会的机制性合作关系也能更好地服务于印度的国家利益。这都为印度的战略自主提供了多样化的选择。

亚洲国家的崛起,印度洋地区在经济和人力资源方面的异军突起,决定了印太逐渐成为新的地缘政治框架。澳大利亚在 2009 年的国防白皮书中指出,"在 2030 年之前,印度洋将会与太平洋一道成为澳大利亚海上战略和国防规划的中心"。日本在《国家防务政策刚要 2011》(*2011 National Defense Policy Guidelines*)中强调,"日本将加强与印度和其他国家的合作,以共同维护从非洲和中东到东亚的海上航行安全"[②]。而印度继"东向"战略后又推进"东进"战略,未来印度海上力量的发展将不再只局限于印度洋地区,其在太平洋地区的影响力将不断增强。

在印太地区,影响地区安全的潜在不安因素将持续存在,而东亚国

---

① 张军社:《2015,人民海军铿锵前行走向远海》,载《当代海军》,2016 年第 1 期。

② Department of Defence, *Defending Australia in the Asia-Pacific Century*: *Force 2030*, Canberra: Commonwealth of Australia, 2009, p. 37.

家对印太的贸易通道有严重的依赖性。印太海上贸易通道的安全需要通过多边合作来实现,在维持印太地区的安全稳定、维护印太海上贸易通道的畅通、管控地区安全风险等方面,都需要印太地区国家的通力合作。印太地区权力的多极和相互制衡使得处于有利位置的澳大利亚能利用自身优势而纵横捭阖,既能利用亚洲国家带来的经济机遇,又能通过在维护地区安全方面的纽带作用来提升国家地位和影响力。

澳大利亚工党吉拉德政府在 2013 年的国防白皮书中就正式提出印太地区概念。自由—国家党联盟上台后,又先后得到阿博特总理以及特恩布尔政府的认同,并在 2016 年国防白皮书中得到了延续,以印太地区作为战略区域来确定国家的对外战略。两党在同一理念或议题上保持高度一致是非常罕见的,这也充分说明印太这一地缘战略理念不再是带有政党偏见的纲领和口号,而是澳大利亚对自身国家身份的定位和战略规划。2015 年 5 月,澳大利亚国防部长凯文·安德鲁斯在亚太安全合作委员会的讲话中指出,"现在全球最为显著的趋势就是战略和经济重心向印太地区的持续转移,印太地区的安全和繁荣对澳大利亚的安全和繁荣至关重要"[1]。

虽然有分析认为印太地区的秩序正在向以中国为中心的方向发展,但是这种观点是不成熟的。为了避免在中美之间简单地"选边站",澳大利亚正在积极引导确立新的地区秩序。[2] 作为美国的盟友,澳大利亚难以在权力转移引发的地区秩序重建中独善其身。澳大利亚正在积极发挥其作用,以促进印太地区形成有利于澳大利亚安全稳定的新秩序。经济上,澳大利亚希望维护印太地区海上航线的安全、贸易的发展,与各国尤其是中国加强经济合作,促进本国经济的发展。澳大利亚希望印太地区经济开放繁荣的同时,大国之间相互制衡,防止美国以外的国家在印

---

[1] Graeme Dobell, "Australia's Indo-Pacific understanding," August 17, 2015, https://www.aspistrategist.org.au/australias-indo-pacific-understanding/.

[2] Evelyn Goh, "Great Powers and Hierarchical Order in Southeast Asia: Analyzing Regional Security Strategies," *Internatioanl Security*, Winter 2007/2008, Vol. 32, No. 3, pp. 113 - 157.

太地区拥有主导地位。澳大利亚所期望的印太地区秩序是美国主导之下,印度、日本也积极发挥作用,分别加强在太平洋和印度洋地区的影响力,以稀释中国的影响力。这种印太地区秩序是具有等级性的,并不是真正意义上的平衡,是以美国为核心,澳大利亚和印度、日本等国家共同发挥作用来平衡中国的影响力,并将中国纳入该地区秩序,通过新的地区秩序来引导和牵制中国。

二、对地缘政治支轴作用的追求

印太地区总体处于和平与欣欣向荣的态势,但是国家之间的竞争,战略、经济和社会等方面的脆弱性,对印太地区的和平稳定构成了威胁。局部的经济或社会冲突,也会对印太地区微妙的权力平衡造成灾难性的影响。印太地区行为体的经济发展和潜在问题,使印太地区呈现一幅经济和社会多元化、联系密切,在战略上又存在不信任和焦虑的局面。澳大利亚发现自身处于这样一个经济相互依赖,战略和政治上缺乏互信的地区。[①] 澳大利亚作为美国的盟国和印度洋的周边国家,无论在太平洋还是在印度洋,都有经济和战略利益存在。澳大利亚同印太地区的其他国家一样面临着必须在大国间进行权衡的难题,尤其是如何在美国强权下的和平(Pax Americana)和中国的崛起之间保持战略平衡。

在地区安全方面,印太地区的大国既相互竞争,也在形成不同的联盟。随着印太地区安全形势的变化,澳大利亚在重视双边关系和地区多边机制的同时,开始转向"小多边"机制,澳—美—日三边战略对话就是其中之一。澳—美—日三边战略对话开始于 2006 年。澳大利亚前总理陆克文指出,澳—美—日三边战略对话是地区安全合作的重要组成部分。澳大利亚和日本在加强美国在西太平洋的存在方面具有共同的基本利益。三边战略对话也为澳大利亚和日本加强安全共识和合作提供

---

① 吴兆礼:《"印太"的缘起与多国战略博弈》,载《太平洋学报》,2014 年第 1 期,第 29—40 页。

了机制。①

澳大利亚在 2013 和 2016 年的国防白皮书中,都强调要加强与日本的防务合作和美、日、澳之间的三边防务合作。澳大利亚在 2013 年的国防白皮书中指出,在加强与日本的防务合作,尤其是海军和空军的合作的同时,澳大利亚将通过三边战略对话,积极建立包括美国在内的更为密切的三边关系。② 在 2016 年的国防白皮书中,澳大利亚对与日本同为美国盟友的身份进行了强调,并指出要提升其与日本和共同盟友美国的三边合作。③ 通过这种"小多边",澳大利亚可以同时加强与美国、日本的安全合作,也为加强双边关系提供了平台和机会。澳大利亚不仅积极推动澳—美—日三边战略对话,也在积极促进澳—印—日三边安全对话的常态化。

1967 年,澳大利亚国立大学就曾以"印度、日本、澳大利亚:亚洲地区的伙伴"为主题举行研讨会,商讨如何应对中国可能带来的挑战。50 年后,澳大利亚主持了第三届澳—印—日三边安全会晤。自 2015 年起,澳—印—日三边对话已持续举行了三年。海上安全、印度洋和南中国海的航行自由是三边对话的主要议题。时隔 50 年,中国的影响力再次成为澳、印、日三边对话关注的内容。④ 除澳—美—日三边战略对话和澳—印—日三边安全会晤,澳大利亚还在积极推动澳—美—印三边安全对话的建立。有分析认为,亚洲的"小多边"以将中国围困在美国主导下的地

---

① Hon Kevin Rudd, "Australia's Perspectives on Trilateral Security Cooperation in the Western Pacific," November 18, 2010, http://foreignminister. gov. au/speeches/Pages/2010/kr _sp_101118a. aspx? ministerid=2.

② Department of Defence, *2013 Defence White Paper*, Canberra: Commonwealth of Australia, 2013, p. 61.

③ Department of Defence, *2016 Defence White Paper*, Canberra: Commonwealth of Australia, 2016, p. 132.

④ Ian Hall, "The Australia-India-Japan Trilateral: Converging Interests and Converging Perceptions?" *The Strategist*, March 17, 2017, http://aspistrategist. siteindev. com. au/australia%c2%ad%c2%ad-india-japan-trilateral-converging-interests-converging-perceptions/.

区安全体系之内为目的。① 如果中国通过发展军事力量来维护其利益，"小多边"机制也将具有类似北约的作用。②

由于地理位置的特殊性、澳美同盟关系以及与其他印太国家的友好关系，澳大利亚已不再是印太地区内的一个观众。因为自身安全和发展的需要，澳大利亚不仅是印太地区的一个参与者，还是各种关系与机制的中间人。如果说印太地区的大国关系是一张网，美国是澳大利亚认可的基石和核心，中国、日本、印度分别是重要的结点，那么澳大利亚就是一个与这些国家都有友好关系的中心结点。利用地理位置优势和与主要大国之间的关系来发挥影响力，引导新的地区秩序的建立，是澳大利亚对地缘政治支轴作用的追求。

三、对印太海洋安全的强调

在印太这一战略框架内，通过将印度洋和太平洋联系在一起，澳大利亚处于近中心的地缘战略位置。从亚太国家到印太国家身份的变化，反映了澳大利亚开始重视印度洋。长期以来，澳大利亚的对外战略面向的主要是太平洋地区，随着澳大利亚西北部地区对外贸易的发展和对印度洋—太平洋之间海上航线依赖性的增强，澳大利亚也将更多的目光投向印度洋。印太地区的经济繁荣有赖于海上贸易，印太地区主要国家的影响力和竞争也主要集中在印太地区的海域。印太地区的海域承载着亚洲的经济繁荣，聚集了大国的海上力量。澳大利亚地缘战略位置的重要性也是源于两洋汇合处的地理位置。

2015 年，澳大利亚外交部长朱莉·毕晓普（Julie Bishop）在对印度进行访问时评论道："我们正在经历战略和经济重心向印太地区的转

---

① Yuki Tatsumi, ed. , *US-Japan-Australia Security Cooperation Prospects and Challenges*, Stimson Center：2015, p. 22.

② Rikki Kersten and William T Tow, "Evolving Australian Approaches to Security Architectures in the Asia-Pacific," The Tokyo Foundation, April 22, 2011, http://www. tokyo-foundation. org/en/articles/2011/evolving-australian-approaches-to-security-architectures-in-the-asia-pacific.

移。"澳大利亚的高级专员哈林德尔·西度(Harinder Sidhu)在"和平和冲突研究中心"(IPCS)的演讲中指出,印太是一个战略概念,而不是一个地区定义。[1] 对澳大利亚而言印太更是一个海上概念,印太地区的战略安全问题主要是海上安全问题。印度海上战略的推进和中国走向"蓝水",都加剧了印太地区海上力量的竞争。途经东南亚地区的印太航线是东亚经济的生命线,印太地区海上航线的安全对印太地区的贸易和经济至关重要。

正如马汉在海权论中的主张,"控制了海洋就控制了世界",美国一直未曾放松对太平洋和印度洋的控制。印度也在加强对印度洋的控制。而澳大利亚作为一个在印度洋拥有大片管辖海域的国家,在印度洋有着直接的利益。在2016年的国防白皮书中,澳大利亚指出,澳大利亚与印度在印度洋地区有共同的利益,澳大利亚高度重视印度洋地区的安全态势。[2]

澳大利亚积极支持美国的"再平衡"战略。而美国的"再平衡"战略重视的不仅是亚太地区,美国的海上力量在太平洋和印度洋都有部署。美国在印度洋的迪戈加西亚岛也驻扎有军事力量。澳大利亚希望美国继续维持在印太地区的存在,主要是指促使美国加强在太平洋和印度洋海上力量的存在。澳大利亚对地缘政治支轴作用的追求,也是通过协调美、日、印等国家在印太地区的海上区域的影响力来维护印太地区海上安全。针对南海争端,澳大利亚一再强调海上航行自由的同时,也希望美国尽早签署《联合国海洋法公约》。如果印太地区的海上国家都能加入该公约并认真遵守,那么对于缓解、搁置甚至是解决印太地区海上争端将是有利的。澳大利亚希望在多边机制或国际法的框架下,维护印太地区的海上安全。

---

[1] IPCS Discussion, *India-Australia and Roles in the Indo-Pacific*, No. 5197, December 2, 2016.

[2] Department of Defence, *2016 Defence White Paper*, Canberra: Commonwealth of Australia, 2016, pp. 134 - 135.

第三章　澳大利亚印太战略的目标追求

　　从东南亚到东亚,再到亚太,直到今天的印太地区,澳大利亚改变的不仅是地区身份,更是其战略构想。作为一个中等强国和美国的盟国,澳大利亚希望在利用印太地区经济崛起的机遇发展本国经济的同时,提升在印太地区的战略地位。澳大利亚在 2009 年的国防白皮书指出,澳大利亚在"更广阔的亚太地区"具有持久的利益。在 2009 年的国防白皮书中"更广阔的亚太地区"一共出现了九次。澳大利亚所指的"更广阔的亚太地区"是指从北亚到印度洋东部的地区。印太是"更广阔的亚太地区"的逻辑延伸,也就是东南亚所衔接的印度洋到东北亚地区的这一弧形地带。① 也就是说自 2009 年起,澳大利亚的战略规划就已经以印太为背景。在 2013 年和 2016 年的国防白皮书中,澳大利亚再次明确了其战略重点和方向。

　　在 2016 年的国防白皮书中,澳大利亚对 2035 年之前的周边和全球安全与经济形势进行了预判,并制定了 2035 年之前的战略规划。澳大利亚政府认为,2035 年之前,其安全环境主要受六个因素的影响:中美之

---

① Department of Defence, *2013 Defence White Paper*, Canberra: Commonwealth of Australia, 2013, p. 7.

间既有竞争又有合作的复杂关系;国家之间的竞争和主要大国对以规则为基础的国际秩序的挑战;恐怖主义的持久威胁,以及恐怖主义分子在印太地区的活动导致极端主义和暴力的扩散;澳大利亚的近周边国家的脆弱性;印太地区军事现代化步伐的加快;新的非传统地理安全威胁的出现。①

澳大利亚的印太战略规划按照地理位置和战略重要性,主要分为本土和近周边地区、东南亚和北亚地区以及东亚和印度洋地区。在这三个区域中,澳大利亚几乎都面临传统安全、非传统安全、大国竞争等因素的影响,维护印太地区内这三个亚地区的安全稳定,是澳大利亚印太战略的目标,也是澳大利亚实现国家潜力的必要条件。

第一节　维护本土和近周边的安全稳定

保护澳大利亚本土的安全和繁荣稳定是澳大利亚的核心国家利益,也是其印太战略的核心目标。这要求澳大利亚维护主权和领土完整,免遭军事进攻或直接的军事挑衅、网络攻击、反卫星武器和弹道导弹的威胁等。同时,澳大利亚的北部通道、专属经济区、离岸领土和南极洲的领土都是澳大利亚本土利益的扩展。澳大利亚还将具备应对突发自然灾害或人为灾难并从中迅速恢复的能力,这些能力将作为澳大利亚的基本战略防务要点。总体而言,在印太地区中维护自身领土、周边海域和离岸领土的安全、经济繁荣稳定,并具备应对突发事件的国防能力是澳大利亚的首要目标。维护澳大利亚的近周边地区安全稳定,使该地区不受他国军事力量的影响,并将地区内恐怖主义、跨国犯罪等对澳大利亚的影响降到最低,确保澳大利亚的海上通道顺畅,从而实现澳大利亚追求的国家利益,也是其追求的目标。澳大利亚的近周边包括巴布亚新几内

---

① Department of Defence, *2016 Defence White Paper*, Canberra: Commonwealth of Australia, 2016, pp. 40 - 41.

亚、东帝汶和太平洋岛国（主要是指南太平洋地区的岛国）。① 南太平洋地区和巴布亚新几内亚、东帝汶是澳大利亚最直接的邻近地区，是澳大利亚印太战略最直接的内环。

一、近周边地区在安全上的脆弱性

南太平洋地区和巴布亚新几内亚、东帝汶在澳大利亚的印太战略构想中属于近周边地区。在澳大利亚独立之前，南太平洋地区就与澳大利亚殖民地有密切的关系。二战后，南太平洋地区的岛国陆续摆脱殖民统治，获得主权独立。但这些岛国大多国土面积狭小，经济发展落后，政府管理不善，难以建立起国防体系和经济体系。为此，澳大利亚国防军在南太平洋地区进行了一系列的维稳与维和行动，如 1980 年和 1988 年向瓦努阿图派兵，1987 年派兵斐济。在布干维尔岛的维和行动中，澳大利亚国防军发挥了重要作用。同时所罗门、巴布亚新几内亚等岛国所存在的国内危机，都使南太平洋地区面临的安全挑战增多。

南太平洋地区和巴布亚新几内亚、东帝汶虽然海上资源、矿产、能源、森林资源等丰富。但由于人口的膨胀、政府管理不善、跨国犯罪、气候变化等，面临着国内政治动荡不安和经济发展落后等严重的困难，需要国外的援助。作为该地区领土面积最大、经济最为发达的国家，澳大利亚将维护南太平洋地区和巴布亚新几内亚、东帝汶的稳定视为分内之事。澳大利亚是南太平洋地区的岛国和东帝汶最大的援助国。该地区一半以上的援助份额来自澳大利亚。但近年来，中国、日本、印度尼西亚等一些亚洲国家在经济实力增强后，也开始为南太平洋地区的国家和东帝汶提供援助，使该地区的国家有了更多的选择，这引起了澳大利亚的不安和担忧。可以说，澳大利亚一直将南太平洋地区视为其前院，澳大利亚对他国势力插手南太平洋地区和东帝汶的事务始终保持警惕。

---

① Department of Defence，2016 *Defence White Paper*，Canberra：Commonwealth of Australia，2016，p. 69.

南太平洋地区和巴布亚新几内亚、东帝汶作为澳大利亚的直接近周边地区,其安全和稳定直接影响到澳大利亚本土的安全稳定。澳大利亚对南太平洋岛国和巴布亚新几内亚、东帝汶进行援助,以防止该地区国家的动荡对澳大利亚安全和繁荣造成不利影响。另外,确保该地区不被域外大国干预,防止敌对澳大利亚的域外大国在该地区建立军事基地,减轻对澳大利亚的安全威胁,也是澳大利亚在近周边地区的目标。

除澳大利亚和新西兰外,巴布亚新几内亚和东帝汶是南太平洋地区人口最多的两个岛国,人口均超过一百万,其他岛国可以说是微型国家。2005—2010 年,澳大利亚对巴布亚新几内亚和东帝汶的关注与外交投入超过了以往任何时期。① 澳大利亚一直将解决南太平洋地区和巴布亚新几内亚、东帝汶存在的问题,例如政府管理不善、安全防卫能力差、自然灾害等视为己任,积极提供物资、人员支持。

二、维护近周边地区的安全稳定

从 2000 年的国防白皮书开始,澳大利亚都对近周边地区给了了高度重视。近周边地区是仅次于澳大利亚本土防御的第二防卫重点。澳大利亚担心不稳定的近周边地区会直接影响到澳大利亚的利益。澳大利亚认为作为南太平洋地区的领导国和大国,确保南太平洋地区的安全稳定是澳大利亚的责任。② 虽然,南太平洋地区的问题不会成为全球问题,但是如果澳大利亚不带头解决,将会有其他国家带头解决,而这将会削弱澳大利亚在该地区的影响力。因为南太平洋岛国的经济和安全较为脆弱,这使得澳大利亚面临的跨国犯罪和恐怖主义风险不断增大。2003 年,澳大利亚外交贸易部长亚历山大·唐纳直接暗示道,所罗门群岛的动荡将会对澳大利亚构成潜在的直接威胁,澳大利亚应该考虑进行

---

① James Cotton and John Ravenhill, eds. , *Middle Power Dreaming-Australia in World Affairs 2006 -2010*, South Melbourne: Oxford University Press, 2011, p. 147.

② Department of Defence, *Defence 2000: Our Future Defence Force*, Canberra: Commonwealth of Australia, 2000, pp. 43 - 44.

干预。由于岛国面临的各种政府管理、社会、经济和安全等问题,地处澳大利亚东部和北部的弧形地带区是动荡频发的地区,也因此被称之为"不稳定之弧"①。由于南太平洋岛国之间相距较远,国土面积狭小,历史遗留问题较少,因此该地区在领土争端、军事威胁等传统安全领域面临的威胁较少。但是在气候变化、恐怖主义、跨国犯罪等非传统安全方面则需要应对众多挑战。另外,南太平洋地区国家由于政府的软弱,容易受到外界大国的影响,也有可能成为敌对国家向澳大利亚发动军事进攻的前沿阵地。虽然这种可能性很小,却是澳大利亚最为担心的情况。

2000 年 6 月,所罗门政变发生后,澳大利亚组织领导"国际和平监察组"(International Peace Monitoring Team,IPMT)开展维和行动。"国际和平监察组"成功地帮助所罗门解决并消除了民族冲突,并于 2002 年 6 月撤出。之后,由于所罗门再次发生民族冲突,应所罗门政府的请求,澳大利亚在悉尼召开太平洋岛国论坛外交部长会议,并组建了一支地区干预部队——"所罗门群岛区域援助团"(Regional Assistance Mission to Solomon Islands,RAMSI),对所罗门国内的民族冲突再次进行了干预。第一批 RAMSI 人员于 2003 年 7 月 24 日部署到位。高峰时,RAMSI 共有 2 250 名人员,在 1 800 名武装力量中,澳大利亚国防军大概占 1 500 名,其他为警察和咨询人员。2003 年 10 月底,由于在所罗门的维持稳定行动取得了初步成功,军事力量也因此撤出了所罗门。2006 年,所罗门首都霍尼亚拉发生动荡,澳大利亚再次向所罗门派驻军事力量。同年,汤加首都努库阿洛法也发生暴动,澳大利亚与 RAMSI 成员国新西兰共同向汤加派驻了武装力量和警察。作为 RAMSI 警察部队之一的"参与警察力量"(Participating Police Force,PPF),澳大利亚的联邦警察和澳大利亚保卫部队占一半。RAMSI 中的军事力量主要是在所罗门皇家警察部队和"参与警察"难以应对状况时,进而实施支持和支援行动。2012

---

① Dennis Rumley, Vivian Louis Forbes, and Christopher Griffin, eds. *Australia's arc of instability: The Political and Cultural Dynamics of Regional Security*. Vol. 82, Springer Science & Business Media, 2006, pp. 11 - 22.

年,随着所罗门、汤加等岛国形势的缓和,RAMSI 的成员国考虑撤出各自军事力量,但是警察力量仍将保留。

太平洋巡逻艇项目(the Pacific Patrol Boat Project,PPBP)也是澳大利亚为维护在南太平洋地区的战略影响力而实施的项目。该项目始于1985 年,澳大利亚共提供了 22 艘"太平洋"级巡逻艇,以及相关的资金、技术、后勤、威胁、培训等支持。太平洋巡逻艇项目主要是帮助维护该地区的海上安全,帮助南太平洋地区的岛国保护海上资源并维护国家主权领土完整。在 2010—2011 年,澳大利亚国防部还实施了一项针对巡逻艇的"寿命延长项目"(Life Extension Program),对巡逻艇进行整修,以使巡逻艇的使用寿命从 15 年延长到 30 年。

2009 年 8 月,在太平洋岛国论坛领导人会议上,澳大利亚提议建立新的海上安全项目,即"太平洋海上安全项目"(The Pacific Maritime Security Project,PMSP),以更好地应对太平洋海域存在的挑战。开始时,澳大利亚的海关和边境保护部门负责该项目的实施,但后来由国防部负责具体实施,这说明澳大利亚对南太平洋地区海上安全的重视。除了"太平洋巡逻艇项目",澳大利亚还在南太平洋地区组织海上侦察。2009—2010 年,澳大利亚组织实施了 7 次地区海上侦察。在"索兰尼亚行动"(Operation Solania)中,澳大利亚国防军进行空中和海上侦察,并向该地区的岛国提供情报、侦察与监视等支持。澳大利亚国防军的索兰尼亚行动也是与美国、新西兰和法国"四方防务协调小组对话"(Quadrilateral Defence Coordinating Group Talks)机制下的更广泛海上侦察的一部分。依托"防务合作项目"(Defence Cooperation Program,DCP),澳大利亚与南太平洋岛国进行了一系列的双边安全合作。应"防务合作项目"内容的要求,澳大利亚国防军向南太平洋地区的岛国提供军事顾问和培训业务,并组织双边演习,促进岛国的军事能力建设。"太平洋巡逻艇项目"也是"防务合作项目"的一部分。

澳大利亚还积极推动南太平洋地区的无核化。1985 年 8 月,澳大利亚工党政府为了维护周边地区的安全稳定和落实核不扩散机制,在新西兰的积极支持和推动下,与南太平洋岛国共同签署了《南太平洋无核区条约》(*South Pacific Nuclear-Free Zone Treaty*)。该条约是全球第二个有人居住区的无核条约,禁止签约国实验或拥有核武器,并要求有核国家不准对成员国使用或威胁使用核武器。但是该条约没有涉及已有的核辅助设施,也没有禁止各国允许有核舰船停靠或在公海进行核试验,从而使美国受到的影响较小。

新西兰是南太平洋地区的第二大国家,而且与澳大利亚同是《澳新美安全条约》的成员国。澳大利亚与新西兰不仅有共同的历史渊源,在经济、安全方面的关系密切,而且两国在维护南太平洋地区的稳定方面也有共同的利益。因此澳大利亚与新西兰在维护南太平洋地区的稳定,提高南太平洋地区国家政府管理能力,促进该地区经济发展等方面进行了通力合作。在应对南太平洋地区的突发事件上,澳新两国还通过建立澳新快速反应部队(ANZAC Ready Response Force)通力配合,共同应对事端和挑战。

三、通过地区机制维护地区领导者地位

澳大利亚作为周边最为强大和发达的国家,对于南太平洋岛国具有特殊的吸引力,也自然有一种南太平洋地区领导者的姿态。将周边小国组成一个地区集团,不仅方便澳大利亚协调地区发展,也有助于小国之间整合资源。南太平洋地区主义从 20 世纪 40 年代开始形成,经历了域外大国主导和本土化的转变。澳大利亚在南太平洋地区主义发展的过程中也逐渐取代域外大国成为主导国家。2003 年,霍华德政府提出"汇聚地区管理"的理念,使南太平洋地区主义进入了新的时期。①

从政治上来说,1947 年成立的南太平洋委员会(South Pacific Commission)是该地区最早的地区组织。南太平洋委员会具有殖民管理的性

---

① 鲁鹏、宋秀琚,《澳大利亚与南太平洋地区主义》,载《太平洋学报》,2014 年第 1 期,第 61—68 页。

质,其成员国包括在该地区有殖民利益的国家和部分南太平洋地区的国家,即美国、英国、法国、荷兰、澳大利亚和新西兰。南太平洋委员会1998年起改名为太平洋共同体(Pacific Community,PC)。除包括区域内的独立国家以外,还包括没能取得独立地位的属地以及一些传统的西方殖民国家。太平洋共同体现有26个成员国,包括美国、英国、法国等域外国家。太平洋共同体主要是向南太平洋地区国家提供技术援助、政策建议、培训和其他研发服务,致力于解决地区经济的可持续发展,以及自然资源、环境问题、气候变化、粮食安全、人力资源和社会发展等方面的难题。南太平洋委员会改变了长期以来各群岛岛屿封闭隔绝的情况,促进了彼此之间的交往互动,使该地区的岛国在自然资源开发、社会功能的完善以及彼此间沟通交流等方面获得了重要支持。

太平洋共同体内的其他大国在地理位置上相距遥远,共同利益也较为疏远,对南太平洋地区关注也就较少。澳大利亚和新西兰对南太平洋地区的事务尤为关注,自觉承担起了对地区事务的管理。随着南太平洋地区越来越多的岛国获得独立和主权,这些新独立的国家对由主要西方殖民国家组成的南太平洋委员会不满,希望摆脱前宗主国的影响。因此,1971年8月,澳大利亚、新西兰、库克群岛、瑙鲁、斐济、萨摩亚、汤加七个国家另起炉灶,成立了"南太平洋论坛"(South Pacific Forum)。2000年10月更名为"太平洋岛国论坛"(Pacific Islands Forum)。现如今,太平洋岛国论坛有16个成员国,2个联系成员,4个观察员,1个特别观察员。① 太平洋岛国论坛是南太平洋地区主义和一体化发展的结果,由澳大利亚组织成立,也是南太平洋地区最具代表性的地区组织。论坛每年在各成员国或地区举行政府首脑会议。该论坛不仅致力于推动区域内的经济及社会发展,促进能源、通信、贸易、

---

① 太平洋岛国论坛的16个成员国分别是:澳大利亚、新西兰、斐济、萨摩亚、汤加、巴布亚新几内亚、基里巴斯、瓦努阿图、密克罗尼西亚、所罗门群岛、瑙鲁、图瓦卢、马绍尔群岛、帕劳、库克群岛、纽埃;2个联系成员:新喀里多尼亚、法属波利尼西亚;4个观察员:托克劳、瓦利斯和富图纳、英联邦、亚洲开发银行;1个特别观察员:东帝汶。

教育等各领域的合作与发展,更成为域内国家协调对外政策以及进行政治、安全协商的重要平台。① 在澳大利亚和新西兰的倡导下,先后通过了《南太平洋区贸易与经济合作协定》,对从其他岛国销往澳大利亚和新西兰的商品实行免税,以带动地区经济的均衡发展。2001 年通过《太平洋紧密经济关系协定》和《太平洋岛国贸易协定》,在南太平洋地区成立自由贸易区。

在安全防务方面,南太平洋地区的岛国由于经济力量弱、人口较少等,难以建立有效的国防,澳大利亚则通过提供武器装备、海上巡逻等帮助维护岛国和地区安全。近年来,面对恐怖主义、跨国犯罪、毒品等非传统安全的挑战,澳大利亚加大了对"太平洋岛国论坛"的投入。为促进政府间的协调,澳大利亚通过实施"太平洋计划",推进地区共同治理,以整合地区资源、提高政府间合作的效率。总之,作为南太平洋地区地理面积最大、经济最发达和军事能力最强的国家,澳大利亚将维护南太平洋地区的安全稳定和经济发展视为己任。

太平洋岛国论坛是南太平洋地区最大的多边合作机制,现在共有 15 个成员国。斐济由于在 2006 年发生军事政变,侵犯人权,在 2009 年被取消资格,同时澳大利亚也停止了与斐济的防务合作。从 1992 年开始,太平洋岛国论坛先后通过了四项在南太平洋地区促进执法和地区安全的授权决议。2005 年论坛提出以安全为核心的"太平洋计划",使太平洋岛国论坛的经济增长、可持续发展和良好的政府管理三大政策支柱变为四项内容。太平洋岛国论坛秘书处是该组织的执行管理机构,通过建立地区安全委员会,实现地区的安全评估和情报共享。另外,RAMSI 和"四方防务协调小组对话"也是澳大利亚在南太平洋地区开展多边合作的主要途径。

随着印太地区的形成,中国、印度、日本等国家利益向外拓展,南太

---

① 崔越、牛仲君:《澳大利亚与南太平洋地区主义:南太无核区的历史经验与启示》,载《战略决策研究》,2016 年第 5 期。

平洋地区受到的大国关注日趋增多。美国为全面推进亚太"再平衡"战略,加强在南太平洋地区影响力,于2012年派前国务卿希拉里参加太平洋岛国领导人峰会,以促进安全合作。日本不仅将"海洋安全"列入太平洋岛国峰会的议题,还加大了对成员国的援助。① 2015年,日本宣布将在三年内向成员国提供550亿日元的援助。中国与南太平洋地区在经济和旅游方面的合作,也引起来澳大利亚的注意。印度经济和军事力量的增强,使澳大利亚担心其在南太平洋地区的优势被域外大国削弱。鉴于域外大国影响力的增强,澳大利亚为维护在南太平洋地区的领导地位,也加大了投入。

除太平洋共同体和太平洋岛国论坛等综合性与全面的政府间组织外,南太平洋地区还有其他专门性的区域组织,如南太平洋大学、太平洋岛国发展署、南太平洋旅游组织、南太平洋区域环境署、太平洋航空安全办公室、论坛渔业局等。南太平洋大学为太平洋地区的学生提供高等教育,是太平洋地区集教学、科研和咨询为一体的国际机构。太平洋岛国发展署致力于促进太平洋地区岛国的经济和社会发展。南太平洋旅游组织是促进南太平洋地区旅游业的政府间组织。澳大利亚是这些地区组织的主要资金支持者。除会员费外,澳大利亚不仅提供主要的资金,还提供针对专门项目的资金。2015年,澳大利亚提供的资金占太平洋岛国论坛秘书处预算的37%,太平洋共同体的28%。② 澳大利亚还与这些主要的地区机制签订了伙伴关系协定,如澳大利亚—南天平洋委员会伙伴关系协议、澳大利亚—太平洋岛国论坛秘书处伙伴关系协议、澳大利亚—南太平洋大学合作协议等。通过太平洋岛国论坛、太平洋共同体等综合性或专门性的地区组织,澳大利亚协调与各岛国在经济、安全、社会发展等方面的行动,以实现南太平洋地区的和平稳定和良好有序的发

---

① 高玉良:《澳大利亚与南太平洋岛国安全合作的必要性探析》,载《大庆师范学院学报》,2015年第2期,第55—57页。

② Department of Foreign Affairs and Trade, "Pacific Islands Regional Organizations," http://dfat. gov. au/international-relations/regional-architecture/pacific-islands/Pages/pacific-islands-regional-organisation. aspx.

展。这不仅有利于澳大利亚实现稳定的近周边环境，也有利于岛国的发展和长治久安。

第二节 依靠东亚寻求繁荣与稳定

东亚作为一个安全复合体，主要包括东北亚和东南亚地区。在地理上，东南亚地处太平洋和印度洋的中心位置，是东亚与南亚之间的物资、人员流动的纽带。而且该地区横跨世界第二大繁忙的海上运输通道——马六甲海峡。东南亚地区的东盟和东盟地区论坛是印太地区最为有影响力的地区机制。东北亚地区的中国、日本和韩国都是澳大利亚的主要贸易伙伴国。东北亚经济的持续稳定增长，是澳大利亚经济增长的有利条件。然而中国的崛起、中美之间的战略竞争，以及中国与美国的盟国日本、菲律宾等国家存在的领土争端，都使东亚地区的安全形势充满了变数。东亚地区的安全与中美之间的关系密不可分。作为在东亚地区有重要安全和经济利益的国家，同时又是美国的盟国，如何在经济和安全利益上进行平衡和区别对待，是澳大利亚在印太战略中面临的主要难题。

一、东亚安全稳定的重要性

澳大利亚认为任何对东南亚地区国家或海上航线构成的外来入侵，或有可能向澳大利亚投送军事力量的敌对国家，以及任何对东南亚的战略入侵，都将威胁到澳大利亚的国家安全。维护东南亚地区的稳定是实现澳大利亚战略利益的必然要求。[①] 澳大利亚不仅有大量的贸易需要经过东南亚地区的海上航线，其与东南亚地区的双边贸易量也在不断增长。因此东南亚地区的海上航线是否安全将直接影响到澳大利亚的经济繁荣。由于地理位置的靠近，东南亚地区的安全环境对澳大利亚也有

[①] Department of Defence, *Defending Australia in the Asia-Pacific Century: Force 2030*, Canberra: Commonwealth of Australia, 2009, p. 42.

直接影响。东南亚地区的恐怖主义、跨国犯罪、毒品、难民等问题都容易使澳大利亚受到影响。

东亚经济的增长带来国家财富增加的同时,也为国家的军事现代化提供了资金支持。东南亚国家增加的军费开支主要用于提升作战能力和购买新的武器装备,例如空对空导弹、空中加油机、侦察雷达、空中预警机等。在海上作战空间,东南亚国家引进了大量柴油发动机潜艇、巡洋舰、反舰制导导弹等。澳大利亚在印太地区的军事优势也因此相对减弱。东南亚地区的一些国家横跨澳大利亚通往东北亚的通道,处于对澳大利亚发动武装进攻的有利位置。澳大利亚北部和东南亚国家之间的海上航线对澳大利亚和印太地区的经济与安全都至关重要。因此,澳大利亚认为,潜在的敌对国家在东南亚地区确立存在后,东南亚将成为敌对国家直接向澳大利亚投送军事力量的基地。

中国、印度、日本、马来西亚、泰国、韩国和新加坡,是澳大利亚的主要贸易对象国,澳大利亚与这些国家的贸易必须途经印度尼西亚群岛周边的航线。澳大利亚北部的群岛是澳大利亚本土安全最直接的一道防线,对澳大利亚的安全至关重要,因为这些群岛有可能成为战时对澳大利亚进行空中打击和海上攻击的阵地,该群岛的大部分都属于印度尼西亚,而印度尼西亚是澳大利亚近周边最强大的国家。印度尼西亚是东南亚地区的大国,国家权力和影响力都在不断增强,在东南亚地区的稳定方面具有重要作用。印度尼西亚还是东盟、东亚峰会、亚太经合组织和G20的成员国。

印度尼西亚是澳大利亚最大的邻国,又位于澳大利亚的北部,其安全稳定对澳大利亚尤为重要。地理位置的邻近使澳大利亚与印度尼西亚在安全利益上相互交织。印度尼西亚建立了多党制的民主政府,并进行了一系列的经济改革,国家经济得到了较大的发展。印度尼西亚不断增长的国家权力,尤其是军事力量的增长,引起了澳大利亚的警觉。另外,印度尼西亚面临的恐怖主义、社会治安、贫穷等问题,有可能对周边国家造成不良影响。印度尼西亚的分裂势力不仅影响了印尼的社会稳定,对周边国家也造成了影响。西巴布亚的分裂势力分子经常会在澳大利亚寻求避难,2006 年,宣布在澳大利亚避难的分裂分子达到 43 人。①

　　澳大利亚与印度尼西亚的关系也是澳大利亚最重要的双边关系之一。但是澳大利亚与印度尼西亚的关系并非一帆风顺,在 20 世纪经历了亲密、对抗、缓和、签订安全合作协定以及因东帝汶问题再次恶化的曲折关系发展历程。② 2017 年 1 月,由于巴布亚独立运动的支持者在印尼驻墨尔本使领馆悬挂具有独立意义的旗帜,再次影响了澳大利亚与印尼的关系。

　　安全稳定的东南亚是澳大利亚维护国家战略利益的需要。防止东南亚成为安全威胁的来源和敌对国家向澳大利亚投送军事力量的基地,是澳大利亚在东南亚地区的目标追求。由于地处中国和印度之间,中国和美国的大国力量对比也在发生着变化,东南亚也因此面临着大国竞争的压力。

二、在东亚的传统安全方面追随依靠美国

　　基于历史原因,东亚地区存在朝鲜半岛统一、钓鱼岛争端、日韩独(竹)岛争端、台海问题、南海争端等众多传统安全问题,其中大部分的争端都事关中国的核心利益。随着中国经济和军事实力的增长,不仅美国担心中国会挑战美国的超级大国地位,东亚地区与中国有领土争端的国家也担心中国会因维护国家领土主权而引起地区冲突。日本、越南、菲律宾等国家都希望通过拉拢美国来制衡中国。虽然中国的经济红利吸引了众多国家与其合作,但是在地区安全上印太地区的国家大多还是希望依靠美国。

　　东南亚地区作为澳大利亚印太战略区的中心,具有重要的地缘政治

① James Cotton and John Ravenhill: *Middle Power Dreaming-Australia in World Affairs 2006 - 2010*, South Melbourne: Oxford University Press, 2011, p. 173 - 175.
② 蒋保、吕乔:《论澳大利亚与印度尼西亚关系之变迁》,载《东南亚纵横》,2009 年第 10 期,第 43—47 页。

地位。东南亚地区的航线不仅是东亚国家与印度洋和波斯湾地区贸易的重要通道,通过东盟,东南亚的经济和战略影响力也在不断提升。东南亚作为澳大利亚的北部邻近地区,其安全环境对澳大利亚尤为重要。冷战结束后,东南亚地区不仅没有紧跟世界潮流进行裁军,军火进口反而大幅增加,武器交易额的年增长率达到4%—9%。进口的武器装备多具有高技术、远程、攻击性等特点。这一方面是由于随着冷战的结束,美国缩减了在东南亚及周边的军事力量,出现"安全真空",使东南亚国家担心日本、印度和中国会试图填补这一真空。另一方面是被冷战时期形势掩盖的边界和领土争端问题开始突出。①

东南亚是澳大利亚的北部屏障。维护东南亚地区的安全稳定不仅符合东南亚国家的利益,更符合澳大利亚的利益。一方面澳大利亚与东南亚国家不存在领土争端,另一方面,澳大利亚经济的发展需要东南亚的市场。东南亚地区与中国存在南海争端的国家尤其担忧中国海上军事力量的增长。菲律宾、越南等国家在南海问题上不仅屡屡挑衅,更是加快了军事现代化的步伐。东南亚地区俨然开始了新一轮的军备竞赛。这也为域外国家提供了与东南亚国家合作的机会。美国是东南亚国家希望拉拢过来制衡中国的主要国家。澳大利亚由于地理位置的接近和与美国的盟国关系,也成为东南亚国家进行防务合作的潜在对象。

基于《日美安全保障条约》和《与台湾关系法》,美国是钓鱼岛争端和台海问题的相关方。2012年开始,美国政府在钓鱼岛争端问题上开始公开支持日本,并加大了对日本的武器出售。2014年4月,总统奥巴马在访问日本时强调《日美安保条约》的第五条适用于日本管理的所有领土,包括钓鱼岛。2015年美国和日本对防卫指针进行修改,以完善美日之间的防务合作,更好地应对包括中日东海冲突在内的突发事件。②

---

① 高峰:《东南亚地区军火进口现状及军事战略根源探析》,载《军事经济研究》,2000年第6期,第37—39页。
② Mark E Manyin, "The Senkakus (Diaoyu/Diaoyutai) Dispute: U. S. Treaty Obligations," Congressional Research Service, R42761, October 14, 2016.

　　美国不仅负有保卫日本及其海上生命线的条约义务,美国海军还长期控制太平洋与印度洋之间的咽喉要道,东海和南海的航行自由也被认为事关美国国家安全。2011年,随着美国逐渐从伊拉克和阿富汗脱身,奥巴马政府开始将战略重心转向亚太地区,将美国在该地区的军事力量从50%提升到60%。美国还加强了与其在该地区盟友的军事关系,尤其是与澳大利亚、日本和菲律宾的关系。针对南海争端,尽管美国高级官员声称保持中立,但美国和其他一些国家仍认为南海是国际海上通道,中国不应该将其看作核心利益,担心中国通过控制南海成为几乎整个东半球的主导性力量。[1] 美国将南海争端国际化的行为无疑使争端复杂化,不仅不利于中美关系,更容易使局势紧张。不管奥巴马政府重返亚太的意图如何,美国的行为实际上加剧了东亚地区发生冲突的可能性。[2]

　　作为美国的盟国,美国亚太"再平衡"战略的积极支持者,无论是由于钓鱼岛争端、台海问题还是南海争端,美国一旦在东亚地区进行军事行动,澳大利亚不仅将很可能成为美国在东亚地区军事行动的基地,而且澳大利亚还将面临在冲突中"选边站"的困境。澳大利亚在地区安全上搭美国的顺风车,但同时也将自己绑在了美国的战车上。在东亚地区的安全问题上,澳大利亚相信美国强大的军事存在能够维持局势稳定,因此依然坚定地选择追随美国,高调支持美国的亚太"再平衡"战略,支持美国将军事力量向太平洋地区倾斜,响应美国在达尔文港增加驻军。澳大利亚认为只有美国才能维护东亚地区的安全。

　　由于南海位于澳大利亚在安全上重点关注的东南亚地区,澳大利亚担心中国通过控制南海而影响到东南亚的整体安全形势,使澳大利亚也陷入被动。另外,南海还是澳大利亚与日本和韩国等东北亚国家进行贸

---

[1] Robert D. Kaplan, "While U. S. is distracted, China Develops Sea Power," *Washington Post*, September 26, 2010.

[2] Michael T. Klare, "The United States Heads to the South China Sea: Why American Involvement Will Mean More Friction-Not Less," *Foreign Affairs*, February 21, 2013.

易的海上通道。① 因此澳大利亚对南海安全尤为关注。澳大利亚虽然声称遵守国际法,希望和平解决争端,但其态度和立场仍是追随美国,澳大利亚同美国一道向南海派出巡逻机。澳大利亚希望维持东亚地区的稳定,或者至少是现状。澳大利亚也因此强烈支持美国通过在东亚持续加强军事存在、巩固盟友和伙伴关系网络以及各项外交举措等来维护东亚的安全稳定。②

三、在东亚地区非传统安全方面积极发挥作用

经济和社会的发展进步是东亚国家的首要任务。但同时东亚国家也面临着恐怖主义、毒品犯罪、非法移民、气候变化、自然灾害等非传统安全威胁。非传统安全威胁具有跨国性、可转化性、动态性、威胁行为体的非政府性等特点,给国家的应对解决造成了困难。③ 随着澳大利亚与东亚地区经济和社会联系的增多,澳大利亚在享受东亚经济发展带来的机遇的同时,也不可避免地受到跨国犯罪、非法移民等非传统安全问题的影响。由于距离的邻近,以及东南亚国家的相对欠发达,澳大利亚和东南亚地区所共同面临的非传统安全问题尤为突出。

虽然东南亚地区的经济增长迅速,但是国家之间或国家内部经济发展的不均衡,导致大量人口仍然生活在贫困线以下,存在着收入不均、教育资源不对等、劳动力市场不健全等问题。东南亚地区的毒品生产、非法交易、人口贩卖、偷渡等问题已不再仅仅是东南亚地区的自身问题,周边的中国、澳大利亚等国家均受到不同程度的不利影响。

随着东盟内部经济融合的加速,东南亚地区内部和向外的流动人口管理直接影响到地区的经济繁荣和稳定。澳大利亚积极打击有关流动

---

① 王光厚:《澳大利亚的南海政策解析》,载《东南亚研究》,2011 年第 6 期,第 10—15 页。
② Department of Defence, *2013 Defence White Paper*, Canberra: Commonwealth of Australia, 2013, p. 26.
③ 刘学成:《东亚非传统安全挑战与合作应对》,载《东南亚纵横》,2013 年第 10 期,第 33—35 页。

人口的犯罪网络,如人口贩卖和偷渡等,帮助东南亚地区的国家建立安全合法的人口流动,打击侵害人权的劳工剥削。近几年,由于印度尼西亚、马来西亚和泰国等国家移民政策的调整,数以万计的非法移民被迫在海上漂泊。2013年,澳大利亚自由党政府执政以来,强调要阻止非法移民船抵达澳大利亚。2013年9月,阿博特政府执行了一项由军方领导的"主权边界行动"(Operation Sovereign Borders),向印度尼西亚和其他移民来源国遣返了大批非法海上移民。

　　在东南亚地区,由于一些国家经济的落后和政府的专制,非法移民一直是困扰东南亚国家的问题之一。2015年5月20日,印度尼西亚、泰国和马来西亚的外交部长共同讨论了这一问题,并就采取临时措施达成一致。印度尼西亚和马来西亚指出将会向大约7 000名滞留在海上的非法移民提供临时的避难所,并同时号召国际社会共同努力来将非法移民遣返至来源国或安置到第三国。对此,澳大利亚总理表示将拒绝予以安置,认为这会助长非法移民。2014年11月,澳大利亚政府宣布,澳大利亚将不再向2014年7月1日之后在印度尼西亚的联合国难民高级专员办公室注册的非法移民提供安置。① 尽管如此,澳大利亚发达的经济和社会对非法移民仍具有相当的吸引力,而且漫长的海岸线便于东南亚地区非法移民的进入,使澳大利亚在解决非法移民的问题上仍然面临相当的困难。

　　为了促进地区经济合作和包容性的增长,并加强东南亚地区解决人口贩卖和移民劳工剥削的能力,澳大利亚为此设计了"东南亚地区经济增长和人口安全援助投资计划"。2015年底东盟经济共同体(ASEAN Economic Community)成立后,澳大利亚利用东南亚地区援助项目的资金促进东盟地区经济的融合,尽力消除贫困和维护稳定。另外,澳大利亚还向东盟秘书处提供经济研究和政策建议,通过支持湄公河地区的贸

---

① Savitri Taylor, "Australia and the Southeast Asia Refugee Crisis," July 31, 2015, http://thediplomat.com/2015/07/australia-and-the-southeast-asia-refugee-crisis/.

易、交通建设和企业发展,来帮助东盟成员国缩小经济差距和国内收入不均。

为了帮助解决东南亚地区的水资源问题和湄公河流域 6 000 万人口的生存用水问题,澳大利亚还成立了"湄公河水资源项目"。通过"塑造金融转型"项目,澳大利亚帮助东南亚国家使用绿色能源,在缅甸和柬埔寨建立太阳能系统和家用节能炉。澳大利亚对"大湄公河亚地区贸易和运输简易化项目"的支持在减少贸易障碍方面发挥了重要作用,促使柬埔寨和越南,中国和老挝在增加贸易运输车辆方面达成了协议。通过"澳大利亚—亚洲打击人口买卖项目",澳大利亚向印度尼西亚、泰国、缅甸和柬埔寨的调查员和公诉人员提供支持,促进国家之间的协调配合。澳大利亚已成功帮助 6 万名劳务移民获得在柬埔寨、老挝、泰国、缅甸、越南和马来西亚的移民资源中心的建议或法律支持。①

宗教和历史因素,致使东南亚地区恐怖主义的隐患比较大,有可能威胁到澳大利亚的安全。因此,反恐也是澳大利亚与东南亚国家合作的重点领域。尽管"9·11"事件后,澳大利亚针对恐怖主义制定了严厉的法律和有力的执行措施,但是仍然没有避免恐怖分子的袭击。2014 年 12 月 14 日,悉尼发生的恐怖袭击案造成两名人质死亡。文化和历史的原因,使东南亚地区也深受伊斯兰极端势力和恐怖分子的影响。东南亚地区也发生过几起恐怖袭击事件。2002 年 10 月 12 日巴厘岛爆炸案共导致 202 人死亡,其中包括 38 名印尼人和 88 名澳大利亚人。2005 年巴厘岛再次发生恐怖袭击导致的爆炸。2016 年 1 月 14 日 IS 在雅加达市策划了连环爆炸案。印度尼西亚成为恐怖主义袭击频发的国家。菲律宾南部的棉兰老岛和苏禄群岛由于军阀主义和部族冲突,成为伊拉克和大叙利亚伊斯兰国(Islamic State of Iraq and al-Sham,ISIS)同情者的基地。曾经,印度尼西亚、马来西亚和新加坡的恐怖分子也曾将该岛作为

---

① Department of Foreign Affairs and Trade, "Overview of Australia's ASEAN and East Asia Regional Aid Program," http://dfat. gov. au/geo/east-asia/development-assistance/Pages/development-assistance-in-east-asia. aspx.

避难所。虽然菲律宾已与棉兰老岛的摩洛族伊斯兰解放阵线签署了和平协议,但是苏禄岛一个名为阿布沙耶夫(Abu Sayyaf)的犯罪集团又宣誓效忠 ISIS。90 年代末,基地组织就曾在东南亚招募成员。① ISIS 在东南亚地区有众多的同情者和意愿追随者,而且 ISIS 和其同情者还利用网络和社交媒体在东南亚地区进行招募。印度尼西亚的极端网站甚至公然赞扬 ISIS 取得的胜利并进行募捐。东南亚地区已有一些狂热的宗教分子、ISIS 的同情者、冒险分子前往伊拉克和叙利亚加入 ISIS。

"9·11"恐怖袭击和巴厘岛爆炸案之后,澳大利亚与东南亚国家开展了一系列的反恐合作。澳大利亚联邦警察在调查巴厘岛和雅加达爆炸案中与东南亚地区国家进行了积极的配合。澳大利亚与印度尼西亚、马来西亚、菲律宾、泰国、柬埔寨和东帝汶都签署了反恐备忘录。2004 年7 月,澳大利亚与东盟签署了《澳大利亚—东盟合作打击国际恐怖主义的联合宣言》。通过双边和多边合作,澳大利亚建立了全面的地区反恐战略,并在情报和信息共享、执法合作等操作层面上得到了切实的推进。澳大利亚还建立了专项反恐援助项目,向印度尼西亚和菲律宾提供资金支持。2004 年,澳大利亚向印度尼西亚和菲律宾提供的反恐资金分别翻倍至 2 000 万美元和 1 000 万美元。②

在气候变化方面,太平洋地区的厄尔尼诺和反厄尔尼诺现象即拉尼娜现象,都会对太平洋地区的国家产生重大影响。厄尔尼诺现象是太平洋中部和东部海水温度异常持续变暖,周边地区的气候发生变化,造成一些地区降雨量过多而另一些地区干旱,环赤道太平洋地区受到的影响最为明显。在厄尔尼诺年,澳大利亚、印度尼西亚、南太平洋岛国等地区

---

① Joseph Chinyong Liow, "Counterterrorism Conundrum: Rethinking Security Policy in Australia and Southeast Asia," December 17, 2014, https://www.brookings.edu/opinions/counterterrorism-conundrum-rethinking-security-policy-in-australia-and-southeast-asia/.

② See, Ian Kemish, "South East Asia & Australia New Opportunities and Challenges," Speech at Australian Institute of International Affairs (AIIA), November 30, 2004, http://dfat.gov.au/news/speeches/Pages/south-east-asia-australia-new-opportunities-and-challenges.aspx.

容易遭受干旱,并使农作物遭受损失,而赤道周边的地区和北部则容易遭受洪涝灾害。拉尼娜现象是指赤道太平洋东部和中部表面海水持续异常偏冷并引发气候变化的情况。拉尼娜现象出现时,澳大利亚、印度尼西亚、马来西亚、菲律宾等地降水偏多,容易出现暴雨发生洪水。相反,在赤道太平洋东部和中部地区降水减少,美国西南部和南美洲西岸则出现干旱现象。中国、朝鲜半岛和日本容易异常寒冷。由于厄尔尼诺和拉尼娜现象引发的气候异常,造成的自然灾害影响范围广,受灾程度重,需要相关国家共同预测和应对。

另外,由于地处大陆板块交界地带,东亚地区是地震频发区。面对自然灾害,澳大利亚积极提供人道主义援助和救灾。2004 年 12 月,印度尼西亚的苏门答腊发生地震和海啸,澳大利亚政府派遣了国防军进行支援救灾。2009 年 9 月苏门答腊再次发生地震,澳大利亚提供了资金援助,并派遣国防军和政府人员进行配合援助。[①]

第三节　西进印度洋,提升国际影响

印度洋的面积为 7 350 万平方公里,是世界上的第三大海域,并且三面被陆地环绕。印度洋地区的人口为 26 亿,占世界总人口的 39%。印度洋是连接欧洲、中东、东非、东亚和澳大利亚的海上枢纽,是全球能源的主要运输通道。从海湾地区出口到亚洲石油的 2/3 都途经印度洋进行运输。周围霍尔木兹海峡、马六甲海峡都具有重要的战略意义。长期以来,尽管在印度洋地区,澳大利亚拥有面积最大的海上管辖区域,但是澳大利亚的人口和经济力量都集中在东部海岸。澳大利亚的盟国美国也位于其东部大洋的彼岸。澳大利亚的战略规划更是集中于东部和北部的太平洋地区,亚洲则是位于澳大利亚的海洋——"澳新美湖"的边

---

① Yamaguchi N, Kotani T, Fukushima T, et al. *Enhancing Trilateral Disaster Preparedness and Relief Cooperation between Japan, US and Australia: Approaches from Various Civil-Military Perspectives*, Asia-Pacific Center for Security Studies, Honolulu HI, 2013, pp. 53 - 55.

缘。印度洋像是被澳大利亚遗忘的海洋,但是印度洋的时代正在到来。
21 世纪将是印度洋和太平洋齐头并进的世纪。欧洲的崛起使大西洋在
之后的 500 年里成为海上力量竞争的场所。① 权力中心的转移使商船和
舰船驶入了印度洋,澳大利亚在印度洋地区的利益也不断增多。地处印
度洋沿岸,澳大利亚西北部地区的开发和矿产资源的出口,使澳大利亚
开始将视线转向西部的印度洋。

一、维护印度洋贸易通道安全

由于中国、印度等新兴大国在印度洋地区的存在和影响力不断增
强,印度洋的战略重要性也在不断提升。印度洋作为国际贸易的重要海
上通道,该地区的海上石油产量占全球海上石油总产量的 40%。澳大利
亚前 15 位的贸易伙伴国中有 6 个为印度洋地区国家,这 6 个国家分别是
印度、印度尼西亚、新加坡、泰国、马来西亚和阿联酋。② 中国、日本、韩国
等澳大利亚的主要贸易伙伴国均主要依靠印度洋航线进行能源和原材
料的运输。澳大利亚对西北部大陆架液化天然气和石油资源的出口也
是通过该航线进行运输。澳大利亚 1/3 的出口是从西澳大利亚州发出,
澳大利亚的西北部将是澳大利亚未来繁荣的关键。

共同的经济利益导致战略上相互依赖的增强。虽然美国在印度洋
地区拥有最强大的海上军事力量,是印度洋安全的维护者,但是未来印
度和中国在该地区的存在将得到加强。印度经济的发展和军事能力的
提高,使印度在印度洋地区的地位和影响力不断增强,对印太地区事务
的参与日渐增多。印度作为印太地区的主要大国,其地位和影响力不容
忽视。由于经济发展的需要,中国在印度洋地区也有重要的经济和战略

---

① John Birmingham, "Looking West—Australia and the Indian Ocean," *Monthly*, August 20,
2009, https://www. themonthly. com. au/issue/2009/september/1268804958/john-bir-
mingham/looking-west.

② Department of Foreign Affairs and Trade, "Australia and the Indian Ocean Region," ht-
tp://dfat. gov. au/international-relations/regional-architecture/indian-ocean/pages/indian-o-
cean-region. aspx.

安全利益。太平洋和印度洋之间贸易、投资和能源运输的增长,使两大洋在经济和战略上更加相互依赖。由于印度洋是全球重要的贸易通道,国际社会对印度洋的关注也日趋增多。印度对东盟地区论坛和东亚峰会等地区机制进行了广泛的参与,成为印太地区在战略、外交、经济方面具有重要影响力的大国行为体。①

澳大利亚在印度洋地区有重要的战略利益,尤其是在海上航道的安全方面。因此,澳大利亚正在积极与印度建立战略伙伴关系,并增强与其他国家的友好关系,以共同应对海盗、自然灾害等威胁。由于印度、美国、中国等国家在印度洋地区海军力量的增强,印度洋地区正在出现大国竞争的局面。印度洋在澳大利亚国家战略中的地位也正在上升。印度洋是连接亚洲和中东的能源通道,在印太地区具有重要的战略意义。印度洋周边国家之间或国内的冲突很容易引起域外大国的干预,并因此导致大国竞争局面的出现。

二、避免大国在印度洋发生对抗

由于能源政治和中国作为一个崛起中的大国在印度洋地区的活动不断增多,印度洋的重要性得到了不断提升。能源政治,印度、中国、美国、日本、法国、俄国以及欧盟在印度洋地区的竞争,吸引了澳大利亚更多的注意力。澳大利亚守护海洋领土和主权的最大挑战也来自印度洋地区。同时,印度洋地区有核化和军事化程度在不断提高,印度洋还是国内外冲突频发的地区。海上恐怖主义、海盗活动、人口偷渡、非法捕鱼、气候变化、跨国犯罪、食品安全等问题都比较突出。

由于世界主要大国在印度洋地区的利益存在和战略竞争,印度洋可以说是海上大棋局。大棋局中的主要棋手是美国、中国、法国、日本、俄国,还有欧盟。而在地区内比较重要的棋手是印度、澳大利亚、南非以及

---

① Department of Defence, *Defending Australia in the Asia-Pacific Century: Force 2030*, Canberra: Commonwealth of Australia, 2009, p. 42.

印度尼西亚。印度是印度洋地区唯一一个力图将其影响力扩展到整个印度洋的国家。印度已不满足于其在印度洋的北部、孟加拉湾和阿拉伯海的主导地位。[1] 印度洋的稳定取决于印度如何运用其海上力量。随着全球海上重心从大西洋—太平洋向太平洋—印度洋的转移，印度洋也将更加引起大国对海洋的关注。[2]

印度将印度洋看作是"印度的海洋"，印度正在运用马汉的海权理论，加大发展向印度洋投送军事力量的能力，加紧对印度洋海上航线和基地使用的控制。自 1998 年起，印度的战略视野开始转向海上，并随着 2004 年《印度海洋学说》的出台得到了维护和加强。[3] 首先，印度十分关注非传统威胁对海上航线的影响。其次，印度对海上竞争也十分担忧。海上战略方面，印度关注巴基斯坦海军带来的挑战是其永恒的主题，长远来看，中国海上力量的发展引起印度的忧虑。中国海军在阿曼的塞拉莱港、也门的亚丁港、吉布提、新加坡、巴基斯坦的卡拉奇港和瓜达尔港以及斯里兰卡科伦坡，通过友好访问以及双边、多边演习进行停靠，为中国海军提供能源、食物补给和休息。虽然中国正在寻求在印度洋地区建立美军所称的补给站，而不是基地，但印度的一些官方人士和学者仍然将其渲染为中国正在印度洋周边建立军事基地。[4]

印度的国防部门普遍将所谓的中国加强在印度洋的海军部署的努力视为是对印度战略地位的侵蚀。为此，印度加强了其海军力量，并提高其加入澳大利亚、日本和美国海军合作联盟的可能性。印度认为中国的"珍珠链"战略，即中国在中国与波斯湾之间的航道沿线建设深水港，以及强化海上和海军设施使用协议的努力是对印度的战略包围。为了

[1] Sam Bateman, Anthony Bergin, *Our western front：Australia and the Indian Ocean*, Australian Strategic Policy Institute（ASPI），2010，pp. 1-17.

[2] Integrated Headquarters, *Indian Maritime Doctrine*, New Delhi：Ministry of Defence, April 25，2004，p. 63.

[3] David Scott, "India's 'Grand Strategy' for the Indian Ocean：Mahanian Visions," *Asia-Pacific Review*, Volume 13，Issue 2，2006，pp. 97-129.

[4] Daniel J. Kostecka, "Places and Bases：the Chinese Navy's Emerging Support Network in the Indian Ocean," *Naval War College Review*, Vol. 64，No. 1，2011，pp. 59-78.

应对这一威胁,印度已开始着手建设三个航母战斗群的海军装备体系,发展深蓝海军,以确保印度能从近岸进行远程力量投送,并加强与亚洲主要海上强国的合作。但是,印度增强海军力量最具战略意义的举措是为海军新增 12 架 P－8I 反潜战机,该战机是波音公司为美国海军研制的 P－8A"海神"反潜战机的变体。P－8I 战斗机群使印度有进行空海一体战的能力,并以此来抵制中国的反介入和区域拒止能力。远程的 P－8I 战斗机群将使印度有能力进行一定的海上控制,从而抵制中国将反介入与区域拒止能力延伸到印度洋和南海的努力。①

中美之间海上力量对比的变化,不仅使印度对中国海上力量的增强产生防范意识,同时也意识到美国海军对亚洲水域的统治,并对美国海军在迪戈加西亚岛的军事存在持矛盾心理。美国公布的《21 世纪海权的合作战略》指出美国将在西太平洋、阿拉伯湾、印度洋保持相当的作战力量,但却未能解释将如何处理与地区海上强国,例如与印度的关系,对合作战略依赖的基础也未阐明。美国政府官员对印度持明显满意态度的原因有两点:一是美国没有将印度看作威胁,二是美国关注的是印度的核试验防止其拥有核武器。② 随着印度海上力量的发展,印度积极贯彻实行门罗主义政策,将印度洋作为印度的独占区。虽然印度取得在印度洋地区优势,但是印度仍然愿意在海上安全方面与占主导地位的海权强国——美国合作。这是印度的权宜之计。与此同时,印度也在印度洋和孟加拉湾区域加强军事能力建设。印度装备了新一代的护卫舰、驱逐舰、本土设计的航空母舰、新型战斗机、海上侦察机以及新的常规和核动力潜艇等。印度的海上侦察机与澳大利亚一样购自美国的 P－8A"海神"海上侦察机。此外,印度还在与俄国共同研发第五代战机,计划在 2022 年引进苏霍伊第五代战斗机。

---

① Micha'el Tanchum, "India Advances in Naval Arms Race with China," *BESA Center Perspectives Paper*, No. 233, January 14, 2014.

② James R. Holmes and Toshi Yoshihara, "China and the United States in the Indian Ocean-an Emerging, Strategic Triangle," *Naval War College Review*, Vol. 61, No. 3, 2008, pp. 41－60.

鉴于印度目前已经能够经常性地在其东部战区部署一个航母战斗群,并同时不用担心战区西部遭受攻击,印度的地区力量投送能力已成为改变印太地区现状的永久战略因素。中美印三国在印度洋海域的战略竞争的显现,使澳大利亚对印度洋的安全环境产生担忧。澳大利亚既不愿印度控制整个印度洋,也担心中印在印度洋的竞争会激化。澳大利亚希望印度洋能保持安全和开放,以免其海洋利益和海上运输受到影响。[①]

澳美同盟关系和美国在澳大利亚西部海岸的军事存在使澳大利亚成为大国海上竞争的相关方。澳大利亚政府希望利用其地理位置优势,强调与印度同为民主国家的属性,来加强与印度的安全合作,并通过支持美国在印度洋地区的战略存在,使印度洋地区的大国竞争保持在可控范围内。

三、建立环印度洋地区安全秩序

印度洋地区不仅存在中印美之间的战略竞争,来自索马里的印度洋地区的海盗问题、气候变化、自然灾害等都直接影响到印度洋地区的安全。澳大利亚作为印度洋周边的国家,也深受影响。针对印度洋地区存在的海上安全、气候变化、海盗等问题,澳大利亚在积极推进双边合作的同时,还积极参与印度洋地区的多边机制。澳大利亚希望通过多边合作来共同促进印度洋地区的国家在经济发展、海上安全、救灾等方面的合作。澳大利亚是环印度洋地区合作联盟(Indian Ocean Rim Association for Regional Cooperation,IOR-ARC)的创始国之一,并于 2013 年和 2015 年担任轮值主席国。环印度洋地区合作联盟是印度洋地区唯一的多边经济合作组织。澳大利亚还是印度洋海军研讨会(Indian Ocean Naval Symposium,IONS)的成员国,该组织主要是针对印度洋地区面临的海上挑战,建立地区机制加强成员国之间的海上安全合作,促进成员

---

① 许善品:《澳大利亚的印度洋安全战略》,载《太平洋学报》,2013 年第 9 期,第 85—96 页。

国海军间的协同行动能力。

早在 70 年代时,由于印度洋的气候变化,西澳大利亚州的降水量急剧下降,导致 20 世纪的最后 25 年里,珀斯市的水坝的水位都低于 20 世纪前面的时期。这一气候变化也是"印度洋气候倡议"成立的催化剂。[①]印度洋不同海域海水温度的差异会对澳大利亚的降水和气温产生影响,热带印度洋地区西部和东部海水温度的持续差异被称之为印度洋偶极子。印度洋偶极子的正负值会导致印度洋地区的气候变化,同时影响到农业生产。印度洋的偶极子现象与澳大利亚的极端气候密切相关。当印度洋偶极子为正值时,澳大利亚的西南部降水减少,气温升高,容易发生干旱天气和森林火灾。印度洋偶极子现象,不仅影响到澳大利亚,对印度洋地区的岛国和印度洋周边的其他国家,以及太平洋地区的气候和航运都有影响。同时,印度洋地区还容易受到地震和海啸的影响。2004年 12 月 26 日,印度尼西亚苏门答腊岛附近海域发生里氏 9 级地震并引发海啸,造成印度尼西亚、泰国、印度、斯里兰卡、马尔代夫、马来西亚、缅甸、孟加拉国等东南亚国家和印度洋地区的国家遭受了重大伤亡和损失。

南亚次大陆印度和巴基斯坦之间的冲突也不容忽视,印度和巴基斯坦都是拥有核武器的国家,双方在克什米尔地区的对抗有升级的可能性,以巴基斯坦为基地的恐怖主义分子对印度的袭击更有可能点燃导火索。2008 年,因孟买恐怖袭击案,两国的紧张关系加剧。巴基斯坦几乎成了全球恐怖主义分子的天堂,境内的极端主义势力不仅在国内发动恐怖主义行动,甚至对其他国家和地区造成了威胁。

虽然斯里兰卡政府已于 2009 年 5 月宣布取得了对反政府武装,泰米尔伊拉姆猛虎解放组织作战的胜利,结束了长达 25 年的内战,但是斯里兰卡国内的恐怖主义势力仍然存在,由此导致的难民问题也没有得到

① Bryson C. Bates, Pandora Hope, Brian Ryan, et al. "Key Findings from the Indian Ocean Climate Initiative and Their Impact on Policy Development in Australia," *Climatic Change*, Vol. 89, No. 3, 2008, pp. 339 - 354.

解决。澳大利亚拒绝难民入境,让难民滞留海外难民营的行为也饱受批评。2014 年 2 月,澳大利亚设在马努斯岛的难民中心发生暴动,导致 1 人死亡,这引起了澳大利亚国内和世界人权组织对澳大利亚难民政策的强烈谴责。澳大利亚政府还因秘密令载有 41 名斯里兰卡难民的船返航而导致澳大利亚高级法院的介入。① 澳大利亚正在积极寻求与印度洋地区的国家合作共同解决这一难题。

在印太地区,索马里海域、孟加拉湾和马六甲海峡都是海盗高发区,其中以索马里海域的海盗活动最为猖獗。印度洋海域也因此成为当今海上运输安全受到威胁最为严重的地区。澳大利亚、中国、日本、韩国、美国、印度等印太地区的国家有大量的海上贸易途经印度洋航线。远东航线也已经成为海盗事件的多发区。印度洋地区的海盗活动对途经此处的国际贸易产生了不良影响,导致贸易成本上升,对印度洋周边国家的渔业和旅游业也产生了影响。澳大利亚总理也多次在印度洋海盗论坛(Indian Ocean Piracy Forum)中呼吁印度洋地区国家在打击海盗方面加强合作和打击力度。

亚洲大国的经济和军事实力的增长,既为澳大利亚带来了经济发展的机遇,也带来了挑战。在促进经济发展的同时,维护印太地区的安全和稳定,避免印太地区的国家因领土纠纷、影响力等方面的竞争走向冲突,是澳大利亚印太战略的重点。维护澳大利亚本土的安全和经济发展,提升澳大利亚的战略地位,是澳大利亚印太战略的核心。在近周边地区之外更大的范围,也就是印太地区,澳大利亚也存在广泛的国家战略利益,尤其是在东南亚地区。澳大利亚的经济发展和繁荣依赖于印太地区的海上贸易,维护海上通道的安全是澳大利亚国防军的重要任务。

在印太地区之外,澳大利亚认为稳定和以规则为基础的国际秩序符

---

① Fiona Broom,"Australian government Pirates of the Indian Ocean," *Al Jazeera*, July 24, 2014, http://www.aljazeera.com/indepth/opinion/2014/07/australian-asylum-seekers-sri-2014723114626708287.html.

合澳大利亚的战略利益。防止大规模杀伤性武器、恐怖主义、国内冲突、政府失败、气候变化、资源短缺等对国际社会造成战略风险,是澳大利亚国防军参与国际事务,帮助解决风险和威胁的任务之一。澳大利亚在从现实主义的角度增强国家权力的同时,也支持采用多边机制来维护国际秩序。

第四章　澳大利亚印太战略的实施

由于澳大利亚本土受到直接军事进攻的可能性比较小,澳大利亚的战略规划已不再只局限于保卫国家本土安全。澳大利亚的战略利益正在受到国家和非国家行为体带来的挑战,澳大利亚的战略规划具有地区和全球属性。经济相互依赖和战略竞争是印太地区的两个主要特点。澳大利亚的外交、经济和防务政策也主要围绕这两个特点展开。澳大利亚希望借助外交、经济和防务三大举措在印太地区实现经济利益的最大化和战略风险的最小化。

第一节　外交方面

为实现印太战略的目标,维护国家和地区的安全稳定,促进经济发展,澳大利亚需要制定完善的外交政策,塑造和平友好的周边环境。2017 年 11 月,澳大利亚联合政府公布了时隔 14 年的第一份外交政策白皮书,《2017 外交政策白皮书:机遇,安全与力量》。在 2017 外交政策白皮书中,澳大利亚政府将促进印太地区的开放、包容与繁荣,尊重地区内国家权益作为澳大利亚外交政策的首要目标。印太地区大国之间既合作又竞争的复杂关系,传统安全、非传统安全、经济等议题的复杂交织,都给澳大利亚的外交政策带来了挑战。但是,在印太地区的重要地缘位置为澳大利亚加强与主要国家的关系创造了良好的条件,对地区机制的重视也为澳大利亚提供了参与地区议题的良好机会。在印太战略框架下,澳大利亚的外交政策是积极的、综合性的。澳大利亚在加强与印太地区主要国家双边关系的同时,积极建立友好合作的多边关系,并重视地区机制作用的发挥。

一、加强与主要大国的关系

在印太地区,中美关系是最重要的具有决定性的双边关系。美国与印度,以及印度与中国的关系也不容忽视。澳大利亚政府认为,在 2035 年之前,中国、美国以及中美关系将是印太地区最重要的战略因素。在这种情况下,维护强有力的澳美同盟是澳大利亚安全和国防规划的核心内容。美国仍然是全球首要的军事大国和澳大利亚最重要的战略伙伴。在 2016 年国防白皮书中,澳大利亚政府表示,美国是维护印太地区安全的核心,将继续扩展和深化与美国的盟国关系,支持美国继续实施亚太"再平衡"战略。在地区和国际事务上,澳大利亚也积极支持美国,例如,积极参加美国领导的针对伊斯兰国的反恐行动。在 2017 年外交政策白皮书中,澳大利亚政府再次强调澳美同盟在澳大利亚的印太战略中居于中心地位,是澳大利亚战略和安全规划的核心。①

为提升在复杂的印太战略环境中的地位和作用,维护澳大利亚的国家利益,发挥地缘政治支轴作用,澳大利亚政府还积极加强地区和国际合作。首先,澳大利亚将加强与盟国美国的合作;其次,是与中国、印度、日本、印度尼西亚、新加坡、韩国等国的合作。澳大利亚加强国际合作的内容涉及国防、贸易、外交、对外援助、经济建设等政府和

---

① Australian Government,*2017 Foreign Policy White Paper*,CanPrint Communications Pty Ltd,November,2017,p. 4.

非政府部门等领域。①

（一）加强与美国的关系

澳大利亚政府认为美国和中国在印太地区所扮演的角色，以及中美之间的关系是 2035 年之前印太地区安全和经济发展的最重要的战略因素。美国在可预见的未来仍将是首屈一指的全球军事大国。澳大利亚政府认为由于澳美之间长期的联盟关系，美国仍然是澳大利亚最重要的战略伙伴，而且美国在印太地区的积极存在有助于印太地区的稳定。澳大利亚的安全稳定和繁荣依赖于以规则为基础的地区和全球秩序，而美国的战略和经济地位是以规则为基础的全球秩序的核心。澳大利亚政府认为世界需要美国在全球安全事务中发挥领导作用，并领导军事联盟来维护国际安全和以规则为基础的全球秩序。澳大利亚欢迎并支持美国在维护印太地区稳定方面发挥至关重要的作用。澳大利亚政府认为其与美国的关系不仅有坚实的基础，而且也是澳大利亚对外战略的依托。②

澳大利亚认为，第二次世界大战以来，是美国维护了亚太地区的稳定，在可预见的未来，美国仍然是最重要和最强大的战略行为体。美国自身的力量和通过与其盟友伙伴国编织成的安全网络，使澳大利亚坚信美国是有力量维护地区秩序的唯一的国家。澳大利亚认为，印太地区的安全和稳定需要美国的存在。澳政府指出，将在澳新美安全条约的框架下，支持美国通过"再平衡"战略将资源和注意力向印太地区集中，支持美国加强与盟国和印太地区内其他国家的关系。美国实施"再平衡"战略说明美国将长期致力于维持印太地区的稳定。③ 虽然美国的"再平衡"战略是亚太"再平衡"战略，但是由于亚太地区和印太地区在范围上有很大的重叠性，而且美国也在积极加强与印度的关系。美国的亚太"再平

---

① Department of Defence, *2016 Defence White Paper*, Canberra: Commonwealth of Australia, 2016, p. 22.

② *Ibid.*, p. 41.

③ *Ibid.*, p. 42.

衡"实际上也是印太"再平衡"战略。因此,美国的"再平衡"战略正好与澳大利亚希望美国继续保持印太地区的存在,维护印太地区秩序的需求不谋而合。因此,澳大利亚对美国实施"再平衡"战略给予了积极的配合。一方面是希望美国继续维护地区的稳定,另一方面是希望借助美国的力量来提升澳大利亚的地位和影响力。

澳大利亚不仅积极维护与美国在"澳新美安全同盟"机制下的盟国关系,更与美国建立了部长级会晤的机制。每年澳美双方的国防部长、外交部长或国务卿、总理等都会举行会谈,共同商讨地区形势和双方合作的议题。澳大利亚希望借助美国的力量来维护印太地区的稳定,澳大利亚与美国的相互依赖虽然是"不对称"的,但澳大利亚并没有免费"搭便车",也积极分担安全责任,并积极配合美国领导的作战、演习等,与美国一直保持情报合作和共享。① 2014 年 10 月,阿博特政府为支持美国对伊斯兰国的反恐行动,派出了 8 架 F/A - 18"超级大黄蜂"战斗机,200名特种部队人员和 400 名支援部队支援力量,参加美国领导反恐联盟。2018 年底开始,莫里森政府积极配合美对外极限施压政策,派舰机赴南海、东海当面临时部署,协同美国在军事上深入参与印太事务。美国与澳大利亚在印太地区和全球具有共同的战略利益。澳大利亚认为美国在全球和其所处的印太地区都是一个积极的力量。② 2014 年洛伊国际政策研究所的民意调查显示,52%的人认为美国对澳大利亚而言非常重要,26%的人认为相当重要。③ 澳大利亚加强与美国的盟友关系不仅有民意支持,也得到了两党的一致认同。

(二)平衡与中国的关系

澳大利亚与中国的关系是澳大利亚最重要的双边关系之一。澳中关系主要集中于经济合作。中国是澳大利亚铁矿石、液化天然气等重要

---

① 陈洪桥:《美国亚太再平衡战略下的美澳合作》,载《当代亚太》,2014 年第 1 期,第 58—73 页。
② Bruce Vaughn and Thomas Lum, *Australia: Background and U. S. Relations*, Congressional Research Service, RL33010, December 14, 2015, p. 1 - 7.
③ "The Lowy Institute Poll 2014," http://lowyinstitute.org.

的出口市场。自 2009 年开始,中国就成为澳大利亚最大的贸易伙伴国,并持续至今。近年来,由于印太地区经济和安全形势的变化,尤其是中国对美霸权的潜在挑战,使澳大利亚与中国的关系变得更为重要和复杂。在霍克政府时期,澳大利亚与中国的贸易和经济联系得到了加强,尤其澳大利亚向中国出口矿产和液化天然气方面。目前,中国是澳大利亚最大的双边贸易伙伴和最大的出口市场。中澳之间的合作与对话涉及地区安全、贸易、气候变化、环境和发展援助等方面,并且在 G20 峰会中共同合作,以应对金融危机。虽然澳大利亚与中国在历史文化、社会、体制,尤其是在地区战略方面有很大的不同,但是澳大利亚与中国在互信和互惠的基础上建立了富有成效的伙伴关系。

与美国相比,虽然中国的全球战略影响力有限,但是中国国家权力的增强,尤其是军事能力的增强,对印太地区的稳定有重要影响。澳大利亚对中国军事力量的增强尤其担忧。澳大利亚认为中国应该增强军事透明度,以使邻国放心。同时,澳大利亚希望中国在维护地区和全球安全方面发挥与军事能力相应的作用,支持联合国维和行动、人道主义援助、救灾和反海盗活动等。简而言之,对于中国不断增强的国家权力,尤其是军事力量,澳大利亚希望中国能将力量运用到国际社会的公益活动,而不是为了维护领土完整引起冲突,导致地区局势紧张。

澳大利亚对中美之间的关系异常关注。澳大利亚与美国和与中国的关系虽然不同,但对澳大利亚而言都至关重要。澳大利亚希望中美之间可以和谐共处,这样澳大利亚可以分别从美国和中国各取所需。澳大利亚支持美国在印太地区加强军事存在的目的之一就是为了制衡中国,防止中国成为印太地区主导力量。澳大利亚曾多次指出将会与美国和有共同思维方式(like-minded)的国家共同合作,来共同应对国际安全领域的挑战。这也说明,由于存在意识形态、政治体制、社会文化的差异性,澳大利亚对中国始终持有戒备之心。澳大利亚的经济发展需要中国这个市场,需要中国经济发展带来的机遇,澳大利亚也多次强调要抓住中国经济增长所带来的机遇。

2014 年在国家主席习近平访问澳大利亚期间,澳大利亚与中国建立了全面战略伙伴关系,对政治、经济、战略和两国人民之间的合作与交流予以重视。虽然澳大利亚声称,在承认澳大利亚与中国在地区和全球战略利益的同时,将加深和扩展与中国的防务关系,但是澳大利亚与中国的关系更多的是从经济发展的现实需要出发。

(三)扩大与印度的关系

虽然澳大利亚与印度同为英联邦的成员国,但是由于冷战期间,分属美国和苏联对立的阵营,澳大利亚与印度一直处于相对隔离的状态,既没有发生激烈的对抗,更没有进行密切的合作。两国随着 80 年代冷战形势的缓和才逐渐开展对话。90 年代,霍华德政府时期,澳大利亚积极在经济方面与印度开展合作。但是印度的核试验使澳大利亚担心会导致印度洋地区的核扩散,影响了澳印关系的发展。[1] 进入 21 世纪,亚洲大国关系的变化和印度经济的快速增长,为加强澳印关系创造了良好的条件。澳大利亚与印度在政治上进行了多层次的互动,贸易和投资额不断增长,安全磋商和合作机制也常态化。但是双方尚未发展为成熟的战略伙伴关系,受印度留学生在澳大利亚遇袭和铀禁运的影响较大。[2]

随着澳大利亚对印度洋地区的关注和印太战略的实施,澳大利亚对与印度的关系也更加重视。与夹在中美之间左右为难的境地相比,发展与印度的经济和战略关系是更好的选择。印度是全球增长最快的经济体之一,同样拥有巨大的市场。[3] 澳大利亚与印度双边贸易的增长率超过了澳大利亚的其他任何市场。2007 年双方商品贸易总额为 110 亿美元,印度成为澳大利亚的第五大出口市场。由于在语言、议会民主政府、

---

[1] 汪诗明:《论澳大利亚与印度关系的变迁》,载《苏州科技学院学报(社会科学)》,2002 年第 3 期,第 97—102 页。

[2] 赵青海:《澳印关系:尚未成熟的战略伙伴》,载《国际问题研究》,2012 年第 3 期,第 50—61 页。

[3] Saloni Salil, "Australia, China and the United States Maintaining an Equilibrium in the Indo-Pacific," September 27, 2012, http://www.futuredirections.org.au/publication/australia-china-and-the-united-states-maintaining-an-equilibrium-in-the-indo-pacific/.

知识产权、体育文化等方面的相似性,澳大利亚对印度有一种天然的认同感。澳大利亚设立了专门的"澳大利亚—印度战略研究基金",这是澳大利亚所设立的最大的双边科研基金。该基金主要用于双方在气候变化、水资源保护、信息技术安全等方面的合作。

自从 2009 年建立战略伙伴关系以来,澳大利亚与印度的关系就处于上升状态。2014 年,两国总理进行了互访,防务和战略合作也不断加强。澳大利亚与印度自 2012 年开始有关铀的出口进行谈判,并于 2014 年 9 月达成协议,澳大利亚解除了对印度的铀禁运。长期困扰澳印两国的铀禁运问题得到解决。① 2015 年,两国举行了代号为"澳印演习"(AUSINDEX)的双边海上联合军演。而且澳大利亚与印度每年还定期举行双边海上对话。另外,在反恐、能源安全、科学技术等方面两国都建立了密切的双边合作。澳大利亚与印度的民用核协议已生效。随着印度新的核反应堆的建成,澳大利亚向印度的铀出口也在持续增加。

澳大利亚与印度正在就达成"全面经济合作协议"进行协商。2015 年澳大利亚举行"印度商业周"(Australia Business Week in India)活动,澳大利亚组建了一个历史规模最大,包括 450 位私营企业代表在内的代表团访问印度。2017 年 8 月 28 日至 9 月 1 日,澳大利亚贸易、旅游和投资部长率 157 人的商业代表团参加"印度商业周"。澳大利亚与印度经济还有较大的合作空间。印度是澳大利亚的第五大出口市场,但是澳大利亚与印度的贸易量只占中国贸易总量的 1/10。澳大利亚和印度都是东亚峰会和环印度洋区域合作联盟的成员国。印度是澳大利亚积极建立的"小多边"机制的重要成员。澳大利亚与印度在印度洋地区有共同的安全利益,两国都希望维护印度洋地区海上航线的安全,因此在打击海盗和恐怖主义等方面合作密切。

（四）加强与日本、韩国、印度尼西亚等其他国家的关系

在二战中,澳大利亚因为日本的南下,被直接卷入战争,并险遭日本

---

① Suhasini Haidar, "India, Australia seal civil nuclear deal," *The Hindu*, September 5, 2014.

的直接侵略。因此,战后初期,澳大利亚主张对日进行严厉的惩戒,并解除日本的武装,防止日本军国主义复活。但是由于美国主张对日实行"软和平",澳大利亚虽积极劝阻,但由于与美国在太平洋条约缔结上的相互妥协,最终放弃了"硬和平"的立场。① 这也为日后澳日关系的改善奠定了一定的基础。澳大利亚于 1952 年在日本设立了大使馆,使两国关系开始走向正轨。20 世纪的后半期,澳大利亚与日本的合作主要集中于经济方面。进入 21 世纪,尤其是美国实施亚太"再平衡"战略以来,澳大利亚在维持与日本良好的经济关系的同时,与日本在安全方面的合作不断增多。2009 年举行了首届澳大利亚—日本贸易和经济部长级对话,2010 年,签署了《收购和交叉服务协议》,2012 年两国签署了《信息安全协议》。② 2014 年 4 月 7 日,澳大利亚与日本签署了《日本—澳大利亚经济伙伴关系协定》,该协定于 2015 年 1 月 15 日生效,使澳大利亚与日本的经济合作进入了新的阶段。

韩国与澳大利亚都是美国的盟国,而且同是中等强国,两国在政治方面一直比较友好,经济合作更是密切。自 20 世纪 70 年代开始,随着韩国的发展,澳大利亚与韩国的贸易也增长迅速,在 80 年代和 90 年代,韩国成为澳大利亚的前五大出口市场之一,也是澳大利亚对外直接投资的主要来源国。③ 2016 年,韩国是澳大利亚仅位于中国和日本之后的第三大出口市场。韩国还是澳大利亚的第三大海外留学生来源国。澳大利亚不仅与韩国保持着较好的政治关系,更与韩国建立了自贸区。韩国对与澳大利亚自贸区的开放度远高于与中国建立的自贸区和其入世承诺的开放度。④ 朝鲜是东北亚地区乃至整个亚太地区面临

---

① 汪诗明:《由"硬"和平到"软"和平——论二战后澳大利亚的对日战略》,载《复旦学报社会科学版》,2011 年第 6 期,第 10—18 页。

② Ministry of Foreign Affairs of Japan, "Japan-Australia Relations (Basic Data)," April 21, 2014, http://www.mofa.go.jp/region/asia-paci/australia/data.html.

③ 刘德海、汪诗明:《20 世纪 90 年代澳大利亚与台湾、韩国经贸关系回顾》,载《苏州科技学院学报(社会科学)》,2001 年第 4 期,第 96—100 页。

④ 孟雪、陈靓、徐丽青:《服务贸易开放水平的量化研究——基于韩国对中国、澳大利亚承诺的对比分析》,《国际商务(对外经济贸易大学学报)》,2017 年第 1 期,第 40—50 页。

的一个重大安全挑战。朝鲜的核武器和弹道导弹项目不仅威胁到了朝鲜半岛和东北亚地区的安全稳定,而且给全球的防止核扩散任务带来了挑战。澳大利亚不仅支持国际社会和平解决朝鲜半岛的危机,支持六方会谈,更与韩国的态度保持了基本一致。在支持联合国对朝鲜的制裁之外,澳大利亚还对朝鲜进行了制裁。澳大利亚禁止朝鲜人入境和悬挂朝鲜国旗的船只驶入澳大利亚的港口。此外,澳大利亚还暂停了对朝鲜的援助,仅对联合国和国际红十字会的相关援助项目提供紧急人道主义援助。

40 年代时,由于殖民势力大势已去,澳大利亚奇夫利政府不顾美国、英国和荷兰等盟国和友好国家的反对,支持印度尼西亚独立。澳大利亚与印度尼西亚的关系历经曲折,在基廷政府时期得到了改善。印度尼西亚拥有世界上最多的穆斯林人口,而且是世界上继美国和印度之后的第三大民主国家。印度尼西亚的地区和全球影响力都在增强,澳大利亚与印度尼西亚在 G20 峰会中曾通力合作共同应对亚洲的金融危机。在世界贸易组织和印太地区中,澳大利亚与印度尼西亚的经济和安全合作也日益密切。澳大利亚与印度尼西亚共同设立了反恐培训中心,加强反恐合作,在打击海盗、跨国犯罪等方面合作密切。虽然澳大利亚与印度尼西亚的关系因历史、印度尼西亚国内的独立分子以及印尼对澳大利亚的毒品走私分子的处决等的影响,时有波折发生,但澳大利亚与印度尼西亚保持了务实的外交关系。①

澳大利亚与印度尼西亚领导人每年都会举行会晤,而且还设立了外交和国防部长以及政治、商业人士的年度会晤机制。2015 年,特恩布尔总理上台后,将印度尼西亚作为第一个出访的国家。目前,澳大利亚与印度尼西亚正在就建立澳大利亚—印度尼西亚自由贸易协定进行商讨。

---

① Jarrad Harvey, "Indonesia-Australia Relations a Year after the Executions," *The Diplomat*, May 26, 2016, http://thediplomat.com/2016/05/indonesia-australia-relations-a-year-after-the-executions/.

　　澳大利亚政府在 2017 年的外交政策白皮书中指出,作为印太地区的民主国家,日本、印度、印度尼西亚和韩国处于澳大利亚外交政策的第一梯队。日本、印度、印度尼西亚和韩国也是印太地区秩序的主要塑造国。[①] 此外,澳大利亚还在积极加强与印太地区主要的中小国家的关系。南海争端已成为印太地区的热点问题,而且在美国的推动下具有国际化的趋势。印度尼西亚、越南、菲律宾、马来西亚和文莱都是南海争端的相关方。澳大利亚不仅与越南建立更密切的战略伙伴关系,还在加强与菲律宾、马来西亚、缅甸等的关系。作为政治和经济改革的一部分,缅甸民选政府向西方国家伸出了橄榄枝。[②]

二、构建以美国为核心的多边关系

　　澳大利亚的一些分析家,如休·怀特(Hugh White)、科洛尔·贝尔(Coral Bell)等,提出将中国和印度纳入包括美国、日本和俄国在内的"大国俱乐部"(concert of powers),因为大国俱乐部具有不改变地区现状的非正式约定,而且能共同解决地区问题。关键是,此举能减少中国崛起带来的担忧。但是也同时指出,如果中国加入"大国俱乐部",那么美国势必要让出一定战略空间给中国。否则,中美之间可能会陷入冷战,一旦这种情况发生,将会给地区的贸易和繁荣带来灾难性的影响,甚至还有可能走向军事冲突。现实主义者却对美国出让战略空间表示质疑,认为这会给中国以可乘之机。[③]

---

① Australian Government, *2017 Foreign Policy White Paper*, CanPrint Communications Pty Ltd, November, 2017, p. 40.

② Cameron Hill, "Australia in the 'Indo-Pacific' Century: Rewards, Risks, Relationships," http://www. aph. gov. au/About_Parliament/Parliamentary_Departments/Parliamentary_Library/pubs/BriefingBook44p/IndoPacific.

③ Sandy Gordon, "Finding the Balance between India and China in the Asian 'Concert of Powers'," The Conversation, October 18, 2011, http://theconversation. com/finding-the-balance-between-india-and-china-in-the-asian-concert-of-powers - 3646.

　　2007年,美国副总统迪克·切尼和日本首相安倍晋三共同提议建立"四边倡议",将印度纳入美国、澳大利亚和日本的三边对话之中,进行"四方安全对话"。由于此举相当于组建一个类似于北约的军事同盟,针对中国的意图过于明显,考虑到中国的反应和态度,"四方安全对话"流产。但是澳大利亚一直试图重新在美、日、澳、印之间建立战略对话关系。2017年开始,美国、澳大利亚、日本和印度恢复了四边对话,将"四方安全对话"更名为"美—澳—印—日磋商"。① 2019年5月31日,美、澳、印、日在曼谷就建立自由、开放和包容的印太地区进行了磋商。不可否认的是,印度成为澳大利亚、美国和日本竞相拉拢来制衡中国的棋子。近年来,美国不断走近印度,与印度建立战略伙伴关系。2005年,美国主动向印度提供敏感的军事技术,希望与印度建立更为广泛的军事合作关系。对此,澳大利亚也同美国保持一致,积极拉拢印度。在中国迅速发展,美国相对衰落的权力对比之下,印度作为一个崛起中的大国,其战略选择对印太地区至关重要。

　　虽然美、澳、印、日四边战略伙伴关系难以正式成型,但是澳大利亚却在积极推动美、澳、印和美、澳、日三边战略关系。即使不能建立正式的战略合作关系,作为美国的盟国,澳大利亚也扮演着一个中间人的角色。这些三边或四边战略关系的共同特点是,美国是强大的核心,澳大利亚是纽带,而中国则是制衡的目标。根据战略议题的不同,组建不同的小型多边对话,澳大利亚可以充分发挥自身的优势和影响力。澳日美、澳印日、澳美印等小型多边对话即是澳大利亚实施小型多边战略的体现。澳大利亚与印度和日本举行了两次外交部长级的三边对话,并已就举行国防部长和外交部长级2+2会晤达成了协议。澳大利亚与日本在安全方面的合作仅次于日本与美国的同盟关系,而且澳美日三国还建立了三边战略对话以及安全和防务合作论坛(Security and Defence Co-

---

① Alyssa Ayres, "The Quad and the Free and Open Indo-Pacific," November 20, 2018, https://www.cfr.org/blog/quad-and-free-and-open-indo-pacific.

operation Forum)机制。澳大利亚与日本的联合外交和防务部长级磋商,即通常所说的 2+2 会晤,是澳大利亚在亚洲唯一的正式外交和防务战略对话机制。

建立针对中国的"小多边"关系,并不意味着将中国排斥在地区安全和经济机制之外。中国已经是东亚峰会、亚太经合组织等地区机制的成员国。地区安全不是单方的一个或几个国家就可以维护的,需要各国之间的协调和配合。澳大利亚认为将中国纳入地区安全机制,有利于规范中国的行为,使中国遵守相关规则,并发挥应有的作用。面对在自主和追随矛盾,澳大利亚需要新的路径,即综合运用双边、"小多边"框架和多边机制来增强澳大利亚的影响力。[①] 澳大利亚的安全和繁荣取决于亚洲的形势,因此澳大利亚政府不断加强与周边亚洲国家的双边关系,并积极参与地区多边组织,希望促使形成有利于澳大利亚的新的地区秩序。

三、积极参与地区机制

澳大利亚总理波比·霍克于 1989 年推动了亚太经合组织的成立,四年之后基廷总理提议每年举行亚太经合组织领导人峰会。东盟(ASEAN)、东盟地区论坛(ARF)和东亚峰会(EAS)是澳大利亚参与的重要的地区多边机制。除此之外,澳大利亚还积极参与亚太经合组织(APEC)、南亚区域合作联盟(SAARC)、亚欧会议(ASEM)等。这些组织对强化地区合作具有重要的作用,并且能在加强地区稳定和繁荣方面起到互补作用。通过积极参与地区多边机制,澳大利亚可以更好地融入亚洲,增加发言权,使本国的利益最大化。1973 年,澳大利亚成为东盟的第一个对话国,此后,澳大利亚与东盟的关系得到了长足的发展。东盟地区论坛是印太地区主要的多边安全机制,在商讨地区

---

① Andrew Carr, "Doing Us Slowly: Why Paul Keating's Legacy Is Killing the Current Government," The Conversation, November 20, 2012, http://theconversation.com/doing-us-slowly-why-paul-keatings-legacy-is-killing-the-current-government‐10817.

热点问题等方面具有重要的作用。澳大利亚是东亚峰会的创始会员国。

亚太经合组织是亚太地区促进地区贸易和投资，以及地区经济融合的重要的多边经济组织。澳大利亚希望借助亚太经合组织，来促进澳大利亚的经济发展，并共同应对世界经济的动荡。亚欧会议（ASEM）是一个包含 16 个亚洲国、东盟秘书长、27 个欧盟国家和欧洲委员会的多边组织，该机制是欧盟和亚洲国家为了加强地区间的联系而建立的。2009 年澳大利亚申请成为亚欧会议的成员国，并获准通过，并已在 2010 年 10 月成为正式成员。澳大利亚将此举视为澳大利亚融入亚洲取得的成绩和加强与欧洲关系的重要契机。

印太地区的地区合作虽然由于民族、国家体制的多样化、国家之间的历史遗留问题等面临着障碍，并且该地区更趋向于松散的组织结构，而不是以严格的规则为基础，但是地区机制在维护地区安全、促进经济发展上仍然发挥了一定的作用。在这方面，最为成功的是东盟。东盟不仅在成员国内部实现了经济和安全上的协调，促进了东南亚地区的发展，维护了东南亚地区的安全稳定，作为一个整体，东盟与地区内的其他国家也建立了良好的多边关系。东盟 10＋3，是东盟与东北亚国家中国、韩国和日本在地区融合上的进步。东盟 10＋3 的 13 个成员国与印度、澳大利亚、新西兰又构成了东亚峰会的主体。东盟地区论坛是包括东亚峰会成员国在内的共计 27 个成员国组成的论坛组织。亚太经合组织成员国几乎遍布亚太地区，在经济合作和领导人年度会晤上发挥了很好的作用。虽然这些地区机制由不同的国家以不同的形势组建，有时平行，有时又有重叠之处，但在地区经济快速增长以及地区秩序正在重塑的时刻，发挥了地区协调的积极作用。

在澳大利亚的印太战略中，东盟是澳大利亚重点参与的地区机制。首先，东盟是东南亚地区和整个印太地区最为成熟和有影响力的地区机制。其次，东盟在推动印太地区的经济、政治和安全合作方面起着至关重要的作用。东亚峰会、东盟地区论坛等区域合作平台等都是依托东盟所建立。加强与东盟的合作,澳大利亚不但可以更多、更直接地参与亚洲事务,①而且可以借助东盟在地区事务中与美国保持一致的特点,表达自身的立场。2011 年 7 月,澳大利亚与东盟还建立了东盟—澳大利亚联合合作委员会。该委员会的主要职能是对双方的合作进行评估和改善。2013 年年底,澳大利亚向东盟派遣常驻大使。澳大利亚外长鲍勃·卡尔认为:"澳大利亚常驻东盟大使将增强澳大利亚在重要的地区政治和经济问题方面与东盟合作的能力。"近年来,澳大利亚对东盟国防部长扩大会议、东盟海事论坛扩大会议(EAMF)等与东盟有关的机制都积极参与,在防务、海上合作等方面与东盟的合作也日益扩大。

澳大利亚总理陆克文在 2008 年 6 月 4 日的讲话中指出,亚太地区需要一个成员广泛的地区机制,该机制"应该能够在经济和政治问题上,以及在应对未来的安全挑战方面,进行全方位的对话、合作并采取行动",在 2020 年之前建成亚太共同体。② 针对亚太共同体的倡议,周边国家既有批评也有支持。东盟国家对此多持反对态度,尤其是新加坡,担心此举会削弱东盟现有的地位。东盟国家认为,应该将着力点放在发展现有的组织。澳大利亚政府对此做出了回应,即强调东盟在地区合作中的关键作用,并鼓励美国和俄国更多地参与到地区机制中。

2009 年,奥巴马政府通过签订《东盟友好合作条约》,并举行美国与东盟领导人会晤,使美国与东盟的关系更为密切,同时美国也表达了加入东亚峰会的意向。美国的积极参与,使澳大利亚更加重视东盟和东亚峰会在维护地区秩序方面的作用。为了稀释中国在东亚峰会中的影响力,东盟邀请美国和俄国加入东亚峰会,此举与澳大利亚的意图不谋而合。美国国务卿希拉里在 2010 年 7 月 23 日访问河内时指出,美国将"与东亚峰会的成员国一道努力,将东亚峰会建设成本世纪亚洲的基础性安

---

① 王光厚:《浅析澳大利亚的东盟政策》,载《国际论坛》,2013 年 5 期,第 20—24 页。
② Frank Frost, "Australia's regional engagements in East Asia and the Asia Pacific," October 12, 2010, http://www. aph. gov. au/About_Parliament/Parliamentary_Departments/Parliamentary_Library/pubs/BriefingBook43p/regionalengagements.

全和政治机制"①。2010 年 10 月 12 日,第一届东盟国防部长扩大会议
"10＋8"在河内召开,与会的 18 个国家同时是东亚峰会的成员国,而且
这是该地区第一个国防部长论坛。东盟国防部长扩大会议"10＋8"和东
亚峰会为亚太地区政府首脑和国防部长提供了安全合作的平台。澳大
利亚意识到广泛参与到这些地区机制中,取得帮助确定地区议题和日程
的机会,可以发挥自身能力和提高影响。

第二节 经济方面

印太地区服务业贸易的增长速度已超过了商品贸易的增长速度。
商品和服务业贸易往往集中于具有高附加值的复杂产品。全球供应和
价值链使得商品在到达消费者手中之前会在多处进行加工。印太地区
的贸易现状也是新旧贸易协定和经济组织的相互交织。2016 年,亚洲国
家占澳大利亚总出口贸易的 76.6％,而欧洲是 8.3％,北美为 5.6％,其
他大洋洲地区国家(即大部分为南太平洋岛国)只占 4.6％。② 2013 年开
始,澳大利亚的前 15 位贸易伙伴国,除去英国、德国,都位于印太地区,
与各国的贸易量排名也相对稳定。在印太地区,2015—2016 年相比于
2014—2015 年,澳大利亚与印度的贸易增长最为迅速,达到了 8.2％。
在 2016 年的国防白皮书中,澳大利亚政府继续强调澳大利亚经济将从
印太地区的经济转型中获益。

一、推动自由贸易区的建立

澳大利亚政府指出,澳大利亚和整个印太地区都处于重要的经济转

① Frank Frost, "Australia's regional engagements in East Asia and the Asia Pacific," October 12, 2010, http://www. aph. gov. au/About_Parliament/Parliamentary_Departments/Parliamentary_Library/pubs/BriefingBook43p/regionalengagements.
② Daniel Workman, "Australia's Top Trading Partners," March 2, 2017, http://www. worldstopexports. com/australias-top-import-partners/.

型时期,为澳大利亚提供了巨大的繁荣发展机会。① 印太地区收入和生活标准的提高意味着对商品和服务业的需求增长。澳大利亚政府认为在 2050 年,印太地区的经济产出将占世界总量的一半。② 印太地区经济和战略地位的增强,为澳大利亚带来了发展经济和加强安全建设的机会。全球经济危机对澳大利亚的经济和财政都构成了挑战,在此情况下,澳大利亚需要与亚洲国家加强经济联系,使澳大利亚经济重焕生机。

表 4-1　澳大利亚双边商品和服务贸易的前 15 位贸易伙伴国或地区(单位:亿澳元)③

国家	2013—2014 年	2014—2015 年	2015—2016 年	占贸易总量百分比	2014—2015 年与2015—2016 年增长百分比	五年增长百分比
中国	1518.25	1435.7	1500.89	22.7	4.5	5.5
美国	584.65	647.9	692.81	10.5	6.9	5.8
日本	721.03	675.88	603.45	9.1	−10.7	−2.6
韩国	351.46	354.75	339.14	5.1	−4.4	1.9
英国	206.87	217.49	269.71	4.1	24	1.7
新西兰	226.46	236.49	244.6	3.7	3.4	3.2
新加坡	290.63	280.07	228.92	3.5	−18.3	−0.3
泰国	187.79	200.09	210.81	3.2	5.4	2.5
德国	177.55	175.59	197.23	3	12.3	4.3
印度	147.16	179.1	193.77	2.9	8.2	−2.3
马来西亚	199.35	197.91	182.06	2.8	−8	3.9

---

① Department of Defence, *2016 Defence White Paper*, Canberra: Commonwealth of Australia, 2016, p. 32.

② Department of Defence, 2016 *Defence White Paper*, Canberra: Commonwealth of Australia, 2016, p. 14.

③ 资料来源及相关情况说明:澳大利亚外交事务和贸易部官方网站,澳大利亚 2015—2016 商品和服务贸易。详情参见:"Australia's Trade in Goods and Services 2015 - 16," February 17, 2017, http://dfat. gov. au/about-us/publications/trade-investment/australias-trade-in-goods-and-services/Pages/australias-trade-in-goods-and-services - 2015 - 16. aspx。

续　表

国家	2013—2014 年	2014—2015 年	2015—2016 年	占贸易总量百分比	2014—2015 年与2015—2016 年增长百分比	五年增长百分比
中国香港	164.63	152.76	153	2.3	0.2	18.9
印度尼西亚	159.93	148.79	152.78	2.3	2.7	1.8
中国台湾	124.83	128.27	122.82	1.9	—4.3	—1.6
越南	92.13	102.39	101.51	1.5	—0.9	12.6

2015 年 12 月 31 日,东盟经济共同体成立,东盟十国的市场和资源将得到进一步的整合。东盟在全球经济中的地位将得到提升。东盟经济共同体涵盖的贸易范围较广,并注重解决农业和劳动力资源流动等较困难领域。自由贸易区则主要是降低或废除关税,减少贸易壁垒。东盟与中国、日本、韩国、澳大利亚、新西兰、印度分别签订了 5 份自由贸易协定,其中东盟与澳大利亚和新西兰签订的是一份自由贸易协定。不仅如此,2011 年,东盟十国发起成立区域全面经济伙伴关系的号召,邀请澳大利亚、中国、新西兰、印度、韩国、日本共同参加区域经济一体化合作的努力,目前已进行了五轮谈判,如果这六个国家最终都自愿加入,那么区域全面经济伙伴关系将是印太地区最有代表性的区域经济一体化组织。

东盟—澳大利亚—新西兰自由贸易区将在降低关税的同时,使澳大利亚的出口商能够参与到东南亚地区的全球商品供应链之中,对澳大利亚的服务业和投资商也创造了更多的投资机会。东盟的国内生产总值在 2018 年之前的年均增长为 5.4%。作为一个经济整体,东盟占澳大利亚超过 15%的贸易份额,2014 年澳大利亚与东盟的双边贸易超过 1000 亿美元。[①] 东盟—澳大利亚—新西兰自由贸易区为澳大利亚提供了一个

---

① Department of Foreign Affairs and Trade, "Overview of Australia's ASEAN and East Asia Regional Aid Program," http://dfat. gov. au/geo/east-asia/development-assistance/Pages/development-assistance-in-east-asia. aspx.

涵盖 11 个国家的市场,不仅能促进澳大利亚与东南亚地区的经济融合,而且由于对海上航线的依赖,使澳大利亚与东南亚地区在安全方面也更加密切地联系在一起。东盟—澳大利亚—新西兰自由贸易区是澳大利亚至今为止建立的最大自由贸易区。

2014 年的亚太经合组织(APEC)领导人峰会上中国领导人取得了一系列的贸易外交的成功,其中最为显著的是亚太自贸区倡议取得进展。中国正在寻求在国际经济事务中发挥与其 GDP 增长相适应的更大影响力。美国和日本在市场准入方面谈判的失败及 TPP 夭折将给中国建成亚太自贸区创造机会。① 如果亚太自贸区成功建立,会为澳大利亚与亚洲国家的经济合作提供新的平台。

目前,澳大利亚已建立了 10 个自由贸易区,分别是:澳大利亚—新西兰、澳大利亚—新加坡、澳大利亚—美国、澳大利亚—泰国、澳大利亚—智利、澳大利亚—东盟—新西兰、澳大利亚—马来西亚、澳大利亚—韩国、澳大利亚—日本、澳大利亚—中国自贸区。除去澳大利亚—智利自由贸易区,其他的自贸区均位于印太地区。2009 年,陆克文政府签署了东盟—澳大利亚—新西兰自由贸易协定,该协定的协商始于 2004 年。2010 年 1 月 1 日,东盟—澳大利亚—新西兰自由贸易区开始启动。东盟—澳大利亚—新西兰自由贸易区是澳大利亚参与的第一个多国自由贸易区,也是澳大利亚与新西兰第一次共同与第三方就建立自由贸易区进行协商。这也是东盟所参与的第一个涵盖所有经济领域的自贸区。

二、继续加强与传统友好国家间的经济交往

澳大利亚政府在推动与各国建立自由贸易的同时,继续加强与传统友好国家的经济贸易往来,美国、日本、韩国、东盟各国以及欧洲等都是

---

① Mireya Solís, "China Flexes its Muscles at APEC with the Revival of FTAAP," East Asia Forum, November 23, 2014, http://www.eastasiaforum.org/2014/11/23/china-flexes-its-muscles-at-apec-with-the-revival-of-ftaap/.

二战后澳大利亚传统意义上的友好协作国家。

表 4 - 2　2011—2015 年澳大利亚与美国、日本、欧洲以及主要东盟国家等
双边贸易总额、平均增长额以及增长率(亿澳元)①

国家 \ 年	2011	2012	2013	2014	2015	增长额(AVG)	增长率(AVG)
美国	351.7	398.8	362.7	406.3	472.4	30.325	8.21%
日本	684	668	665	654	600	−21	−3.15%
韩国	304.3	296	299.8	324.2	332.1	6.95	2.28%
欧洲	675.3	675	644	653	662.2	−3.275	−0.46%
新加坡	205	215.4	185.3	211.2	163	−10.5	−4.43%
马来西亚	130.5	147	150.6	174	170	10.125	7.27%
泰国	152	157	163.2	161	179	6.75	4.26%
新西兰	152.7	146.7	148.2	160.8	161.3	2.15	1.48%

（国家列左侧合并单元格为"澳大利亚"）

从表 4 - 2 中的数据我们可以看出,澳大利亚与盟友美国的双边贸易总额最近五年呈不断上涨的趋势,澳美在加强安全防务合作之外,在经济上也在不断深化关系,澳美双边经贸总额近五年年均增长率都在8%左右。到 2014 年,美国仍然是澳大利亚最大的对外直接投资国,占对澳大利亚对外直接投资的 1/4 左右。② 2015 年达到了 28.4%。澳大利亚与日本、欧洲和新加坡的双边贸易受中国、印度等其他亚洲国家市

---

① 数据主要来源于澳大利亚外交贸易部官方网站,并由个人采集计算得出。详情参考:Australian Government Department of Foreign Affairs and Trade, "Composition of Trade Australia 2015," June, 2016, http://aaa. ccpit. org/Category7/Asset/2015/Aug/06/onlineedit-images/file71438833679531. pdf, Australian Government Department of Foreign Affairs and Trade, "Composition of Trade Australia 2011," July, 2012, http://apo. org. au/sites/all/modules/pubdlcnt/pubdlcnt. php? nid = 30391&file = http://apo. org. au/files/Resource/cot-cy - 2011. pdf.

② The White House, "FACT SHEET: The United States and Australia: An Alliance for the Future," June 12, 2014, https://obamawhitehouse. archives. gov/the-press-office/2014/06/12/fact-sheet-united-states-and-australia-alliance-future.

场份额的挤占有所下降,但仍然是澳大利亚的主要对外直接投资国家。澳大利亚作为全球经济排名 12 的中等强国,其经济需要依靠印太地区传统友好合作国家的相互支持,在广泛建立自由贸易区的基础上继续推动经济的全面发展。

表 4‐3　2015 年对澳大利亚的对外直接投资国排名①

排名	国家	单位:亿澳元	所占百分比(%)
1	美国	8603	28.4
2	英国	4999	16.5
3	比利时	2385	7.9
4	日本	1996	6.6
5	新加坡	986	3.3
6	中国香港	854	2.8
7	中国	749	2.5
8	荷兰	63	2.1
9	卢森堡公国	583	1.9
·10	瑞士	502	1.7
11	德国	412	1.4
12	新西兰	397	1.3
13	加拿大	388	1.3
14	百慕大	259	0.9
15	韩国	233	0.8
16	英属维尔京群岛	229	0.8

① 数据来源:澳大利亚外交贸易部官方网站。详情参见:"Which countries invest in Australia?" http://dfat.gov.au/trade/topics/investment/Pages/which-countries-invest-in-australia.aspx。

排名	国家	单位:亿澳元	所占百分比(%)
17	法国	221	0.7
18	马来西亚	205	0.7
19	爱尔兰	184	0.6
20	开曼群岛	13.8	0.5

2015 年,澳大利亚所吸引的对外直接投资达到了 3 万亿澳元。美国、英国为代表的欧洲国家、日本、韩国、新加坡、马来西亚等澳大利亚的传统经济合作国仍然是澳大利亚对外直接投资的主要来源国。2005 年开始,中国和印度对澳大利亚的直接对外投资也在不断增长,到 2015 年分别达到了 750 亿澳元和 120 亿澳元。①

三、深化与新兴经济体的经济贸易合作

随着印太地区内中国、印度和印度尼西亚等国家的迅猛发展,澳大利亚的经济越来越依靠与这些国家的合作。中国、印度和印尼与澳大利亚经济贸易总额连年攀升(见表 4 - 4),澳国内的经济繁荣已离不开与新兴国家的全面经济贸易、服务的深化合作发展。澳大利亚与中国和印度的经济总量连年跃升,中国已连续 7 年成为澳大利亚第一大贸易伙伴国。澳大利亚与新兴国家的经济之间有很强的互补性和依赖性。澳大利亚推行印太战略的基础是经济,澳大利亚经济的发展同时也需要印太新兴国家为主的广阔市场。澳大利亚致力于进一步从依靠传统矿产、能源、原材料加工、大宗工业产品等低产值经济转向由高新科技、新能源、农产品深加工、海洋资源、电子、医药、旅游等产品组成的高附加值经济,这就需要同新兴国家建立更紧密的经济合作关系,

---

① 数据来源:澳大利亚外交贸易部官方网站。详情参见:"Which countries invest in Australia?" http://dfat. gov. au/trade/topics/investment/Pages/which-countries-invest-in-australia. aspx。

充分利用新兴国家的巨大市场。深化同新兴国家的经济贸易合作是澳大利亚的必然选择。

表 4-4　2011—2015 年澳大利亚与中国、印度等新兴国家的双边贸易
总额、平均增长额以及增长率(亿澳元)①

国家	年	2011	2012	2013	2014	2015	增长额 (AVG)	增长率 (AVG)
澳 大 利 亚	中国	1136	1174	1419	1421	1432	74.75	6.22%
	印度	174.6	148	119.1	119.4	153	5.4	−2.33%
	印度尼西亚	113	111.7	110	118	111.5	−1.5	−0.23%

中国持续的经济增长不仅有利于中国人民,而且带动了澳大利亚和其他国家的经济增长,抵消了欧洲经济衰退和美国经济低迷的不良影响。澳大利亚因此希望与中国加强合作。但是由于中美之间的复杂关系,澳大利亚虽然在处理与中国和美国的关系方面存在一定的困难,但澳大利亚在经济方面与中国的合作并未受到大的影响。中美经济贸易摩擦不断但却相互依赖,以及两国之间安全合作的增加,使澳大利亚免于将中国看作敌对国家。澳大利亚希望中国的发展是和平的,亚洲地区的战略竞争不应该导致冲突的发生,因此在加强与美国的安全合作的同时,积极与中国加强经济联系。

印度是澳大利亚与各国贸易额增长中最快的国家。2009 年 11 月,澳大利亚与印度的双边关系已提升到战略伙伴国,这反映了澳大利亚与印度在利益和价值观上的汇聚。澳大利亚与印度的战略伙伴关系涉及贸易和投资、地区和全球安全、教育、科技研发、气候变化、资源、能源等

---

① 数据主要来源于澳大利亚外交贸易部官方网站,并由个人采集计算得出。详情参考:Australian Government Department of Foreign Affairs and Trade,"Composition of Trade Australia 2015," June, 2016. http://aaa.ccpit.org/Category7/Asset/2015/Aug/06/onlineedit-images/file71438833679531.pdf, Australian Government Department of Foreign Affairs and Trade,"Composition of Trade Australia 2011," July, 2012, http://apo.org.au/sites/all/modules/pubdlcnt/pubdlcnt.php? nid = 30391&file = http://apo.org.au/files/Resource/cot-cy-2011.pdf。

方面。澳大利亚与印度安全合作联合声明（Australia-India Joint Decla-ration on Security Cooperation）的发表，表明两国在防务、外交、政治和国家安全机制等方面合作的提升。印度多样化的经济模式，经济的高速增长为澳大利亚农业、能源、制造业、矿业和服务业等部门的经济发展带来了机遇。

进入 21 世纪后，澳大利亚与印度的贸易关系得到了巨大的发展。澳大利亚与印度在商品和服务业的双边贸易总量已由 2003—2004 财年的 68 亿美元增加到 2013—2014 财年的 148 亿美元。2011 年 5 月开始，澳大利亚与印度就达成"全面经济合作协定"（Comprehensive Economic Cooperation Agreement）开始进行磋商，到 2015 年 9 月已进行了 9 轮磋商。2014 年，澳大利亚总理阿博特对印度进行了访问，同年 11 月，印度总理莫迪进行了回访，双方都强调要致力于达成平衡、全面和高质量的协定。① 澳大利亚希望通过"全面经济合作协定"来减少商品贸易、服务业和对外投资等方面的关税壁垒，增加管理的透明度，促进澳大利亚与印度双边贸易的发展。

印度出访澳大利亚的高级专员纳韦迪普·苏瑞（Navdeep Suri）指出印度 2016 年的 GDP 增速在 7% 以上，并很有可能在未来 10 年内保持至少 8% 的增长率。但是印度与澳大利亚的双边贸易在 2015 年只有 200 亿美元，在澳大利亚的贸易伙伴中位列第 9，排在泰国之后。两国在贸易方面具有较大的增长空间。未来 10 年，印度的基础设施建设将是重点，这对澳大利亚的企业来说是很好的机会，澳大利亚在城市用水系统、废物处理、市政交通等方面都有优越的技术和经验。② 印度中产阶级的兴起，以及印度农业的改革，会为澳大利亚的农产品技术出口创造机会。

① Department of Foreign Affairs and Trade, "Australia-India Comprehensive Economic Cooperation Agreement," http://dfat. gov. au/trade/agreements/aifta/Pages/australia-india-comprehensive-economic-cooperation-agreement. aspx.
② Mark Abernethy, "India's Economic Growth could Shift Focus from Pacific," *Financial Review*, August 17, 2016, http://www. afr. com/news/special-reports/export-and-trade/indi-as-economic-growth-could-shift-focus-from-pacific – 20160815 – gqssxb.

澳大利亚一半的黄金出口到印度。澳大利亚还是印度进口煤、液化天然气的主要来源国。澳大利亚与印度签署了长期的液化天然气供应合同。另外,在金融、健康、养老、教育等方面,印度仍然有广阔的市场。而这些方面正是澳大利亚有优势的地方。

澳大利亚和印度尼西亚于 2016 年重新启动了三年前停止的"印度尼西亚—澳大利亚全面经济伙伴关系协定"的谈判,同时两国之间的商业论坛印度尼西亚—澳大利亚商业伙伴集团也重新启动磋商。澳大利亚和印度尼西亚之间的经济磋商主要是促进贸易和增加双方的市场准入,以及促进两国之间的相互投资,尤其是印度尼西亚对澳大利亚的投资。到本世纪中期,印度尼西亚将是继美国、中国和印度之后的第四大经济体,印度尼西亚对澳大利亚的投资有广阔的前景。① 因此,两国的全面经济伙伴关系协定也主要是就建立跨境工商业,推进在能源、自然资源、基础设施、知识产权和技术等方面的合作,并促进学生、专家和游客之间的流动等方面进行磋商。

第三节　防务方面

虽然澳大利亚地理位置优越,四面环海,有天然的抵御外敌入侵的屏障,也不与他国存在领土争端,澳大利亚本土受到军事攻击的可能性很小,但是印太地区复杂多变的安全形势,让澳大利亚充满忧患意识。印太地区面临着多种安全威胁,传统安全威胁和非传统安全威胁并存。印太地区的领土争端由来已久,南海争端、钓鱼岛争端、印巴之间的克什米尔问题等至今都未得到解决。

随着经济增长所带来的财富增多,印太地区国家的军费开支也在增加,而且主要是用于购置弹道导弹、战斗机、潜艇等进攻性武器。印太地

---

① Stephen Smith, "Australia must Act now to Secure Economic Ties with a Rising Indonesia," *The Conversation*, July 7, 2016, http://theconversation.com/australia-must-act-now-to-se-cure-economic-ties-with-a-rising-indonesia - 61755.

区的核军备竞赛也已经展开。[①] 对于澳大利亚而言,印太地区的军备竞赛的加剧,已不仅仅是 2013 年国防白皮书所描述的长期议题,而是需要急需面对的问题。澳大利亚增加军费开支,加强军备,积极投入到军备竞赛中。澳大利亚在 2009 年的国防白皮书中提出将长期增加军费,改进并装备新的武器系统。

一、增加军费,强化军备

2016 年,澳大利亚政府在发布国防白皮书的同时,还发布了《2016综合投资计划》和《2016 国防工业政策声明》报告。特恩布尔政府在国防白皮书中指出,将增加 299 亿美元用于国防开支。《2016 综合投资计划》规划的主要期间为从 2015—2016 财年到 2025—2026 财年,并对后续 10年提出指导建议。投资规划的主要项目包括新型武器系统、作战平台、科学技术和基础设施等。《2016 国防工业政策声明》主要是为了调整国防部与工业界的关系,加强军民融合,促进军工业的发展。澳大利亚的防务政策以其四大战略利益为基础,即澳大利亚本土的安全,南太平洋和东帝汶、巴布亚新几内亚的安全,印太地区的稳定,以规则为基础的全球秩序。

随着印太地区国家的经济增长、科技发展和新型能力的可获得性,进行军事现代化也是正常现象。印太地区经济力量的积聚决定了该地区军事现代化的节奏。亚洲的国防支出已经超过了欧洲。2014 年亚洲的国防支出增长了 5%,达到了 4 390 亿美元,而欧洲在 2014 年仅增长了0.6%,总额为 3 860 亿美元。[②] 按照目前的趋势,到 2035 年,中国、美国、日本、澳大利亚和印度尼西亚将是印太地区军费增长较为显著的国

---

① Peter Dombrowski, "The Dangers of SSBN Proliferation in Indo-Pacific Asia," *The Interpreter*, August 11, 2014, https://www.lowyinstitute.org/the-interpreter/dangers-ssbn-proliferation-indo-pacific-asia.

② Department of Defence, *2016 Defence White Paper*, Canberra: Commonwealth of Australia, 2016, p.49.

家(见图4-1)。虽然印太地区的军事现代化并不是直接针对澳大利亚,但是却意味着在该地区内澳大利亚的国防优势在减小。印太地区军事现代化使该地区武装力量的作战半径增大,精确打击能力增强,在先进的情报、侦察与监视系统的支援下,海上和空中作战能力将得到进一步提升。

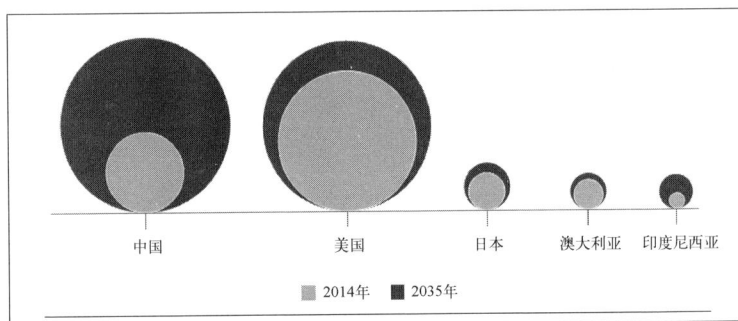

图4-1 中、美、日、澳和印尼到2035年的预计国防开支增幅①

未来20年,世界上半数的潜艇将部署在广阔的印太地区,同时,印太国家将拥有世界上至少一半的先进作战飞机,这些作战飞机将装备有射程更远的导弹,并有更精密的情报网络的支持。在2035年之前,有些国家将获得包括舰基导弹在内的更加远程的精确制导导弹。拥有太空和高空能力的先进情报、侦察与监视系统将会成为普遍现象,作战的隐蔽性将被降低。像无人机这样的水下、水上和空中无人驾驶作战武器系统也将被广泛运用。在未来20年里,量子计算、超音速、无人驾驶等技术的发展和运用,还会为印太地区带来新的武器装备发展。虽然洲际弹道导弹对澳大利亚造成威胁的可能性很低,但是印太地区巡航导弹,近程、中程弹道导弹的数量和质量都在提升,相关的技术也在扩展。弹道导弹对澳大利亚构成的威胁也因此在增加。针对这种情况,澳大利亚将

---

① 图片来源于 Department of Defence, *2016 Defence White Paper*, Canberra: Commonwealth of Australia, 2016, p. 49。

增强导弹防御能力和反潜作战能力作为澳大利亚国防军建设的重点。①澳大利亚在 2016 年国防白皮书中对加强皇家海军的力量建设是二战以来规模最大的一次。澳大利亚政府还致力于建设强大、具有国际竞争力的舰船制造业。

澳大利亚政府认为在未来 20 年里,即 2035 年之前,澳大利亚的安全环境将会变得复杂多变,澳大利亚需要积极加强国防能力建设,增强军备。为此,澳大利亚政府将国防预算延长到 10 年为一个阶段。到 2025—2026 年之前将新增 299 亿美元的预算。在 2020—2021 年度,将国防预算从 323 亿美元增加到 424 亿美元,即澳大利亚 GDP 的 2%,主要用于加强军队的综合力量投送与作战能力。② 在武装人员力量上,将增加 2 500 个军事岗位,其中 900 个岗位是用于加强网络、情报和太空安全,从而使军队规模达到 6.24 万人。

海军方面,由于印太地区是以海洋为大环境的地区,澳大利亚将加强海上力量建设作为其国防能力的重中之重。澳大利亚计划将新增 6 艘潜艇,使潜艇总数达到 12 艘,这些潜艇除具有地区优势外,还将具有与美军高度互操作的能力。③ 由于潜艇的建设周期较长,首批潜艇可能在 21 世纪 30 年代初服役,最后一批可能在 40 年代末或 50 年代服役。因此,澳大利亚将采取滚动更新的方式,使澳大利亚在印太地区保持一支 12 艘具有优势的潜艇舰队。这也是澳大利亚历史上最大的军事采购项目。在水面舰艇方面,澳大利亚将增加 3 艘"霍巴特"级空战驱逐舰,9 艘护卫舰,12 艘近海巡逻舰。"霍巴特"级空战驱逐舰将会配备先进的舰对空导弹。驱逐舰和护卫舰的计划服役时间为 21 世纪 20 年代,近海巡逻舰的服役时间为 30 年代。④ 为了在复杂的电磁环境中,为海军、空军

---

① Department of Defence, *2016 Defence White Paper*, Canberra: Commonwealth of Australia, 2016, pp. 50 – 51.

② *Ibid.*, p. 24.

③ *Ibid.*, p. 18.

④ *Ibid.*, pp. 91 – 93.

和陆军提供电子战支援,澳大利亚将增加新的远程电子战飞机。2018 年起,澳大利亚将有 12 架 E/A-18G"咆哮者"电子战飞机服役。这些电子战飞机将会得到定期更新,以便同美国的"咆哮者"电子战飞机在作战中实施配合。①

海军航空力量方面,澳大利亚将新增 8 架 P-8A"海神"海上巡逻机和 7 架新型战斗机服役。这些飞机的作战距离超过 7 500 公里,并且可用 KC-30A 空中加油机进行加油,将会在 21 世纪 20 年代末进入服役。P-8A 海上巡逻机除了具备侦察能力,还可对潜艇和舰船进行攻击作战,并执行搜救任务。为了补充 P-8A 海上巡逻机的海上侦察、作战能力,澳大利亚政府还将新增 7 架高空 MQ-4C 型"人鱼海神"无人机,其计划服役时间也为 20 年代。澳大利亚目前已有 24 架 MH-60R 型"海鹰"特种直升机进入服役,这些直升机即将提高驱逐舰和护卫舰的反舰和反潜作战能力。另外,澳大利亚皇家海军还配备新一代 MRH-90 多用途直升机,并与陆军相互配合进行两栖作战。②

空中打击和作战能力方面,澳大利亚皇家空军目前装备有 24 架 F/A-18F"超级大黄蜂",6 架 E-7A"楔尾"空中预警和指挥机,以及 5 架 KC-30A 空中加油机。澳大利亚计划从 2020 年开始用 72 架 F-35A"闪电"II 联合攻击战斗机替代"超级大黄蜂",并引进新的空中作战训练系统。2020 年之前,澳大利亚还将新增两架 KC-30A 空中加油机,使空中加油机的数量达到 5 架,以提高空中侦察与作战平台的活动半径和持久作战能力。③ 在防空力量方面,除了对现有的防空武器进行升级改造,澳大利亚将在 20 年代用新的短程陆基防空武器替代现有的 RBS-70 防空系统,以及购入新的中程陆基防空武器。在应对弹道导弹的威胁方面,澳大利亚与美国成立了双边工作组,就澳大利亚加入美国的弹道导

---

① Department of Defence, *2016 Defence White Paper*, Canberra: Commonwealth of Australia, 2016, p.88.

② *Ibid.*, p.94.

③ *Ibid.*, p.95.

弹防御系统进行协商。

　　由于澳大利亚国土广袤,从悉尼到珀斯的距离几乎相当于从北京到曼谷的距离,海域面积辽阔,因此对澳大利亚国防军的空中和海上投送能力要求较高。澳大利亚国防军的空中投送能力目前由 8 架 C－17A "环球霸王"重型运输机、12 架升级版 C－130J"大力神"、10 架 C－27J"斯巴达人"、10 架 CH－47F"支奴干"直升机,以及新购入的 3 架"支奴干"直升机组成,陆军还有 MRH－90 战地运输机。未来新增两架 KC－30A 空中加油机后,空中加油机的数量将达到 9 架,这将进一步增强澳大利亚国防军的空中投送能力。在增强海上投送能力方面,澳大利亚将对后勤支援舰"乔勒斯"号进行升级改造,改善指挥和通信系统,并加强针对鱼雷、反舰导弹和快速攻击艇的防卫攻击系统。"乔勒斯"号和两艘"堪培拉"级两栖登陆舰为海上投送和两栖作战提供了灵活的选择。另外,澳大利亚国防军还装备有防卫舰"海洋保护者"号,用以执行边界保护和资源安全防卫作战。[①]

　　在陆军方面,除了对老旧防空武器系统与装备的升级改造,澳大利亚政府将为地面部队配备新型单兵作战装备,包括单兵武器、瞄准装备、数字通信系统、生化防护服、夜视仪等。为增强部队的火力、防护、机动、战场预警和后勤支援等能力,陆军还将装备新的战斗车辆和飞机,包括新一代装甲战斗侦察、坦克、步兵作战车、新型远程火箭系统,以及新型作战工程装备等。这其中包括新的中程陆基防空系统,一套新的远程火箭炮兵系统,以及 3 架 CH－47F 型运输直升机。澳大利亚国防军的两栖作战能力主要依靠两艘"堪培拉"级两栖登陆舰,"堪培拉"号和 HMAS "阿德莱德"号。[②] "堪培拉"级两栖登陆舰主要用于海上支援东南亚地区和太平洋岛国的安全,以及应对印太地区出现的威胁。

　　可以看出,澳大利亚重点发展的是海军和空军,尤其是海上作战能

---

① Department of Defence, *2016 Defence White Paper*, Canberra: Commonwealth of Australia, 2016, pp. 96, 106－107.

② *Ibid.*, p. 97.

力。这说明澳大利亚对海洋安全的重视。澳大利亚的武器装备和技术多来自美国,这也有利于澳大利亚与美国的军事互操作性和两国的协同作战。澳大利亚的海上区域,包括专属经济区在内,达到了 1 000 万平方公里,其负责的海上搜救面积跨越了印度洋、太平洋和南极周边,大约有 5 300 万平方公里,澳大利亚是一个真正的海洋超级大国。① 澳大利亚需要强大的海上军事力量维护国家海上利益和安全。

二、支持美国加强在印太地区的军事存在

在维护全球秩序方面,澳大利亚认为美国、东盟国家、北约和联合国等是维护全球秩序可以依靠的主要力量。澳大利亚所谓的以规则为基础的全球秩序即是第二次世界大战后形成的以美国为主导的国际秩序。澳大利亚认为正是这种国际秩序才使得澳大利亚获得了和平与发展。虽然在不同的历史时期,出于不同的原因,澳大利亚与美国的盟友关系忽远忽近,澳大利亚一直担忧和疑虑当其面临生死存亡的威胁时美国还能否愿意或能否及时提供支援。但是由于军事力量的不足,最终澳大利亚还是回到在安全上追随和依靠美国的原点。美国在澳大利业的驻军也得到了澳大利亚政府和民众的共同支持。2011 年洛伊研究所的民意调查显示,55％的澳大利亚人支持美国在澳大利亚驻军。②

虽然美国和英国在削减军事开支的情况下仍然是全球的军事大国,美国的军费开支仍然占全球军事开支的最大份额 41％,英国也位列前五,但是美国、英国等西方国家对军事行动更为审慎。③ 从伊拉克和阿富汗战争中撤出之后,美国通过"再平衡"战略,将关注点转向了亚洲,并对在亚太地区的军事存在重新进行了规划和部署。加强与盟国的防务合

---

① Department of Defence, *2016 Defence White Paper*, Canberra: Commonwealth of Australia, 2016, p. 89.

② Fergus Hanson, "2011 Lowy Institute Poll," http://www.lowyinterpreter.org.

③ Department of Defence, *2013 Defence White Paper*, Canberra: Commonwealth of Australia, 2013, p. 9.

作,是美国实施亚太"再平衡"战略的方针之一。澳大利亚因其战略位置的重要性,作为美国在亚太地区的"南锚",成为美国重点合作的对象。澳大利亚出于在安全上"搭便车"的考虑和利用美国的军事存在来维护印太地区秩序的考虑,也积极加强与美国的防务合作。①

1951 年签订的《澳新美安全条约》是澳美同盟的正式基础。"9·11"事件发生后,澳大利亚根据《澳新美安全条约》做出反应,参与美国的反恐战争。同年,澳大利亚和美国就该条约适用于网络威胁达成一致。澳大利亚与美国在军事技术和装备方面存在着密切的合作,澳大利亚的武器装备和技术基本来源于美国,双方在军事上有很强的互操作性。

澳大利亚与美国的防务贸易合作条约是澳美之间维持军队互操作性,以及国防工业和国防部门合作的重要条约。澳大利亚和美国都是"五只眼"情报网络(Five-Eyes intelligence community)的成员国,而且澳美同盟使澳大利亚和美国在情报方面具有广泛的合作。根据 2014 年澳大利亚与美国签订的《军力部署协议》,美国在澳大利亚实施轮训部署的海军陆战队空对地特遣部队的人数将达到 2 500 人。另外澳大利亚还向美军开放了一些军事基地和训练场地,如位于北方领土的廷达尔空军基地和位于印度洋的科科斯群岛,供美国战机和舰艇的起飞与停靠之用。澳大利亚还积极与美国进行联合军事演习,以提高联军的合同作战能力。"护身军刀"即为美国与澳大利亚两年一度的军事演习。② 另外,澳大利亚与美国还就使用印度洋方向的斯特灵皇家海军基地(HMAS Stirling)进行协商。

三、加强与东南亚国家的防务合作

尽管美国一直在印太地区保持着强大的军事存在,并将继续保持这种存在,但是却未能阻止该地区军备竞赛局面的出现。南中国海争端和

① 程鹏翔:《美国重返亚太背景下的美澳同盟》,载《太平洋学报》,2014 年第 3 期,第 29—41 页。
② 王联合:《美澳安全同盟关系的新变化》,载《现代国际关系》,2014 年第 1 期,第 36—42 页。

钓鱼岛争端增加了印太地区在安全上的不确定性和紧张。另外,伊斯兰国制造的恐怖活动、恐怖主义扩散以及对国际法的破坏等都给澳大利亚的安全带来了威胁。恐怖主义、环境恶化、非法移民、低烈度的国内冲突、传染性疾病、资源匮乏等都会影响到印太地区的繁荣与稳定。而且,印太地区还是自然灾害高发区,由于人口密度高,自然灾害造成的伤亡和损失尤其严重。但是这些问题,并不是单一国家能够独自解决的问题,需要国家之间的通力合作、密切配合、积极行动。

虽然澳大利亚对印度尼西亚在政治方面存在诸多分歧,但为维护地区安全稳定,澳大利亚积极地与印度尼西亚开展了一系列的防务合作。继 2006 年签订《龙目条约》之后,2012 年两国签署了《防务合作协定》。2014 年 8 月,签订《情报合作联合协议》。澳大利亚与印度尼西亚还确立了"防务和外交事务 2+2 部长级对话""国防部长领导的高级委员会""印度尼西亚—澳大利亚战略对话",以及海军、陆军和空军之间的战略对话等机制。澳大利亚与印度尼西亚不仅在反恐、海上安全、人道主义援助和救灾、国防工业、维和与情报等方面加强了合作,两国还就职业军事教育方面进行了交流,包括参谋学院之间的交流、机动培训班和英语语言培训等。①

与马来西亚、新加坡、新西兰和英国共同签订的《五国联防协议》是澳大利亚所参与的历史最为悠久的地区防务协定,自 1971 年起,澳大利亚就致力于通过该协定维护东南亚地区的安全。"9·11"事件后,一方面是为了反恐的需要,另一方面为应对亚太地区安全形势的变化,尤其是平衡中国在东南亚地区的影响力,美国恢复了对印度尼西亚的军事援助。② 澳大利亚也因此不断加强与新加坡和马来西亚在《五国联防协议》的防务合作。

---

① Daniel Baldino, "An Exercise in Management: Defence Engagement in the Indo-Pacific," Security Challenges, Vol. 12, No. 1 (2016), pp. 151-164.
② 仇朝兵:《"9·11"事件后美国与印度尼西亚军事关系的正常化》,载《哈尔滨工业大学学报(社会科学版)》,2009 年第 1 期,第 41—48 页。

　　近年来,澳大利亚与其他四国多次举行了针对非传统安全的联合演习,以促进成员国之间的军事互信与互通。澳大利亚与新加坡在海上贸易安全方面有共同的利益,在全面战略伙伴关系的框架下,澳大利亚与新加坡在军事和民间人员交流、反恐、网络安全、情报共享等方面有广泛的合作。由于东南亚地区的安全在澳大利亚的印太战略中占有重要的地位,澳大利亚将"东盟国防部长扩大会议"作为主要的地区防务合作机制,以推动在反恐、海上安全、人道主义援助和救灾、维和等方面的多边合作。澳大利亚对成员国之间的演习尤为重视,希望以此加强成员国之间的军事互操作性。

　　澳大利亚国防军在马来西亚巴特沃斯皇家空军基地仍然保持着军事存在。2015 年 11 月,澳大利亚与马来西亚达成了"澳大利亚—马来西亚战略伙伴关系联合声明",致力于在防务领域,尤其是在《五国联防协议》和马来西亚—澳大利亚联合防务项目中的合作。澳大利亚和新加坡共同主持了"东盟＋反恐专家工作组"以推动东南亚地区在反恐领域的能力建设。此外,澳大利亚与越南、菲律宾、泰国等在防空、维和、海上安全、职业军事教育、军售等方面都有广泛的防务合作。

四、强化与印度和日本的安全合作

　　澳大利亚将印度视为其在印度洋和印太地区的主要安全伙伴国,认为印度的"东向"战略为两国提供了加强双边和多边合作的机会。[1] 2014 年 11 月,澳、印两国签订了《安全合作框架》,两国在安全和防务方面的合作不断加深。澳大利亚寻求与印度建立战略对话机制,寻求双边安全演练和军事演习的机会。2015 年,澳大利亚与印度举行了双边海上演习。此外,两国还是东亚峰会和"东盟国防部长扩大会议"的共同成员国,在"印度洋海上论坛"和环印度洋区域合作联盟内,两国有广泛的防

---

[1] Department of Defence, 2016 *Defence White Paper*, Canberra: Commonwealth of Australia, 2016, p. 134.

务和安全合作。由于巴基斯坦临近印度洋的主要航道,斯里兰卡则位于印度洋的主要贸易通道上,澳大利亚与巴基斯坦和斯里兰卡也有广泛的防务合作。在印度洋地区,澳大利亚对地区安全机制给予相当的重视,希望在环印度洋区域合作联盟和印度洋海军论坛等安全合作机制中发挥关键作用。

澳大利亚和日本分别为美国的盟国,两国在长久的经济伙伴关系的基础上早已建立双边战略伙伴关系,在安全方面也有密切的合作。继2007年,两国签订了"安全合作联合宣言"后,近年来两国在国防科学技术、情报共享和后勤支援等方面签订了多种条约级的协定。澳大利亚和日本还建立了"国防和外交事务2+2"部长级和高层对话机制。两国不仅在海陆空军的培训和演习、人道主义援助、维和、海上安全等方面有广泛的合作,与美国的三边防务合作也在不断加强,如"南部新手演习"(Southern Jackeroo exercise)和防务合作论坛等。

2015年12月,日本首相安倍晋三在访问印度后,在东京又与澳大利亚总理进行了会晤,使得安倍晋三所提出的地区"海上安全菱形"战略再次引起关注。[①] 2015年4月,安倍晋三访问美国后,就开始推动日本、美国、澳大利亚和印度之间建立伙伴关系。美国与日本在寻求遏制中国的手段和方式的同时,澳大利亚则积极与日本和印度寻求防务合作,使得以美国为核心的安全网络更加紧密。2012年12月27日,安倍晋三在世界报业辛迪加(Project Syndicate)网站上发表的文章《亚洲民主安全菱形》中强调,"太平洋地区的和平、稳定和航行自由与印度洋的和平、稳定和航行自由密不可分",警告称南海正成为"北京湖"。2015年,日本首相安倍晋三在访问印度时,在双边安全合作方面签订了一系列的协议,包括转让军事装备技术和保护军事机密等。同年,澳大利亚与日本就开展澳大利亚、日本和美国的三边安全合作,以及澳大利亚、日本和印度的三

---

① Suzuki Yoshikatsu, "Abe's Indo-Pacific 'Security Diamond' Begins to Shine," February 8, 2016, http://www.nippon.com/en/column/g00339.

边安全合作达成了一致意见。美、日、澳、印四方中的三边安全合作已初步成型。

五、军事力量的部署向印度洋和太平洋方向倾斜

在印太地区中,澳大利亚由于处于太平洋和印度洋的结合部,相当于印太地区的中心位置。中国和印度的军事力量的增强,更凸显了澳大利亚的战略位置的重要性。澳大利亚防务力量的部署也因此由东南部向西北部的印度洋和太平洋方向倾斜。澳大利亚由于距离亚洲大陆相对遥远,而且澳大利亚本身国土辽阔,这使澳大利亚的战略纵深较长。美国在西太平洋的军事基地容易受到中国导弹的威胁,而澳大利亚具有良好的军事基础设施,可以成为美军的后勤保障基地。中国反介入武器射程的不断增加,中国对导弹威慑的重视,以及导弹库的饱和,都使澳大利亚可能成为与美军联合作战的后方支援基地。① 澳大利亚北部和西北部的空军基地不仅可以提高美军在印太地区的战略纵深,还可以为远程侦察机和攻击机提供起飞和补给保障。

2015 年 6 月 18 日,澳大利亚发布了《发展澳大利亚北部的白皮书》,强调澳大利亚将在未来 10 年内增加北部地区防务力量,对澳大利亚北部的军事基础设施进行投资新建以提高防卫和空中作战能力。澳大利亚将对皇家空军位于北部领土昆士兰的谢尔格空军基地、利尔蒙斯和柯廷空军基地、廷德尔和基林科科斯群岛的机场与相关设施进行升级改造。为了提高空中态势感知和澳大利亚北部地区的防空预警能力,澳大利亚政府还将对位于埃克斯茅斯的哈罗德·霍尔特(Harold E. Holt)通信设施、金达利(Jindalee)作战雷达网和其他防空设施进行升级。澳大利亚还计划建立北部高级联合训练场以方便大规模的联合和合同两栖作战训练。

---

① Jim Thomas, Zack Cooper, and Iskander Rehman, "Gateway to the Indo-Pacific: Australian Defense Strategy and the Future of the Australia-U. S. Alliance," Center for Strategic and Budgetary Assessments, 2013, pp. 13 - 17.

　　除了升级改造空军基地,为了加强海军作战能力,满足舰艇数量增多和船体的增大对港口的要求,澳大利亚还计划对北部地区海军基地进行大规模升级改进,尤其是达尔文港的码头。另外,昆士兰州的肖尔沃特湾、北部领土的布莱特肖(Bradshaw)野战训练场、西部区域的扬皮桑德(Yampi Sound)训练场地,以及澳北部汤斯维尔市的拉瓦拉克军营,达尔文的罗伯森(Robertson)和拉日亚(Larrakeyah)军营等将在 2020 年前升级完毕。① 2015 年 12 月,澳大利亚联邦议会通过了对斯特灵皇家海军基地 3.67 亿美元的升级项目。对该基地的升级改造工作将于 2017 年年中启动,计划于 2020 年结束。② 斯特灵皇家海军基地是澳大利亚最大的海军基地,也是澳大利亚在印度洋最重要的海军基地。

---

① Department of Defence, *2016 Defence White Paper*, Canberra: Commonwealth of Australia, 2016, p. 104.

② Rebecca Turner, "Federal Parliament Approves $367 Million Upgrade for HMAS Stirling Naval Base," December 24, 2015, http://www. abc. net. au/news/2015 - 12 - 10/overloaded-sewerage-system-asbestos-at-hmas-stirling/7018606.

第五章　印太战略背景下澳对华政策

　　澳大利亚政府"主导南太、融入亚太、拓延印太"是其全面维护国家安全、经济利益、国际影响力以及拓展战略利益空间从而争当中等强国的重要战略选择。其中,印太战略逐渐成为澳大利亚新的战略重心,[①]而经济又是催生印太概念的基础,中国作为澳印太战略框架内实力最强的发展中国家和世界第二大经济体,以及澳第一大贸易伙伴国和出口市场,中国对澳大利亚的战略实施至关重要,"中国是印太的核心力量"[②]。同时,虽然澳大利亚对中国的对外战略、经济、军事、文化等综合实力和地位作用的迅速提升而产生疑虑和不安,但澳大利亚也认为其未来的发展离不开中国,中国是澳大利亚推行印太战略绕不开的重要话题。正是基于此,在新时期印太战略背景下,澳对华政策发展势必将与以往有所不同,影响澳中关系走向的变量因素也会因各方势力相互层叠交织而更加复杂。

　　不管对华政策未来怎么变,澳大利亚在印太战略下必将谋求自身国家利益最大化,提升澳美同盟体系内重要作用和追求更大影响力的国际

---

① 何沙:《澳大利亚战略调整动向、影响及走势》,载《国际战略研究》,2014 年第 2 期,第 32 页。

② 〔澳〕梅丽莎·康利·泰勒、阿卡提·班次瓦特、钟爱:《澳大利亚与印度在"印太"认识上的分歧》,载《印度洋经济体研究》,2014 年第 1 期,第 143 页。

地位,澳中关系总体走向应是机遇大于挑战。中国作为澳印太战略框架内举足轻重的世界大国,面对澳相关政策、举措和布局应当积极筹划应对可能的风险与挑战,主动作为尽可能增加中澳之间互信与共赢,积极推动中澳双边友好、互利、共存的合作关系,使两国关系朝着符合各自国家利益的更广阔方向发展。

第一节　澳大利亚对华政策演进

20 世纪从新中国成立开始,澳大利亚对华政策的发展长期受美国这一重要因素影响和左右,21 世纪,随着澳大利亚对外战略将亚太和印度洋地区逐渐作为其核心重点区域而不断做出调整,基于加强澳美同盟,助力推动美国亚太"再平衡"战略以及无法忽视中国强大实力和巨大经济带动力的多重考虑,[1]澳大利亚积极平衡美国所带来的不利影响,其对华政策也处于适时变化。澳对华政策演进大致分四个时期,之间或有交叉和反复,各具特点。

一、追随美国的敌视政策(二战后至中澳建交前)

二战是澳大利亚国家安全战略方向的转折点,为满足国家安全、经济和军事上的需求,澳大利亚放弃传统宗主国英国而全面倒向美国。[2]"澳大利亚传统上就缺乏安全感,需要有权势、有能力为之相助的可靠伙伴,英国势力衰落后,转而全心投向美国。"[3]1949 年澳保守党上台执政,积极主动紧靠美国,奉行美国中心主义,并于 1951 年签订《澳美新安全条约》,澳美安全同盟关系正式缔结,直至当前澳美同盟依然处在澳大利亚对外政策和国家安全战略的关键地位,是澳国家安全战略的基石。

---

① 王联合:《美澳同盟关系的新变化》,载《现代国际关系》,2014 年第 1 期,第 36 页。
② 沈永兴、张秋生、高国荣:《列国志澳大利亚》,北京:社会科学文献出版社 2010 年版,第 83—110 页。
③ Alan Renouf, *The Frightened Country*, Melbourne: Macmillan, 1970, p. 3.

从 1949 年新中国成立,到 1972 年底澳中两国正式建交前,国际局势激荡变化,世界形成"两极"格局,美苏为首的双方阵营相互对抗。澳大利亚实行依附美国的"一边倒"政策,澳在处理对外交往和国际事务问题上追随照搬美国,积极寻求在美国战略体系下的广泛合作,紧跟美国并奉行冷战思维,全力支持美国在亚洲地区的"防共反共"主张和对共产主义国家的前沿防御性遏制政策。[①] 这一时期,澳大利亚政府对新中国的政策就是积极响应美国,在政治、外交、军事、文化上对抗加遏制。虽然当时澳中在经贸上还保持一定联系往来,但远不能左右澳根深的对华敌视,主要表现集中在以下几个方面。

(一)澳对华敌意色彩浓厚,拒绝承认新中国

1949 年新中国成立后,澳大利亚拒绝承认新中国合法地位,偏执地认为共产主义中国会威胁到澳大利亚安全,对华充斥着敌意。对新中国态度较为温和且愿意与中国共产党人接触的澳工党政府迫于"西方共同政策"、国内大选、政治压力以及追随美国政策等多因素影响,对华持一定观望不承认中国新政权。[②] 不久,澳反对党自由—乡村党联盟领导人孟席思赢得大选上台,由于澳反对党一味追随以美国为首的西方阵营,坚决执行对共产主义仇视的反共政策,澳孟席思政府拒绝承认新中国,认为共产党执政的中国将威胁并破坏澳大利亚国家安全和地区利益。直至 1972 年,在澳自由—乡村党联盟连续执政的 23 年中,保持着对华长期的偏见、敌视和对抗。

(二)坚信新中国是所谓的巨大威胁和敌人,对华政策偏激强硬

支持美国在亚洲遏制共产主义扩张和建立东南亚集体防御组织,坚持中国是所谓的潜在敌人,对华政策更加偏激和强硬。[③] 1950 年朝鲜战争爆发,美国将战略重心从欧洲向亚洲延伸,把战火烧至中国当面。澳

[①] 高娜娜:《澳大利亚对华政策的演变与影响因素研究》,山东大学 2009 年硕士论文,第 10 页。

[②] E. M. Andrews, *Australia and China: The Ambiguous Relationship*, Melbourne University Press, 1985, pp. 137-147.

[③] *Ibid.*, pp. 165&193.

自由—乡村党联盟政府紧紧追随美国,认为这是加强与美国关系的良机,①误导并鼓动澳国民"将朝鲜战争视为自己的事,亚洲和太平洋的真正威胁来自中国大陆为首的共产帝国主义"②。时任澳外长斯彭德先于英国宣布参加美国主导的朝鲜战争,积极派兵加入"联合国军",澳政府先后派遣一支海军分舰队、一个战斗机中队以及两个步兵营在朝鲜战场与中国正面对抗。③ 但要指出的是,澳反对越过"三八线"、将战火扩大轰炸中国东北以及美威胁考虑对华可能使用原子弹等问题,对美过激行为表示担忧,不赞同将战火过分扩大,澳对华态度总体是较为克制和有限度的。

为了进一步遏制共产主义中国和其对东南亚民族解放与独立运动的影响,为获得参与协商亚洲事务的资格,50年代澳大利亚主动寻求缔结美筹建的《东南亚集体防御条约》,目的就是前沿防御共产主义中国,响应美国"以中国为主要对手,强化西方冷战阵营,镇压东南亚共产主义民族解放运动"④的政策目标。进入60年代,澳政府均无视事件真相无端指责中方并毫无理由地支持中国的对立方,认为这些都是共产主义中国的蓄意扩张和霸权表现。南北越冲突导致越战爆发后,在"多米诺骨牌"理论和履行东南亚集体防御义务的影响下,澳政府再次追随美国派兵卷入越南战争。澳孟席思政府坚信越战是中国策划并暗中支持北越造成的,目的是将共产主义扩张到东南亚建立共产主义霸权,南越如果建立共产主义政权势必会对东南亚造成效仿式的连锁反应之势,必将波及威胁澳大利亚的区域安全和利益。⑤ 随着美国陷入越战泥潭越来越深

① Spender, "Speech to House of Representative: Current notes on International Affairs," July 21, 1950, p. 490.
② 侯敏跃:《中澳关系史》,北京:外语教学与研究出版社1999年版,第56、128页。
③ 张秋生:《澳大利亚与亚洲关系研究(1940—1995)》,华东师范大学1999年博士论文,第43—47页。
④ 王绳祖:《国际关系史》,第八卷(1949—1959),北京:世界知识出版社1996年版,第170页。
⑤ House of Representative, *Commonwealth Parliament Debates*, Volume. 145, April 29, 1965, pp. 1060-1061. 参考:崔越:《澳大利亚二战后对外行为逻辑分析》,外交学院2011年博士论文,第129页。

而后不得不撤军,这不仅使澳陷入了尴尬和沮丧,也使澳开始吸取教训重新思考对外政策和今后国家发展。

(三)澳与台湾继续交往,对华恢复联合国合法席位设阻

二战期间到 1972 年,澳大利亚与台湾当局均保持一定交往,同时还抵制新中国恢复联合国合法席位。1941 年二战期间,澳和当时民国政府建立外交关系,随着新中国成立而国民党政权败退台湾,澳追随当时美国的对华反共政策,不予承认新中国地位。50 年代,澳政府虽然没有向台湾派驻大使以保持正常外交联系,但在政治上继续承认国民党政府并支持国民党政权在联合国和安理会的席位①。60 年代,国际局势动荡,冷战对抗加剧,1966 年澳霍尔特政府公然向台湾派驻大使,正式承认台湾国民党政权,并于 1967 年亲自访台,不断推升澳大利亚与台湾的高层来往,澳对华敌视政策达到顶峰。② 在 70 年代初前后,关于恢复中国联合国合法席位问题上,澳政府配合美国对华重重设障,不仅投反对票,还将原本由简单多数即可通过的投票规则改为 2/3 多数,并妄图以"双重代表权"将台湾保留在联合国内,最终结果是难以改变历史和世界大多数人民的选择,中国获得联合国合法席位,台湾被驱逐。③

二、趋向友好的务实政策(中澳建交至冷战结束)

从 20 世纪 70 年代前后开始,国际局势在各权力体和政治力量的斗争博弈中发生急剧变化和重大改组,"美、苏、中大三角格局"的国际体系结构逐渐形成,美国在两大阵营的对抗中处于"苏攻美守"的不利局面,实力日渐耗减。基于地缘政治因素的考虑,美国认为,可以通过打中国牌,利用中苏间的摩擦与分歧,以中美关系的改善与合作来驱使苏联在

① 侯敏跃:《中澳关系史》,北京:外语教学与研究出版社 1999 年版,第 153 页。
② 高娜娜:《澳大利亚对华政策的演变与影响因素研究》,山东大学 2009 年硕士论文,第 11 页。
③ 汪诗明:《论澳中关系正常化》,载《世界历史》,2003 年第 2 期,第 75—76 页。

美苏各领域的对抗中做出让步。① 1970 年,尼克松向国会建议有必要建立美中新型合作关系。② 随着美中关系松动,美对华政策趋向友好合作。1972 年美中正式建交恢复邦交正常化,加拿大、意大利等西方国家也先后积极同中国建交,这些带给澳大利亚巨大冲击,深受美国政策影响的澳大利亚开始积极重新审视澳中关系。③ 同时,澳国内经济发展和过剩货物出口越来越需要中国巨大的经贸市场。从 1972 年底澳中正式建交开始,到 90 年代初冷战结束,澳对华政策总体逐渐趋向友好合作,澳国内及其地区利益也更加需要中国的广阔市场和参与,政策中表现出较为明显的实用功能性特点。

(一)澳中正式建交政治分歧缩小,双方互信逐步加深

澳中两国正式建交后,两国各阶层的政治往来互动日益频繁,两国由敌视趋向更多的友好与合作。澳紧跟美中建交和美对华战略政策调整的步伐,在对外政策制定上开始有了一定相对独立性。中国国内政治和外交生态进一步好转,澳国内民众对中国的了解不断加深,不再认为意识形态是不可逾越的障碍,澳国内政治积极要求切实措施改善并转变对华关系和政策。1972 年下半年,澳工党惠特拉姆政府上台执政,工党广泛认同:夸大中国威胁是往届政府为达政治目的刻意而为,④随即积极调整对包括中国在内的亚洲政策。1972 年 12 月,澳大利亚迅速与中国建立正式外交关系,承认中华人民共和国政府唯一合法性和台湾是中华人民共和国一个省不可分割属性的重大立场。⑤ 次年 10 月,澳惠特拉姆

---

① 张秋生:《澳大利亚与亚洲关系研究(1940—1995)》,华东师范大学 1999 年博士论文,第 69 页。

② 〔美〕理查德·尼克松:《尼克松回忆录(中册)》,裴克安等译,北京:商务印书馆 1979 年版,第 230 页。

③ E. M. Andrews, Australia and China: The Ambiguous Relationship, Melbourne University Press, 1985, p. 175. 张秋生:《澳大利亚与亚洲关系研究(1940—1995)》,华东师范大学 1999 年博士论文,第 70 页。

④ E. M. Andrews, *Australia and China: The Ambiguous Relationship*, Melbourne University Press, 1985, p. 195.

⑤ 邓力群、马洪、武衡:《当代中国外交》,北京:中国科学社会出版社 1990 年版,第 308 页。

总理打破历史成为澳首位访华的澳政府总理,澳总理开始融冰之旅,两国在多个问题上进行会谈达成谅解。

同时,澳中一致反对苏联和越南在南亚、东亚地区的霸权扩张行径,对越南入侵柬埔寨、苏联出兵阿富汗都坚决予以抗争,澳中两国政治分歧在缩小,在重大国际问题上开始走向合作。澳反对大国势力介入亚太,主张亚洲内部事务由亚洲自主解决的立场,也得到中国政府认可和称赞。为进一步改善澳中关系、增强互信,澳大利亚于 70 年代中期先后放弃前沿防御亚洲共产主义国家的防务政策和退出东南亚集体条约组织,①澳将中国视为对抗苏联扩张的生力军和拉拢对象。② 进入 80 年代,澳霍克总理执政,加快将对外战略和政策重心转向亚太,澳中双边关系和政治互信进一步深化,澳中步入"蜜月期"。1983 年中国国务院总理历史性地首次访问澳大利亚,次年霍克总理回访中国。1988 年澳大利亚 200 周年国庆中,李鹏总理还应邀专门出席庆典活动,澳中两国开启了各层领导人包括最高层、省部级、党派一级以及城市之间等的频繁互访模式,澳中两国还互相增设了领事馆。基于两国合作给其带来巨大经贸利益和国内外各种因素的综合审视考虑,澳中关系和对华政策很快回归实用的务实轨道。③ 1991 年澳大利亚除国防交流外全面取消对华限制和制裁,澳中双边关系开始了新的发展。

(二) 经济利益诉求驱动对华关系改善,双边经贸合作迅速升温

澳大利亚需要中国巨大广阔的市场空间,双边经贸关系的发展带动两国互惠合作迅速升温。澳中贸易合作层次、深度和范围更加广泛,双边贸易额成倍攀升。澳中建交后,两国政府间贸易额迅速上升,1973 年中国贸易代表团赴澳并与其签订为期三年的《中澳贸易协定》,奠定了澳中未来经贸长期稳定发展的基础。澳中建交伊始双边贸易额仅 1.127

---

① 参见:*The Australian Journal of Politics & History*,Vol. 33,No. 2,1987. 刘同舜、姚椿龄:《战后世界历史长篇 1954》第九册,上海:上海人民出版社 1994 年版,第 316 页。
② 侯敏跃:《中澳关系史》,北京:外语教学与研究出版社 1999 年版,第 212 页。
③ 印真:《澳大利亚国家安全战略与对华政策(2008 年至今)》,南京大学 2015 年硕士论文,第 20 页。

亿澳元,到 80 年代初增长至 8.9 亿澳元,不到 10 年增幅达 8 倍。① 澳中建交前,澳中贸易主要集中在小麦、钢铁和羊毛这些初级商品上。70 年代初至 80 年代,中国国内改革开放成为基本国策,澳中贸易不仅商品种类日益丰富,双方商贸形式也从单一向跨多领域经济技术合作推进。澳小麦、铁矿石、糖、羊毛等原材料出口值占其对华出口总值的 70% 余,澳中之间技术合作、信贷、投资、劳务输出合资企业等开始兴起并逐渐呈较大规模增长。到 1986 年,澳已成为中国第五大贸易伙伴,中国则是澳第四大出口市场;②截至 1989 年底,澳对华投资项目达 87 个,金额累计为 3.07 亿美元,双边贸易总额 18.95 亿美元。③ 冷战结束时,澳中贸易额比两国建交时增长 20 余倍,中国成为澳大利亚第四大贸易伙伴。

(三)安全防务等领域的合作在澳中政治互信带动下取得一定进展

澳对华逐渐摆脱敌视的有色眼镜,在这一时期良好政治互信的带动下两国在军事与安全防务领域开始互动交流。70 年代澳中建交后,当时澳出于可能会刺激苏联的顾忌拒绝与中方互派军事武官。80 年代前后,苏联霸权主义行径使亚太局势日益复杂,澳在与苏关系日趋恶化陷入冰点为寻求战略安全的考虑下,1980 年澳工党政府决定与中方建立防务联系,包括互派首任武官、澳军舰访问上海、中国情报方面高级官员访澳等具体往来。④ 澳中两军间交往与合作逐渐增多,两国在国防与安全的交流合作上向前迈出了历史性的步伐。

70 年代至冷战结束时,澳中两国在多个领域开展交流合作和互访,包括文化、教育、卫生、体育、科技和航空等其他各领域,主要通过以互派留学师生、办展览、召开研讨会、演出、建立友好省份城市等形式扩大人员交流,增进彼此间民众的相互了解。同时,澳中两国先后签订各类协

---

① 王毅、喻常森:《1949 年以来的澳中关系:60 年贸易与政治》,北京:社会科学文献出版社 2014 年版,第 70 页。
② 汪诗明:《20 世纪澳大利亚外交史》,北京大学出版社 2003 年版,第 243—247 页。
③ 李顺成:《21 世纪初澳大利亚的对华政策的变化及其对中澳关系的影响》,外交学院 2008 年硕士论文,第 6 页。
④ 侯敏跃:《中澳关系史》,北京:外语教学与研究出版社 1999 年版,第 219 页。

定,包括文化合作协定、科技合作协定、航空协定和教育交流备忘录等,文化合作协定还确定每两年在对方国家首都召开会议商讨未来两年的交流项目。①

三、不断调整的摇摆政策(冷战后至 20 世纪末)

冷战结束后到新世纪之交,随着两大阵营对抗的崩塌,国际局势趋于缓和,意识形态对立逐渐冷却而多极格局导致的相互竞争日趋激烈,经济利益发展成为世界主旋律。② 地处两洋边缘的澳大利亚深受地理位置、身份认同和利益通道狭小所累,随着亚太经济飞速发展呈现巨大潜力和勃勃生机,基廷政府奉行"面向亚洲"以及"融入亚洲"的战略,高度重视并全面开展一系列同中国的建设性发展与合作,尤其是澳中经贸合作。然而 1996 年前后,澳自由—国家党联盟霍华德政府开始执政,澳对华政策发生逆转,双边关系再度陷入低谷。霍华德政府跟随美国,响应其对华"接触加遏制"政策,并调整对外政策由"融入亚洲"转变为"倾向美国"。澳对华政策再次表现出强硬、防范与遏制,甚至有"不寻常举动"。③ 1997 年随着澳霍华德总理的访华,短暂的波折只是插曲,澳中关系又趋向缓和,澳对华政策又向务实友好发展。从冷战结束到新世纪之交,澳中关系不断出现波动,澳对华政策基于国际局势和本国战略利益需求不断变化,总体上可视为一个政策不断调整的摇摆时期。

(一)基廷政府时期(1991 年底—1996 年初)

冷战结束至 1996 年初,澳基廷政府执政时期,一改过去单纯强调并依赖澳美同盟的策略,视澳亚地区合作发展与澳美同盟并重,并加快对外政策重心转向亚太地区的步伐,提出"面向亚洲"以及"融入亚洲"的

---

① 中华人民共和国外交部网站,《中国同澳大利亚的关系》,http://www.fmprc.gov.cn/web/gjhdp_676201/gj_676203/dyz_681240/1206_681242/sbgx_681246。
② 周利冰:《冷战后澳大利亚对华政策》,中国海洋大学 2014 年硕士论文,第 11 页。
③ 刘樊德:《澳大利亚东亚政策的演变:在碰撞与融合中实现国家利益》,北京:世界知识出版社 2004 年版,第 219 页。

"脱欧入亚"政策主张。①"中国经济的巨大发展势必影响国际权力结构，对重塑亚太战略格局至关重要"②，中国经济的巨大发展势必为澳带来更多机遇和繁荣。基廷政府将对华政策视为"融入亚洲"的关键环节，从而全方面深化澳中经济发展和多边机制框架下的合作。

经济上，经济是基廷政府倡导"融入亚洲"和发展对华关系的主要动因和核心。1993年基廷主政第二年正式访华，澳中主要议题就经济展开，澳建议双方在继续保持传统原材料进出口的基础上，充分加大优势资源合作，将澳大利亚丰富的羊毛、铁矿石等同中国巨大的市场需求、劳动力资源和关税优惠相结合以发展纺织、制衣和钢铁行业等，并加强澳中在计算机、通信和环境科学等高新领域的经济合作。③ 1992年邓小平去南方视察和发表南方谈话后，不仅促进中国国内经济形势快速增长，也带动包括澳大利亚在内世界各国的对华投资热潮，澳跻身中国海外投资国排名前列。截至1995年，澳中双边贸易额从1990年的26亿余美元涨至近70亿美元，中国成为澳大利亚第二大出口市场，澳在华直接投资项目达2 047个。④ 澳中两国的经济技术合作扩展到农林牧渔、能源矿石开采、纺织、建材、市政改造建设，教育、卫生等多个领域，为两国带来良好的经济和社会效益；与此同时，中国利用优惠性援助贷款，先后从澳引进冶金、电讯、重工制造、粮食储存运输和非氟利昂制冷等先进设备和技术，带动促进了中国国内相关领域技术的提升。⑤

政治和地区合作上，1991年至1994年，澳基廷总理、海登总督和外交贸易部长陆续访华，中国副总理朱镕基、外交部部长钱其琛、对外贸易经济合作部部长吴仪和中国人大常委会委员长乔石也先后访澳。澳中

---

① 张秋生：《澳大利亚与亚洲关系研究（1940—1995）》，华东师范大学1999年博士论文，第97页。

② Department of Defense, *Defending Australia Defense White Paper 1994*, Canberra: Australian Government Publishing Service, 1994, p. 9.

③ 孙晦明：《中澳关系的现状和未来》，载《国际研究参考》，1997年第2期，第11—15页。

④ 孙晦明：《中澳关系的现状和未来》，载《国际研究参考》，1997年第2期，第13页。

⑤ 孙晦明：《中澳经贸合作现状及其前景》，载《现代国际关系》，1997年第3期，第28—31页。

两国领导人广泛接触,同意建立面向未来健康稳定的全面合作关系,并在现有对话磋商基础上增加两国领导人和外长之间的年度定期会晤制度。澳中双方在人权问题上也建立起一般协商机制,1991年至1996年,澳每年均向中国派遣人权代表访问团,增加相互了解,双方在人权领域取得沟通和改善。基廷政府积极推动中方参与澳大利亚发起成立的亚太经合组织和东盟国家成立的东盟地区论坛,引导美日两国多与华沟通接触,努力将中国纳入澳美日主导的多边组织框架,以期在牵制约束的同时发挥中国在亚太地区安全事务上的积极作用。①

（二）霍华德政府执政前半时期（1996—2000年）

1996年到新世纪之交期间,中美摩擦和矛盾不断,克林顿政府推行对华"接触与遏制政策",不断对华施压。从对台军售、银河号事件、1996年台海危机、1999年轰炸中国驻南联盟大使馆到2001年中美撞机事件,美趋向将中国视为冷战后的又一个"崛起的敌对者"。1996年澳霍华德总理上台后指责前工党政府融入亚洲的合作发展政策而"倾向美国",认为"脱欧入亚"不仅会损害澳大利亚与西方传统关系,同时对澳美同盟也会产生消极的不利影响,霍华德政府坚持澳美同盟是澳对外战略和国家安全的核心。②

1996年,霍华德政府紧跟美国对华政策脚步,澳对华关系转向保守和遏制,主要表现有四:一是澳大利亚公然严重违背澳中建交协议内澳政府承诺的"一个中国"原则,派出官方商贸代表团赴台湾并与台官方商讨向台出售核原料铀议题,③同时在台海危机中澳霍华德政府公开支持美在台湾海峡派遣航母战斗群以向中国示威的军事行径;二是扩大深化澳美军事合作同盟关系和范围,与美签订明显针对中国的《21世纪战略伙伴关系联合声明》,成为美在亚太地区抑制中国的"南锚";三是干扰中

---

① 周利冰:《冷战后澳大利亚对华政策》,中国海洋大学2014年硕士论文,第13页。
② Department of Foreign Affairs and Trade, *In the National Interest*：*Australia's Foreign and Trade Policy*, Commonwealth of Australia, 1997, Chapter 4.
③ 周季华:《在十字路口徘徊的澳大利亚》,载《亚太当代》,1997年第1期,第42—46页。

国内政,在人权和西藏等问题上无端指责中国,澳霍华德总理无视中国政府强烈反对接受达赖访澳的要求并且亲自予以会见,并声称"不向中国的威胁屈服";①四是取消已签署的对华官方援助。霍华德政府执政初期的种种举动和表现严重阻碍澳中两国关系发展,澳中双方长期努力赢得的友好合作发展关系被泼冷水,陷入低谷。

1997年初到2000年,在澳中两国巨大的经贸往来,中国经济持续稳定快速发展综合实力不断提高,中国一贯睦邻友好政策积极改善发展同周边国家关系以及美国克林顿政府开始采取对华"全面接触政策"等的影响下,霍华德政府一定程度上修复对华友好政策,逐渐向理性和务实迈进。② 在澳中建交25周年之际,霍华德执政后首次访华,期间表示要与中方建立商业式工作关系,在互相尊重和互惠互利基础上开展各领域合作,并支持中国加入世界贸易组织。随后,澳政府就人权问题恢复同中方对话,并再次建立每年召开的副部长级人权沟通机制,并就美轰炸中国驻南联盟大使馆造成中方人员伤亡表示关切和哀悼,同时反对巴布亚新几内亚与台湾建交。澳霍华德政府意图很清晰,就是在尽量不触及澳美同盟核心利益的情况下,努力减轻制约澳中友好合作的消极因素。因为澳中经济高度互补,需要与中国在经贸方面保持密切联系,澳国家和经济利益的实现离不开经济繁荣的中国。到2000年,澳中双边贸易额突破约85亿美元,中国成为澳大利亚第三大贸易伙伴国。③ 之后,澳大利亚开始更加积极保持与中国接触,通过打中美两张牌,追求同中美均衡发展的同时实现自身国家利益,澳对华政策更为趋利现实。

四、积极接近的平衡政策(进入21世纪后至今)

进入21世纪后,国际局势更为缓和,各主要大国间关系愈发紧密,

---

① Brendan Taylor, *Australia as an Asia Pacific Regional Power: friendship in Flux*, London: Routledge Taylor & Francis Group, 2007, p. 68.
② 胡壮麟:《中澳合作的广阔前景》,北京:北京大学出版社2000年版,第115页。
③ 魏嵩寿、俸雅琼:《经济全球化下中澳双边贸易关系发展的研究》,载《亚太经济》,2005年第5期,第15页。

和平与发展成为共同主题,太平洋和印度洋地区范围总体呈稳定态势。2001 年"9·11"恐怖袭击事件突发,使美国对外战略方向发生重大转变,打击恐怖主义成为美国国家安全战略当务之急,包括恐怖主义、核生化武器扩散、海盗等在内的非传统安全威胁日益引起世界各国警觉,美国从注重亚太地区抑制中国发展转向中东发动反恐战争。

随着中美关系的迅速缓和升温,霍华德政府以此为契机一方面全力支持美国中东反恐,另一方面积极接近中国"高度重视与华建立战略经济伙伴关系并将澳中经贸合作放在前所未有的重要地位"①。霍华德政府采取的是一种在中美间的平衡政策,既高度重视同中国的经贸合作,在国家安全上又倚重美国,存在一定对华防范和打压心态。陆克文政府接替上台后,一反普遍预测的可能采取的"亲中"政策,虽与中国互动接近但对华政策较为强硬,鼓吹所谓的"中国威胁论",积极助力美国推行亚太"再平衡"战略,其制约中国意图明显。

吉拉德总理执政后较为理性务实,努力增进澳中互信和互利合作,在一定程度上矫正陆克文政府时期对华过于压制的政策,对中国崛起释放理解和开放态度,但吉拉德政府依然将巩固澳美同盟和支持亚太"再平衡"奉为基石和重点,其制衡中国印太地区影响力和对华戒备心理有增无减。随后陆续执政的阿博特和特恩布尔总理对华政策更具独立自主性,在保持与中国积极接触发展友好经贸往来的基础上,继续重视澳国家战略安全基石的澳美同盟关系,在执行对华具体政策的思路和做法上有所区别,但要指出的是总体上对华防范和制衡的心态与行为不曾停止。

(一)霍华德政府执政后半时期(2001—2007 年底)

霍华德政府在 2001 年到 2007 年底执政期间,较为灵活地处理澳大利亚与中、美之间的关系以求在经济利益和国家战略安全上取得双赢,

---

① Department of Foreign Affairs and Trade, *Advancing the National Interest: Australia's Foreign and Trade Policy White Paper*, Canberra: Australian Government, 2003, p. 17. http://australiapolitics.com/foreign/elements/2003_whitepaper.pdf.

"澳在维持澳美同盟关系和与中国扩大发展经贸关系之间谋求一种潜在平衡"①。政治关系日益紧密,澳加强与中国的双边交往,坚持奉行"一个中国"原则并明确表示"澳没有义务在《澳美新安全条约》下协防台湾",②同时两国高层领导人保持频繁互动互访。2001年上海亚太经合组织峰会期间,江泽民主席与霍华德总理亲切会晤,2002年中方唐家璇外长和李鹏委员长先后分别访澳,同年霍华德总理也回访中国。2003年霍华德总理和胡锦涛主席完成互访,胡主席在澳联邦议会成功发表主旨演说,使得澳联邦议会首次迎来中国最高领导人,而前一日美总统小布什访澳时在澳议会也发表同等规格的演讲,这被认为是霍华德总理平衡中美两国政策的重要举动,澳在政治经济上积极接近中国的同时也进一步巩固澳美同盟。③ 2004年智利APEC和老挝"10+3"峰会期间胡锦涛主席和温家宝总理分别与霍华德总理就双边关系和热点问题举行会晤。2005年至2007年,澳中两国领导人多次互访并就积极发展两国关系、增进互信、加强对话磋商达成一致。两国各层互访对话机制的逐渐形成增进了澳中双方沟通理解,积极推动了澳中双边政治关系的健康稳定发展。④

澳中两国政治上的频繁交流和互信为澳中经济合作快车道发展营造良好了环境。2002年和2003年,澳中先后签订澳大利亚史上最大单向中方提供250亿和300亿澳元液化天然气的能源出售协定。⑤ 2003年澳中两国正式签署《中澳贸易与经济框架协议》,并于2005年启动澳中FTA自由贸易区协定谈判。澳中就石油、天然气等能源长期合作与开发、经济与技术援助、投资贷款、原材料进出口以及高端产品等多个领域和层次全面合作发展,澳对华经济依存关系日益深化,澳中两国经济

---

① John Kerin, Beijing puts the flame to Downer, Weekend Australian, August 21, 2005, p. 3.
② 沈世顺:《澳大利亚外交新走向》,载《国际问题研究》,2006年第2期,第27—30页。
③ 陈德灏:《试析冷战后澳大利亚对华政策的调整(1996—2012)》,外交学院2012年硕士论文,第16页。
④ 林继童:《冷战后的中澳关系发展研究》,暨南大学2009年硕士论文,第25页。
⑤ 《中澳签署贸易与经济框架协议(2003.10.25)》,http://www.cctv.com/Im/776/11/86191.html.

互补性走强,澳大利亚从对华经济贸易中收益颇丰,极大带动澳国内经济繁荣。截至 2007 年霍华德政府任职到期,中国已越过日本以 527 亿澳元的双边贸易总额成为澳第一大贸易伙伴。①

在安全合作和防务政策上,霍华德政府一方面与中方发展更为密切的军事合作关系,建立澳中两国国防部防务对话磋商机制,在反恐、维和、海上搜救和人道主义救援等领域不断加深合作,澳中两国海军舰船不仅互访还进行多次海上联合搜救演习;但另一方面,霍华德政府积极与美签署《联合研发导弹防御系统备忘录》加入美全球反导防御体系,并拟定向美订购 520 亿美元先进军事装备和技术系统的庞大军购计划,②同时澳美日三国进行安全对话构筑所谓"亚太战略铁三角"③,澳日两国还签订《安全保障联合宣言》推动号称"亚太小北约"的进一步发展。霍华德政府认为"中国经济现代化道路建设的飞速发展势必对澳构成威胁,中国军力规模和现代化新军事能力的发展会对其产生误判和疑惑"④。澳大利亚存在怀疑、制约和防卫中国的另一面,澳霍华德总理需要紧密地同中国发展良好的经济贸易和政治合作关系以争取中国巨大的利益空间,在对华外交和政策上有很大的独立自主和灵活性,但在国家战略和地区安全上又紧紧依靠传统的澳美同盟确保其期望的绝对地区安全。

(二)陆克文政府当政时期(2007 年底—2010 年中旬)

2007 年 12 月,澳大利亚自由—国家党联盟在大选中失利,工党开始再次执政。陆克文总理上台初始如外界期许的那样积极营造对华良好氛围,深化澳中两国在政治、经济和安全合作等领域的互信与合作发展。

---

① 中国驻澳大利亚大使馆经济商务参赞处,《澳 2007 年十大货物贸易伙伴》,http://au.mof-com.gov.cn/article/ztdy/200806/20080605620046.shtml.

② 侯敏跃:《霍华德执政以来的澳美同盟和中澳关系》,载《历史教学问题》,2007 年第 4 期,第 64 页。

③ 寇立研:《美日澳构筑亚太铁三角》,载《国际先驱论坛报》,2007 年 3 月 15 日。

④ Department of Defence, "Australia's National Security—A Defence Update 2005," p. 6, http://www.defence.gov.au/update2005/defence_update_2005.pdf.

2008 年访问中国并参加海南博鳌亚洲论坛,陆克文作为"中国通"在北大发表中文演讲并以"诤友"来预期澳中未来关系,并于当年参加中国北京奥运会,陆克文总理一年内两次到访中国三次会晤胡锦涛主席,澳中友好合作关系势头良好、持续升温。然而 2009 年开始,澳中关系却又急转直下,跌入 2000 以来的历史冰点,具体表现为,一是陆克文政府抛出的国防白皮书《2030 年的军力——在一个亚太世纪保卫澳大利亚》,矛头直指中国极力宣扬"中国威胁论",毫不掩饰地渲染澳大利亚应该加强军事力量紧盯并防范与中国可能的军事冲突,将中国视为亚太地区安全威胁并对中国全面现代化建设无端指责。① 二是"中铝收购案"和"力拓间谍案",澳国内打压中国的冷战对抗思维抬头,使得澳中两国关系产生更深的矛盾和阴霾。三是澳大利亚官方不顾中方合理的坚决抗争,决然发放签证并邀请"疆独"头目热比亚参加墨尔本国际电影节并放映热比亚偏见色彩极深的纪录片《爱之十条件》,②众所周知的策划中国新疆"7·5"严重暴力事件的恐怖分子竟然受到一国政府的公然邀请,澳中政治关系一度陷入僵境。陆克文政府从对华友好的密切接近向公然防备制衡转变,依靠美国强化其亚太影响力和地区安全,但在经济上却依然倚重举足轻重的中国市场,陆克文政府采取的是典型的现实主义两面派行为。直到 2010 年陆克文政府下台,澳中关系虽有改观但已难以回到 2008 年陆克文执政初期的蜜月状态。

（三）吉拉德政府当政时期(2010 年 7 月—2013 年)

2010 年中旬澳工党吉拉德政府上台,吉拉德总理开始努力扭转上届政府造成的对华不良局面,对华政策积极纠偏修好并趋向务实和理性。吉拉德总理执政的三年澳中关系又进入正轨开始蓬勃发展,防范中国心理有所减弱但仍将中国全面实力的增强视为安全挑战。从 2010 年下半

① Department of Defence, *Defending Australia in the Asia Pacific Century*: *Force 2030*, Canberra: Commonwealth of Australia, 2009, pp. 20 - 39.
② 陈德灏:《试析冷战后澳大利亚对华政策的调整(1996—2012)》,外交学院 2012 年硕士论文,第 19 页。

年到 2013 年,澳中两国领导人频繁互访,政治关系向互信互惠发展,两国积极推动 FTA 双边自由贸易谈判进程,2013 年澳中正式启动总理年度会晤机制并建立澳中战略伙伴关系。① 经济上,2013 年吉拉德总理与中方达成战略性的澳元和人民币直接兑换业务协议,此时澳中双边贸易总额比两国建交时增长 1 000 余倍达到约 1 400 亿美元,两国经济依赖度和互补性更加紧密,中国依旧是澳最大的贸易伙伴国。

在安全领域,吉拉德政府呼吁加强澳美日同盟间防务合作,支持美国重返亚太的"再平衡"政策并同意美国在澳北部达尔文建立海军基地和轮换部署海军陆战队。② 2012 年和 2013 年澳政府两份国防白皮书,均认为中国的参与和发展将有助于亚太地区的稳定,澳政府不视中国为对手以更温和的态度接受中国的和平崛起。③ 吉拉德政府将中美两个世界大国视为亚太地区和平稳定的重要因素,在与美国积极发展战略同盟关系的同时以更开放的心态面对中国,其遏制中国的用意更加淡化但戒备与制衡的思维依然存在。

(四) 自由—国家党联盟上台执政(2013 年 9 月—2017 年 6 月)

2013 年下半年至今,澳大利亚自由—国家党联盟击败工党开始连续执政。随着国际局势发生巨大变化,权力结构转换加速新兴国家实力不断增强。2013 年开始,阿博特政府大力谋划使澳发展成为世界"中等强国"的对外战略目标并以全新的战略定位审视澳在世界和地区范围内的重要作用与地位,适时推出澳大利亚印太战略弧概念。阿博特政府构建印太战略架构推进发展中等强国战略目标经济上依托包括中国、印度、日本在内的印太地区大国,而安全上仍是以澳美同盟为基石。

---

① 中华人民共和国驻澳大利亚大使馆官网,《习近平会见澳总理吉拉德宣布中澳构建相互信任互利共赢的战略伙伴关系》。http://au. chia-embassy. org/chn/zt/Gillard2013/t1038394. htm.

② 纽约时报中文网,《美军将重心移向亚太》,http://m. cn. nytimes. com/world/20121113/c13pacific。

③ Department of Defence,*2013 Defence White Paper*,Canberra:Commonwealth of Australia,2013,p. 11.

阿博特总理推进澳国家战略目标发展,中国是重要一环。阿博特在其任内积极发展同中国的友好关系,双边各层领导人互访频繁,尤其是2014年阿博特总理访华和习近平主席的访澳为两国关系的加深发挥了巨大作用,成果也颇丰。澳中两国共同致力加快澳中FTA谈判、打击跨国犯罪、加强在非传统安全领域的协调合作、参加二十国集团领导人峰会以及深化双边战略伙伴关系等内容。经贸方面,阿博特总理促进并最终同中方于2015年6月正式签署《中澳政府自由贸易协定》从而取得实质性成果。阿博特任内注重加强澳中经济良性互补发展,认为两国不仅要发展经贸更要成为朋友。[①] 在军事安全领域澳中两国在军事人员互访、舰机交流、海上搜救演习等方面展开积极沟通合作,但澳政府对涉及中国核心利益的南海主权、钓鱼岛、东海争端等问题上的立场和做法依然是制衡思路占主导。

阿博特政府对华政策积极接近理性而务实,重视中国在印太地区范围内发挥安全稳定的积极作用,同时持续加强澳美亚太军事合作,将澳美同盟关系依然坚定奉为澳国家安全基石,配合美国推进重返亚太的"再平衡"战略,阿博特政府对中国既倚重又存在平衡、防范,并在部分涉及中国的敏感问题上"挑战"中方。[②] 阿博特政府对华总体政策是更加理性自主,且实用性地在不触及澳美同盟核心利益的条件下,积极主动接近发展同中国在各领域的友好合作,同时存在制衡、戒备中国的做法和心理。

2015年9月,特恩布尔总理接任后基本延续上届政府对华政策的主张和思路,特恩布尔政府与中国相处更具灵活性和前瞻性,在继续依赖美国但不盲从的同时,积极开展与中国在印太地区框架下的友好关系,强调中国在维持和促进澳大利亚在印太地区的安全和经济繁荣上发挥巨大作用的现实意义。[③] 特恩布尔政府正努力发展同中国、美国和印度

---

① 陈小茹:《中澳自贸谈判接近冲刺阶段》,载《中国青年报》,2014-04-12(4)。
② 赵春华:《澳大利亚阿博特政府对华政策研究》,东北师范大学2015年硕士论文,第38页。
③ 胡欣:《澳大利亚:在地区变局中待价而沽?》,载《世界知识》,2016年第4期,第47—49页。

等印太地区内国家间关系,致力进一步推动发展印太战略和实现澳大利亚中等强国目标,并继续平衡与中美之间的战略和利益空间。在奥巴马政府下台特朗普政府执政,中美未来关系不确定以及国内国际等其他因素影响下,当前正处执政期的特恩布尔政府对华政策如何发展,拭目以待,澳中未来关系发展仍然会少不了曲折但机遇胜过挑战。

第二节　印太战略下澳中关系走向

澳大利亚印太战略是在国际局势发生显著新变化、新兴大国崛起、权力结构加速变化以及东北亚、东南亚、印度洋地区以及海上战略通道地位功能日益突出的大环境背景下适时提出的,[①]澳大利亚需要借助印太地区的广阔空间以全面实现其中等强国的战略目标。中国是澳印太地区架构当中极为重要的大国,澳大利亚的国家战略、经济、安全等均与中国息息相关,澳在新世纪新的国际形势下对华政策走向对澳中两国均会产生重要影响。澳中双方之间彼此认知中的不同和各种国际国内因素更会左右澳下步对华政策的走势和方向。未来澳中关系如何发展取决于澳中两国的共同努力,澳大利亚是否积极接近中国,继续发展与美国密切协作的同盟关系的现实主义、对冲和平衡政策在未来也会存在一定变数。处于矛盾中的澳大利亚短时难以完全改变对华谨慎并制衡的传统思维,澳中未来关系走势仍会在一定曲折中向前发展,但两国合作共赢的机遇大于挑战。

一、澳中两国彼此认知的异同

澳大利亚地处亚太和印度洋地区,是南太平洋最大的发达西方资本主义国家,中国是综合实力迅速增长的社会主义印太大国和世界最大的发展中国家。澳中两国在政治制度、国家体制、经济发达水平、基本国

---

① 赵青海:《"印太"概念及其对中国的含义》,载《现代国际关系》,2013 年第 7 期,第 17 页。

情、意识形态、历史文化和价值观等方面都存在巨大差异。① 1972 年中美关系恢复正常化,澳中关系随之开始全面解冻,相互间交流合作与认知随即逐渐加深。两国政府就持续加强在经济贸易领域的全面互惠合作、维护所在地区持久安全稳定、不断强化政治层面沟通互信等存在一定共识,但澳方对中国的迅速发展、综合实力的增长、军事现代化建设以及国际和地区影响力的增强等显示出紧张和矛盾心理,两国间相互的认知会对澳中关系走向产生深层影响。

(一)澳大利亚对中国的认知

澳大利亚政府进入 21 世纪以来,在努力实现中等强国战略目标的进程中适时推出印太战略架构,澳政府推动战略目标的前进需要其在印太地区具备足够的国家经济实力、军事安全能力和地区影响力。国家安全上澳倚赖传统的澳美同盟关系,但在经济贸易上倚重中国是既定事实,中国是澳大利亚第一大贸易伙伴。由于历史上澳大利亚就缺乏足够的地区安全感,身为远离传统西方势力、四周临海的南太平洋大陆岛国的澳大利亚对其地理位置始终忧心忡忡,②从依附"母国"英国到由于现实需要而转投美国,澳大利亚各界和国民对澳美同盟有着根深蒂固的认同感。

处于澳美战略同盟体系下的澳大利亚不断与中国增强全面交流合作,关系日益密切,但过程是渐进曲折的,制约两国关系发展的因素很多。澳国内主流认为同中国发展全面伙伴关系对澳经济繁荣稳定至关重要,中国的迅速崛起是和平互惠的,但中美之间尤其在亚太地区很可能会引发竞争甚至敌对,澳美同盟下的澳中关系充满不确定性,澳对中国的发展抱着借重与制衡的复杂态度。③ 同时,澳国内也存在其他两种声音,一是对中国综合国力不断跃升、经济发展日益强劲以及军事现代

① 崔越:《澳大利亚二战后对外行为逻辑分析》,北京外交学院 2011 年博士论文,第 194 页。
② 〔澳〕马克·比森(Mark Beeson)、李福建:《中澳关系:地缘政治抑或地缘经济?》,载《国际问题研究》,2012 年第 3 期,第 39 页。
③ 翟慧霞:《澳大利亚民众对华认知分析——基于"澳大利亚与全球"年度调查报告(2007～2012)的实证研究》,载《亚太当代》,2012 年第 5 期,第 121 页。

化持续发展深感忧虑的"中国威胁论"。^① 二是不认为中国实力的增长会恶化澳周边安全环境而更多的是共赢发展的机遇,对中国持信任和肯定态度。^② 进入 21 世纪后,澳历任总理及其政府在积极筹划推进国家战略、政治、经济和安全防务等发展提升的同时,都在努力平衡与中美之间的关系和空间。澳认为 21 世纪澳大利亚的经济繁荣将会更加倚重中国,^③而其安全、外交和战略推进的依靠和核心依旧是美国。虽然澳大利亚对外政策越来越具灵活和独立自主性,美国在亚太和印度洋的地位和影响力在下滑,但澳认为其作为地区中等强国不具备足够能力与印太大国展开博弈,仍需借助美国的力量并加强澳美同盟关系,来减缓中国力量增强对印太地区秩序造成的挑战。在 2017 年的外交政策白皮书中,澳政府重申了澳美同盟是澳大利亚实现其印太地区利益的基石,并直言不讳地指出,美国虽然力量下滑,但澳大利亚仍需要借助美国来平衡中国,以减缓印太地区的权力转移。^④

从中澳建交开始,澳政府和国内对中国的认知是逐渐向深层次发展的,身份地位认同的尴尬、地理位置的窘迫、传统的历史症结和意识形态差异等造就澳大利亚注定矛盾的国家发展路径。澳大利亚意识到经济贸易的发展绝对离不开中国,发展澳中全面战略伙伴关系对澳大利亚利大于弊,但美国这一关键因素又使得澳左右逢源积极寻求平衡。澳中经济巨大的互补性和中国经济的持续快速发展给澳带来了巨大的利益和经济繁荣。但从澳对华认识的实际来说,澳大利亚对于中国的快速发展存在芥蒂,担忧中国经济迅猛发展、军事能力的增强、亚太地区影响力的

① Department of Defence, *Defending Australia in the Asia-Pacific Century: Force 2030*, Canberra: Commonwealth of Australia, 2009, p. 16.
② Colin Mackerras, "The 'China Threat' in the Context of China's Rise: A View from Australia," in Herbert S Yee, eds, China's Rise: Threat or Opportunity? New York: Routledge, 2011, p. 229
③ 岳小颖:《政治互信与中澳关系》,载《领导科学》,2013 年第 29 期,第 51 页。
④ Australian Government, *2017 Foreign Policy White Paper*, CanPrint Communications Pty Ltd, November, 2017, pp. 3 - 4.

提升和对澳投资的增加会一定程度上损害到澳国家安全、经济利益和地区话语权,正如澳大利亚部分学者认为的"中国的崛起可能最终结束西方对亚太的海洋统治时期,而澳大利亚则正处于这样一个时代,澳对中国保持谨慎和乐观"①。另一些澳大利亚政界、商界和民间等人士则对中国持较多的现实主义实用性论调,认为中国确实给澳带来了巨大的利益空间,但也给未来增添了一定的不确定性,意图基于澳美同盟和印太战略架构在多边地区和国际机制内加强与中方的合作和交流,这样一是可以尽量不触及澳美核心利益而促进发展澳中友好合作,二是可以利用多边框架机制约束中国可能对澳大利亚所构成的潜在不利影响。②

（二）中国对澳大利亚的认知

中国与澳大利亚正式建交以来两国关系风风雨雨、起伏变幻,中方在不懈努力中不断发展同澳方的互惠合作,逐渐形成对澳大利亚的认知。中澳建交后初期,中国重视澳大利亚在南太平洋的重要战略地位。从 80 年代开始中国打开国门,随着中国改革开放政策的全力前行,中澳经济贸易往来迅猛攀升,两国关系向各领域的互利合作全面发展。90 年代开始,澳政府先后提出"面向亚洲""融入亚洲"再到"亚洲世纪"的全面进军亚太的对外战略,但长期以来中国认为澳大利亚属于发达西方国家,因为从历史、文化、传统、政治体制和民主制度等角度来看澳更接近西方。同时,澳大利亚与美欧又有很大不同,远远孤立于西方世界的澳大利亚更需合作伙伴,中国认为澳大利亚具有巨大的合作空间,中澳关系充满发展机遇,是可以争取互惠互利发展合作的中间地带国家。在中澳关系发展过程中,中国已然意识到澳与中国全面发展两国关系会顾忌很多美国因素并有一定防范心理,中澳关系曲折前进存在很多变数与摩擦,中国也在反思如何在中美关系发展的大局下同澳大利亚建立更加互信的合

---

① ［澳］休·怀特(Hugn White)、黄莺:《谨慎乐观:澳大利亚与中国的崛起》,载《现代国际关系》,2006 年第 5 期,第 50 页。

② Evan S Medeiros, *Pacific Currents*: *The Responses of U. S. Allies and Security Partners in East Asia to China's Rise*, Santa Monica, CA: RAND, 2008, p. 226.

作伙伴关系。

　　进入 21 世纪以来,中澳之间经济联系越发紧密,互补性更为突出,澳大利亚巨大的优质能源、矿产和原材料等资源对中国经济稳定快速发展的战略性意义更为凸显。中国对澳推行的是务实外交和共赢的合作战略。由于澳对华存在误解、不信任,中澳之间矛盾与摩擦也在时常发生,但中国长期坚持通过透明的沟通交流和互惠合作减少双方分歧和不信任。中国不断强化中澳经贸互补合作,扩大对澳进出口商品市场,广泛加强双方在人文、科技、教育、体育等各领域的官方和民间交流,在有关多边机制框架下加强同澳沟通协调,就是期望合理引导并影响澳对华政策取向,保持正常轨道。①

　　澳大利亚进入吉拉德政府时期后,中国更多看到了澳在处理与中美之间关系时的灵活和自主性,澳一味顾忌澳美同盟受美国因素影响的传统在不断改观。中国希望同一个更加具有前瞻性、理性务实且自主性更强的澳大利亚发展更为紧密的战略伙伴关系,正如习近平主席在 2014 年 11 月访问澳大利亚期间发表演讲时所阐述的:"中国始终视澳大利亚为重要伙伴,中澳应以更长远眼光、更宽阔胸襟、更远大抱负在新的起点和高度,增加彼此理解、深化务实合作并密切人文交流,做相互信任、互利共赢、心心相印的真诚伙伴、紧密搭档和知己朋友,并加强战略沟通做同舟共济的和睦邻居。"②中澳互相认知和信任在不断地拉近,紧密发展两国关系向前迈进符合双方国家深层利益需求。

二、影响澳中关系的主要因素

　　澳中关系走向受各种复杂因素的制约和影响,但归根结底在于双方全力维护各自国家利益。影响澳中关系的主要因素,一是包括经济因素、安全因素、意识形态、国家政党和战略目标等在内的国家内部因素,

---

① 崔越:《澳大利亚二战后对外行为逻辑分析》,外交学院 2011 年博士论文,第 206 页。
② 中国新闻网,《习近平在澳大利亚发表演讲:中国坚持三个不动摇》,http://www.chinanews.com/gn/2014/11 - 17/6785224. shtml。

二是国际形势、美国、日本、印度等国际外界因素的干扰和限制。深入了解和分析影响澳中关系的主要因素,不论是消极抑制的还是积极有利的,对于综合分析并研判未来澳对华政策和关系发展走向都具有深刻意义和作用。

(一) 国家内部因素

1. 经济因素是带动澳中两国关系密切发展最现实也是最积极的动力。澳中自建交 45 年以来两国双边经济贸易总额从 1972 年的约 8 000 万美元增长到最高峰时期 2014 年的 1 368 亿美元(见图 5 - 1),增幅达 1 700 倍。根据 2017 年 2 月的数据显示,2016 年澳对华出口额约为 600 亿美元,占澳总出口额的 31.5%,而进口额达 441.6 亿美元,占澳总进口额的 23.3%,中国是澳第一大贸易伙伴国、第一大出口流向国和第一大进口来源地。澳中两国已经建立起较为紧密的经济贸易联系,强劲的双边经贸往来和强烈的经济互补性为澳中经贸关系打下了坚实的基础。

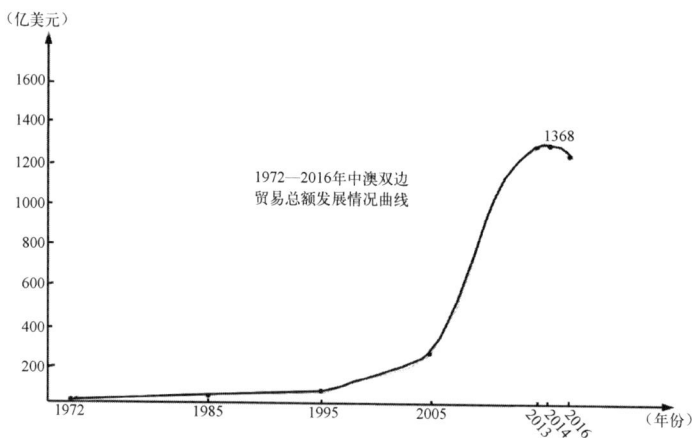

图 5 - 1 1972—2016 年澳中双边贸易总额发展情况①

---

① 参考以下相关资料绘制而成:中华人民共和国商务部官网相关数据,http://countryreport. mofcom. gov. cn/record/index110209. asp,王晶、卢进勇:《中国与澳大利亚贸易的现状、影响因素和发展策略》,载《国际贸易》,2015 第 10 期,第 37 页。

　　当前澳中已实现货币直接换兑业务,中澳自由贸易协定也已生效近两年,澳中两国经济正向更加多元的均衡方向发展,中方对澳投资已由过去单一的能源、羊毛、小麦、矿产等向基础设施、市政建设、高新技术产业、农业和地产等综合领域与行业转向。虽然澳国内对中国经济的迅猛发展和对澳投资额不断提升存在这样那样的声音与疑虑,但澳大利亚理性地认识到"中国将会是澳在未来获得成功、发展更加繁荣、拥有更好更多就业机会的生力军和关键要素"①。前文的分析中也提到过,澳之所以对华充满矛盾并实行非常现实主义的接近和制衡政策并积极平衡中美之间关系,就是因为澳已然离不开与中国之间的经济贸易往来。推进澳中经贸继续发展,符合澳中两国利益。澳印太战略就是扩大战略利益空间寻求更多发展机遇,其重要的内容之一是同包括中国在内的印太大国建立更为密切的经济贸易往来。经济因素十分积极地促进着澳中两国关系的前进发展。

　　2. 安全因素是澳长期以来顾忌同中国建立更加紧密关系的一个重要原因。澳大利亚自建国开始就长期缺乏安全感,二战前惟命是从其宗主国英国,二战开始完全倒戈投向美国,并且第一时间同美建立安全同盟关系。澳远离欧美传统西方势力,偏居于南太平洋大陆岛,四周临海,无传统地缘概念中的战略纵深,易受到来自海洋方向的干扰和打击。同时,澳作为地区中等强国缺乏同印太大国博弈和斗争的足够实力,②选择倒向美国是澳传统意识下不得不做出的选择。随着印太新兴大国的崛起,尤其是中国综合国力的不断提升、经济迅猛发展以及军事现代化建设稳步推进,澳国内主流认为这会挑战澳大利亚周边地区安全和稳定,引发亚太和印度洋地区内竞争加剧而产生更多不确定性,对澳构成一定威胁。在一定时期内澳国内盛行着所谓的"中国威胁论",澳积极加入美

① Emerson C. "Why China is Important to US," http://www.trademinister.gov.au/speeches/2012/ce_sp_120403.html.
② 肖洋:《一个"中等强国"的战略空间拓展——"印—太战略弧"视阈下的澳大利亚安全重构》,载《太平洋学报》,2014年第1期,第43—46页。

全球导弹防御体系,大量购置美先进武器作战系统,同意美在达尔文海军基地驻扎轮训海军陆战队以及允许美 F - 22 型战斗机部署廷德尔空军基地等,就是其寻求美庇护的典型表现。澳过于考虑自身安全,缺乏对中国足够深层的了解从而不信任感油然而生,极大制约着澳中关系的稳步健康发展,并时不时做出挑战中国的举动,譬如,澳大利亚曾派军舰过航台湾海峡、在南中国军事航行以及其 AP - 3 型反潜巡逻机巡航中国南海等。

3. 意识形态及价值观差异也在一定程度上影响着澳中关系的积极发展。两洋环抱的澳大利亚地域上近亚洲,但澳大利亚始终以西方发达民主国家的身份感投身欧美世界,澳基本完全照搬其过去宗主国英国的政治体制和历史文化传统,20 世纪初推行的"白澳政策"就是扩大西方势力对澳本土的控制和影响。澳大利亚信奉西方自由民主价值观,称"自由民主是澳国家精神的体现也是澳处理各类国际问题和事务的基本参考和指针"①。澳中两国发展双边关系避免不了东西方文化价值观和政治制度形态的碰撞与交锋。中国秉持的是极具包容性的文化和思维理念,不以意识形态、价值观和文化判断关系亲近,并始终主张"国家间应超越政治制度和意识形态差异,求同存异,互相尊重,友好共处"②。澳国内却以西方民主制度为优越,不时就意识形态领域的所谓民主、人权等问题对华横加指责。③ 澳中两国政治体制、意识形态和文化价值的差异也在一定程度上成为澳中关系发展的障碍。

最为突出的就是澳对华就所谓人权问题的不满而引发摩擦。人权问题成为澳中之间的敏感问题。④ 澳大利亚经常以西方所谓的民主价值

① Department of Foreign Affairs and Trade of Australia, *Advancing the National Interest*: *Australia's Foreign and Trade Policy White Paper*, Canberra: Australian Government, 2003, p. Vii. http://australiapolitics. com/foreign/elements/2003_whitepaper. pdf.
② 李景治:《试析中国外交的价值取向》,载《教学与研究》,2008 年第 10 期,第 40 页。
③ 王光厚、田力加:《澳大利亚对华政策论析》,载《世界经济与政治论坛》,2014 年第 1 期,第 55 页。
④ 林继童:《冷战后的中澳关系发展研究》,暨南大学 2009 年硕士论文,第 40 页。

观来衡量中国等在内的亚洲国家的人权现状,国情与所处环境均有不同势必就造成误解和矛盾,以至于澳政府很可能对华采取不理智的言行。随着澳中两国关系的推进和互信的逐步建立,澳中就人权问题开启年度例行对话交流机制,这为双方起到架桥交流的积极作用。但意识形态因素反映的是澳中两国认识上的根本差异,其对澳中关系未来影响不可能消失。

4. 政党因素很大程度上决定一国对外政策走向,不同政治派别持不同执政理念和发展模式就直接关乎国家对外交流和政策方式。[①] 澳大利亚同美国一样实行两党制,即工党和自由—国家党联盟竞争轮流执政,两党奉行较为不同的执政方略。

澳大利亚工党主要代表国内左翼势力,倾向于国际和自由主义,主张发展同亚洲和印度洋各国家关系,加强在印太地区内的多边合作,力主在国际和地区机制内发展广泛的经济贸易促进澳国内繁荣,尤其关切同中国的经济贸易往来,视中国为澳国内经济繁荣的重要因素。澳工党执政期间重视同中国发展友好合作,对华政策较为理性务实,澳中之间关系大发展时期基本均在工党执政期内,1972年工党惠特拉姆政府与华正式建交,1983年工党霍克政府力促澳中关系步入"蜜月期"。自由—国家党联盟与工党存在很多不同,自由—国家党联盟主要代表右翼势力,倾向于保守的现实主义,其执政重点在于维护和发展同西方尤其是与美国的传统同盟关系。对华政策上从过去的强硬、敌视对抗,在趋利现实主义的影响下日益缓和。随着中美关系的改善发展,澳开始重视同中国发展较为自主性的友好合作,即一边借重澳中巨大贸易合作一边继续强化依赖澳美同盟,对华猜疑和制衡的思维始终存在。

澳大利亚两党对华政策确实会有不同,但谋求实现国家战略目标、立足国家利益的出发点是根本一致的。不论经济上借重中国还是国家安全依靠美国,两党不可能牺牲澳国家利益而完全倒向中或美任意一

① 赵春华:《澳大利亚阿博特政府对华政策研究》,东北师范大学2015年硕士论文,第24页。

方。进入 21 世纪以来,尽管两党执政时的具体策略和方法会有所不同,但对华政策的基本立场方向越来越一致,就是积极接近借重并加以制衡。未来政党因素对澳中关系造成巨大影响的可能性在缩小。①

5. 战略目标的差异对澳中关系的影响。1945 年时任澳外长的伊瓦特首次提出澳大利亚致力实现中等强国战略目标,2007 年陆克文总理进一步确立"富有创造力中等强国外交"的新时期澳大利亚的战略方向,2013 年澳适时提出印太战略弧概念争做印太地区内名副其实中等强国的国家战略目标。在新时期国际形势"权力交替"加快、新兴大国迅速崛起的背景条件下,澳大利亚战略目标的实现要紧紧把握印太地区崛起的机遇,不断拓展延伸战略利益空间,发展同中国、印度等国家更为紧密的关系。经济是澳大利亚实现战略目标的基础,澳推行国家战略离不开印太大国中国的合作和支持。同样,中国致力于实现"丝绸之路经济带""21 世纪海上丝绸之路"的倡议构想需要澳大利亚等地区国家的广泛参与。双方的战略目标会在一定程度上影响澳中关系发展。

(二)国际因素

1. 国际形势因受多种变量影响而不断发生变化,国家对外政策也会因地制宜发生相应转变。澳中建交前,国际局势是世界"两极"美苏两大阵营的激烈对抗,此时澳大利亚主动投入西方阵营,其对华政策是敌意明显的强硬政策。70 年代,国际形势发生急剧变化和重大改组,"苏攻美守"的境地使得美国为首的西方世界积极拉拢中国对抗苏联,此时澳对华政策一改过去的对抗,澳中关系开始友好发展。80 年代末,雅尔塔体系崩塌后,西方已不需中国抗衡苏联,中国再次成为美国为首西方国家的"眼中钉",借机打压中国并实施对华所谓和平演变。这一时期,追随美国的澳大利亚对华采取制裁和限制措施,澳中关系陷入建交后的历史冰点。90 年代后,国际局势向一超多强的"多极化"发展,全球格局步入

---

① 高娜娜:《澳大利亚对华政策的演变与影响因素研究》,山东大学 2009 年硕士论文,第 44 页。

序列重组和交替易位阶段。① 这个时期开始,亚太地位与作用日益突出,世界政治、经济重心开始逐步转向亚太,澳大利亚的"脱欧入亚"就是看到澳在亚洲的巨大机遇和不断增长的利益。此时,澳对华政策趋于理性务实,在处理澳美、澳中关系上反映出自主和灵活性。进入 21 世纪,国际形势是一超多强和多极共存的多元格局发展,新兴国家的崛起同老牌大国的距离进一步缩小,世界局势缓和,非传统安全威胁凸显,国际间合作和互利共赢更加深化。② 总之,不同时期的国际形势对澳中关系有着不同的影响,缓和稳定的国际形势有利于澳中关系的平稳顺利发展。

2. 美国因素或者说亚太地区"权力转移"走向是左右澳对华政策的主要外部因素。领土广袤、管辖海域辽阔、海岸线漫长、人口稀少的澳大利亚虽为南太平洋区域大国,但努力实现中等强国目标的澳大利亚依然是"西方小国",自身实力有限。澳美 1951 年缔结《澳美新同盟条约》,此后美国就成为澳依附的战略盟友。长期以来传统上缺乏所谓安全感的澳大利亚需要借助强大盟国的力量为其巩固国家安全,借助美国不仅使其海洋利益和国家安全得到保障,也可更加专注于发展自身经济实力,在参与亚太和国际事务时依靠美国的澳大利亚也获得更多的话语权。所以无论澳工党还是自由—国家党联盟执政,尽管政策、主张侧重有所不同,但都将澳美同盟视作澳大利亚国家安全和国防建设的根基和核心。③

冷战期间,澳大利亚几乎是完全跟随美对华态度和政策走向,澳对华政策缺乏自主性和独立意识。冷战后到进入 21 世纪,国际局势发生巨大变化和改观,非传统安全威胁日益突出,国际间寻求合作走强。随着澳国家实力不断增强,澳对外交往和政策制定上表现出更多的灵活性

① 刘艳红:《90 年代以来国际格局变化与中国外交战略》,载《中国民营科技与经济》,2008 年第 7 期,第 70—71 页。
② 邹力行:《国际格局变化和对策研究》,载《科学决策》,2016 年第 1 期,第 1—2 页。
③ 杨小辉:《"中等强国"澳大利亚的海军政策与实力及其对中国的影响》,载《上海交通大学学报(哲学社会科学版)》,2013 年第 4 期,第 40 页。

和独立自主性,澳积极寻求接近中国发展密切经济贸易关系,在政治和安全上对华制衡和限制的思维与势头减弱,主动平衡中美之间关系。但澳大利亚依旧将强大的美国视为对外政策和安全的支柱核心,继续加强巩固澳美同盟。澳大利亚依旧是美国亚太地区的"南锚""瞭望塔"和助力美国亚太"再平衡"的生力军,从最近几年美国在澳加强军事部署和持续升温的澳美军事合作就可以看出,澳前总理阿博特曾直言不讳地表示,"澳大利亚从没有将美国视为外国"①。

所以说,虽然当前亚太地区"权力转移"的局面是中国全方位实力不断增长而美国在该地区的政治、经济与安全的主导权有所下滑,面对这种状况,澳大利亚采取了安全防务依托美国而经济上靠拢借重中国的典型现实主义"双重倚重"策略,努力实现澳大利亚国家利益的双赢;但是澳追求的红利和双赢是建立在"中美两国政治、经济、军事以及战略等各层面缓和而持久的双边关系"②上的,稳定的中美关系是目前澳国家战略和对外政策顺利实行的必要基本条件。③ 而中美关系中,美国一方变数很大,未来中美关系存在不确定性和战略误判的可能性,正因为美国因素澳大利亚面临着矛盾的"选边站"困境。④ 现时期中国经济高速稳定发展极大带动澳大利亚国内经济的繁荣,充当美国在亚太遏制中国的筹码和排头兵,将以牺牲澳大利亚经济利益为代价。美国因素是影响澳中关系发展的重要变量,也可以说是主要方面,未来澳政府如何处理同澳美、澳中关系考验着领导人的智慧和能力。

3. 日本因素也是影响澳中关系发展的一个重要变量。二战结束以来,中日之间就历史问题、领土主权和海洋权力斗争摩擦不断,东海争端

---

① 外交观察网,《澳大利亚新政府外交政策剖析与中澳关系展望》,2013 - 10 - 16,http:// www. faobserver. com/newsInfo. aspx? id=9173。
② Department of Defence, *Defence White Paper 2013*, Canberra: Commonwealth of Australia, pp. 20 - 35.
③ 王光厚、田力加:《澳大利亚对华政策论析》,载《世界经济与政治论坛》,2014 年第 1 期,第 53 页。
④ 刘新华、王多月:《在中美之间寻求平衡——绝对收益与相对收益视角下的澳大利亚战略困境》,载《战略决策研究》,2016 年第 2 期,第 32 页。

和钓鱼岛主权归属问题愈演愈烈,日本长期视中国为竞争对手和防范制约的对象,尤其是中国快速发展崛起以来。日本力挺美国重返亚太以继续主导该地区事务,是美国在亚太忠实的战略盟友和"北锚",而"南锚"澳大利亚则可被称作是日本的间接盟友。①澳日关系自二战结束后不断发展走向亲密,20世纪70年代开始,日本长期是澳大利亚的主要出口流向国和外资来源国,至2004年日本已是澳最大贸易伙伴国,2007年日本率先同澳大利亚展开自由贸易谈判。

澳大利亚十分重视在澳美同盟下加快发展与日本的建设性伙伴关系,②1976年澳日签订《友好合作基本条约》,1995年澳日发布《伙伴关系共同宣言》,2006年澳日建立全面战略伙伴关系,2007年澳日签署《联合安全保障宣言》,2014年日首相安倍高调访澳并共同签署军事合作协议。同时,澳大利亚在处理日方参拜靖国神社、日本否认二战史美化战争罪行以及钓鱼岛问题等涉及中日敏感事件时,都采取的是对日本的姑息纵容和淡化态度,2014年7月澳总理阿博特还公开表示"支持日本解禁集体防卫权,称日本是最好朋友"③,澳方态度和言行是极不负责任的。澳大利亚支持日本,并与日方强化合作,一是澳日是准军事同盟关系,双方在亚太地区的政治与安全取向近似,二是澳日经济联系紧密,三是澳推行印太战略扩大国际影响力需要日方的支持配合。只要中日双方争端摩擦不断,日本不正视历史问题,日本仍将中国视为威胁和竞争对手的现状得不到改善,那么日本就依旧是影响澳中未来双边关系的消极因素。

4. 印度作为新兴大国迅速崛起,成为印太地区潜力巨大的重要力量,随着当前澳大利亚向印度洋地区拓展战略利益空间,推行印太战略,澳政府逐渐重视与印度发展各领域双边关系,印度成为影响澳中关系发

① 王慧:《中澳关系中的美国、日本因素》,载《当代世界》,2015年第4期,第67页。
② 沈永兴、张秋生、高国荣:《列国志澳大利亚》,北京:社会科学文献出版社2010年版,第364页。
③ 新浪新闻中心,《澳大利亚总理力挺安倍解禁集体自卫权》,http://news.sina.com.cn/w/2014-07-09/061030490554.shtml?from=wap。

展的一个因素。中印之间长期存在领土争端和大国权力角逐,中国的迅猛发展使印度感到不安,将中国视为主要竞争对手。[1] 印度将中国的"一带一路"倡议和中国在巴基斯坦、缅甸、孟加拉国、吉布提等国的投资建设视为围堵制约印方的"珍珠链"战略。2000 年后,澳印关系步入全面发展时期,双方在领导人互访、政治互信、安全交流等领域取得较大发展,澳印双方先后达成并签署《防务合作谅解备忘录》《情报共享安排协议》《安全合作联合宣言》等双边合作协定。2013 年,澳推出印太战略弧概念后更是加紧与印度寻求合作,当年印度、澳大利亚、印尼三国在新德里首次进行印度洋三方对话。2014 年,澳阿博特总理访印,澳印就双边关系问题和铀矿石出口达成协议。2015 年,澳、印两国首次举行联合海上军演。

澳印之间加强合作,一是澳印双方逐渐达成共识,即所谓的中国会取代美国从而主导亚太;[2]二是助力推动澳政府印太战略概念的实施,同时也有助于印度"东向行动政策"推进;三是配合美国推行重返亚太的"再平衡"战略,目的在于向中国施压制衡中国迅速崛起。[3] 澳印关系的密切发展也受到美国因素的推动,因为美国需要拉拢印度在印太地区内扩大力量共同应对中国。但澳印关系也受到缺乏战略互信、核安全问题以及战略文化差异等的限制。印度不会像美国、日本那样对澳中关系产生直接影响,但是如果印度同澳大利亚关系的发展具有较为明显针对、围堵制约中国的意图,则会对澳中关系产生一定消极影响。

5. 台湾问题是涉及中国领土主权的敏感问题,但澳大利亚长期以来却与台湾保持着一种特殊的"暧昧"。1972 年澳中建交后,澳大利亚承认中国政府关于台湾是中华人民共和国一个省的立场并撤销设立在台湾

---

① 文涛:《澳大利亚与印度军事关系解析》,载《现代军事》,2016 年第 10 期,第 50 页。

② John Lee, "Unrealised Potential: India's 'Soft Power' Ambition in Asia," *Foreign Policy Analysis*, No. 4, June 30, 2010, p. 8.

③ 丁聪、孙浩亮:《浅析澳印在安全领域的双边关系建设》,载《和平与发展》,2016 年第 4 期,第 75—80 页。

的大使馆。90年代后期,受美国对台政策左右,台海危机期间澳不仅支持美航母战斗群介入、派部长级官员"访问"台湾当局,竟然还警告中国要保持克制。局势缓和后又一改强硬姿态迅速重申"一个中国"原则。进入21世纪后,澳意识到台湾问题处理不当会严重触及中国核心利益,极大影响澳中关系。澳与台除保持着较为密切的经贸联系外,还存有其他千丝万缕的特殊关系。虽然澳还是一贯坚持"一个中国"原则,处理涉台问题更加谨慎,但还是会利用台湾问题做文章为其牟利,这为澳中关系带来巨大隐患。现时期台湾问题仍旧是极其敏感的问题,处理不好势必引发中美、中日之间难以预测的摩擦。同样,如果澳还不能更加正确对待台湾问题而只顾小利,势必将澳中关系带入危险境地。

三、未来澳中关系发展机遇和挑战并存

澳新一届总理特恩布尔2015年9月开始执政,2017年初特朗普取代奥巴马当选美国总统。在新的形势下,澳中关系未来发展也将面临新的局面。对澳大利亚来说,倚重澳美同盟依然是澳政府坚持的既定主线,澳在稳定经济、国家安全、战略推进、地区合作以及扩大国际影响力等领域需要美国作为靠山。同时在经济上,澳继续同中国保持并发展积极紧密的互利合作。随着澳推行印太战略拓展国家利益空间向东北亚、东南亚和印度为主的印度洋方向发展,澳大利亚需要更多的协作伙伴和更深层的对外经济交往。虽然未来澳中关系发展受各方面复杂因素的多重影响,但双方不可或缺的紧密经济联系有助于排除消极干扰。澳中双方存在分歧和矛盾,化解的钥匙就是互惠、互利、互信和共赢,中方长期以来为之付出巨大努力,澳中未来发展机遇和挑战并存。

（一）紧密的经济合作继续拉紧澳中两国关系

澳中建交45年以来,两国经济合作取得了巨大发展,双边贸易总额几乎呈直线式增幅,澳中两国之间经济贸易强烈的互补性和紧密合作为两国关系发展创造了良好基础。新形势下,澳中双方新的经济互惠合作

局面进一步打开。2015 年 12 月,澳中自由贸易协定正式生效,"这是中国首次实现同经济总量较大的世界主要发达经济体签署自贸协定,也是迄今为止中国签定的贸易投资整体自由化程度最高的双边协定之一"①。澳中自由贸易协定极大促进双方在货物、服务贸易和投资等领域的发展,两国人员和文化交流互访更为密切,该协定成为澳中经贸合作新的机制和平台。2016 年,特恩布尔总理实现首访中国,与其一道而来的还有澳大利亚对外史上最大规模的商贸代表团。随着澳中高密度的经贸合作,澳中双方在金融、旅游、房地产、基础设施建设、农业矿产资源以及文化体育等领域的合作愈发扎实,两国已由过去更多的资源、能源合作为主转向更广泛的"自贸繁荣"。

澳中经济贸易合作继续保持着积极发展势头,澳中双方经贸领域共同利益的"蛋糕"越做越大,促进带动了两国发展战略的对接。澳中日趋紧密的经济贸易合作推动双方在多个机制和框架下的合作,双方在亚太经合组织(APEC)、二十国集团和东亚峰会机制,以及亚洲基础设施投资银行等框架内展开广泛交流沟通。同时,澳中双方还积极倡导地区全面经济伙伴协议(RCEP)的建设发展。② 2017 年初,美国总统特朗普宣布退出跨太平洋伙伴关系协议(TPP),澳方表示将支持 RCEP,更多寻求同中国和亚洲的经济合作。澳中双方日益紧密和广泛深化的经济贸易合作是澳中关系发展的主要推动因素。

(二)澳美同盟依旧是制约澳中政治互信深层发展的主要因素

正如前文分析所说,缺乏所谓安全感的澳大利亚长期以来不管国内政治风向怎么变、国际形势如何变化都将澳美同盟视作国家安全和对外战略的基石。澳在安全上倚重强大的美国,在经济上借重迅猛发展的中国,这种左右逢源谋求利益最大化的策略的先决条件是中美关系的稳定

---

① 栗世民:《务实合作共创中澳经贸关系美好未来》,载《中国工商报》,2016 - 07 - 21,第001 版。
② 张学刚、郭春梅:《澳大利亚可成为中美的"共同朋友"》,载《解放军报》,2017 - 02 - 12,第004 版。

与缓和,澳在中美之间的平衡政策具有风险性。2012年开始,美国已从中东反恐战场抽身,战略重心向亚太转移,推行谋求地区主导权和利益存在的亚太"再平衡"战略,澳大利亚作为其"南锚"逐渐受到盟友美国的重视。澳美同盟体系下澳大利亚与美国有着共同的历史渊源、意识形态、文化价值观和战略安全目标,澳大利亚积极充当生力军,助力美国实施亚太战略。

从进入21世纪到2017年,澳美军事合作升级,澳大利亚不仅斥巨资向美军购买先进的作战武器系统,积极加入美全球反导体系,而且逐渐成为美军的"屯兵地、情报搜集站、军火和后勤补给点"①。美军先后在澳北部达尔文、珀斯和布里斯班参与修建并部署军事基地、相关设施和装备,建设巨大的情报侦察、监视与预警体系,美军先进的F-22型战斗机已完成部署澳达尔文廷德尔空军基地,2 500人规模的美海军陆战队也已在达尔文地区开始实施轮换部署。② 2016年,澳美就B-1B型战略轰炸机和空中加油机赴澳实施轮换部署达成一致。澳政府持续升级与盟友美国的军事合作主要意图,一是提升自身军事实力,加紧自力更生为主的前沿防务建设,以充分应对地区内日益复杂的安全状况;二是依托美国巩固扩大在印太地区内的军事存在,弥补自身实力不足的短板,提升澳在印太地区的影响力;三是借助美国稀释印太大国所造成的地区安全与竞争压力。澳大利亚在政治和安全上坚定地依赖美国,对中国综合实力提升、经济迅猛健康发展、军事现代化建设和可能造成的地区安全压力的防范和制衡心理依旧不减。

进入21世纪以来,澳大利亚军舰过航台湾海峡、侦察机巡逻南海、高度关注南海争端、姑息纵容日本对华在东海和钓鱼岛的侵权行径等就是典型例证。澳中经济贸易的密切合作确实带动澳方与中方包括政治在内等各领域交流合作的发展,但澳大利亚不断加深同美方的同盟关系

---

① 幕小明:《澳大利亚强化美澳军事同盟》,载《世界知识》,2016年第10期,第36页。
② 宋伟:《试论澳大利亚的印太体系概念与战略路径选择》,载《上海交通大学学报(哲学社会科学版)》,2016年第2期,第18页。

而不顾及中方感受,损害了澳中政治互信的基础。澳中更深层次的互信在坚实的澳美同盟制约影响下很难实现,澳对华关系今后如何发展值得关注。

(三)澳中关系未来仍难摆脱意识形态差异所带来的消极影响

澳大利亚与中国在意识形态领域存在较大差异,这主要体现在社会政治制度、历史文化传统和价值观认知等方面。意识形态会对国家政策制定和实施产生重要影响,两国间意识形态相同更容易对接彼此共同利益和拉近合作。[1] 澳大利亚自诩为西方民主制度国家,在"民主""内政""人权"等意识形态领域问题与中国发生过很多不愉快。2007年澳总理会见达赖,2009年公开为热比亚访澳发放签证,以及在人权问题上指责中国等一系列事件均与澳中双方意识形态的不同有密切关联。

进入21世纪以来,由于澳中巨大经济往来的带动,澳中各方面合作不断加深,沟通交流更为频繁畅通,同时为了确保互惠互利的经济利益,澳方开始认识到"不能用西方标准和眼光来衡量中国'人权问题',要紧贴中国具体国情和实际来看"[2],但其对华政策中的意识形态因素仍旧难以去除。中方在澳大利亚国内投资的不断增长引发澳国内人士的担忧和猜忌,并且出现中方数家企业对澳投资被限制或失利等事件。2012年澳方借口"担心受到中国网络攻击"禁止中国华为投标澳大利亚国家宽带网项目,[3]2015年澳政府又以民众会抵制为由拒绝中国国家电网对澳投资。[4] 从澳抵触中方对其大型项目投资也可以反映出意识形态因素依然影响澳对华政策。澳中意识形态领域的分歧间接映射着澳中国家核

---

[1] 段书然:《冷战后澳大利亚对华制衡与合作的动因分析》,辽宁大学2016年硕士论文,第20页。

[2] 澳华财经在线,《澳外长卡尔演讲:不会遏制中国崛起》,http://acbnewsonline.com.au/html/2013/azjujiao_0709/7608.html.

[3] 新华网,《华为在澳投标遭拒》,http://news.xinhuanet.com/world/2012-03/28/c_122894266.htm.

[4] 参考消息网,《中国国家电网在澳竞标失利,外媒:澳对中国投资不安》,http://www.cankaoxiaoxi.com/finance/20151126/1008581.shtml.

心利益的差异,①而且意识形态是长时间形成的,容易固化,短时间难以发生较大转变。所以未来澳中关系很难摆脱意识形态差异所带来的消极影响,意识形态的差异还将继续在一定程度上阻碍澳中关系的深层发展。

（四）澳拓展战略空间将为澳中关系发展带来新的机遇和挑战

中等强国澳大利亚 2013 年推出印太战略,比以往更加意识到印度洋尤其是印度的重要性,从东北亚、东南亚和澳主导的南太平洋向印度洋地区延伸,澳大利亚积极拓展国家战略利益空间。不同于美日印三国印太视野中强烈的排他性,澳倡导的印太战略是"将中国融入在内的包容性倾向更强的战略构架,认为中国是印太地区的核心力量,更是不可缺少的一部分"②。但由于澳美同盟的存在和中美关系的变化,澳政府在对华政策上经常在追随美国与自主之间徘徊。澳对华态度和澳中关系也因此时好时坏。澳未来继续推动印太战略必将加强其同印度、东北亚和东南亚地区国家在经济、政治、外交、安全和各种机制等方面的合作,这势必在一定程度上引发与中国的竞争,并有可能稀释中国在印太地区内的影响力。同时,随着澳印太战略体系发展,将印太连为一体的两洋和海上通道的重要性随之日益突出,中国经济发展赖以为生的同样是海上的输血和运输通道。澳中两国需要共同的海上安全,海上竞争甚至斗争只能伤害彼此的核心经济利益。

澳大利亚推进印太战略的最主要目的是抓住印太新兴国家崛起的机遇谋求融入印太,为国家争取更大范围的利益空间。所以在澳印太战略背景下,澳中双方会遇到很多挑战,但澳中两国在印太框架下为共同利益扩大合作才是根本。澳大利亚希望在拓展战略空间的同时,获取更

---

① 王光厚、田力加:《澳大利亚对华政策论析》,载《世界经济与政治论坛》,2014 年第 1 期,第 55 页。
② ［澳］梅丽莎·康利·泰勒、阿卡提·班次瓦特、钟爱:《澳大利亚与印度在"印太"认识上的分歧》,载《印度洋经济体研究》,2014 年第 1 期,第 142 页。

大的经济利益。在澳延伸战略空间推动印太战略构建的模式下,澳中在多个领域存在足够大的合作空间尤其是经济贸易合作的潜力。澳中两国关系的未来发展存在很多挑战,但机遇也是空前的,澳中彼此为国家利益互惠互利合作、共赢发展才是主流和根本出发点。

结束语

　　在 20 世纪 80 年代,澳大利亚是亚太地区概念最为积极的倡导者之一。亚太将东亚和太平洋地区联系在了一起,是对美国在亚洲军事存在和影响力的认可,更是对太平洋这一重要海上范围的强调。现在亚太地区已是一个被广为接受和使用的地区概念。亚太经合组织和东亚峰会即是在亚太地区的基础上成立的。中国和印度经济力量、军事力量的发展和地缘政治影响范围的增大,使两国的战略利益在东南亚地区和印度洋地区产生了交汇。太平洋和印度洋由于繁忙的海上贸易和大国海上力量的发展而密切地联系在一起。以中国、日本和韩国为主的西太平洋地区和以印度为主的北印度洋地区的经济贸易迅猛增长。广阔的印太地区内贸易、投资、原材料和矿产等资源和产品的流动互补,使印太区域内国家间的相互依赖度日益提高。澳印太战略框架内的地区逐渐成为充满机遇、大国经济互相促进并带动周边发展的黄金地带。

　　澳大利亚对印太地区的认可,是对国家所处的周边环境所发生的变化的认可和应对。印太地区概念的产生主要是由于沿着亚洲海岸线从朝鲜半岛到波斯湾,以东南亚地区为中心的地区在经济和战略上的密切互动。印太地区概念并不是对亚太地区概念的否定,是亚太地区在地理上和地缘政治上的扩展。印太地区是对东亚国家和南亚新兴经济体（主要是印度）之间的互动以及由此带来的战略影响的强调。澳大利亚由于紧挨东南亚，又是太平洋和印度洋的交汇地带，在印太地区也居于靠近中心的位置。亚洲国家的经济发展，为澳大利亚提供了机遇，但同时中美之间权力平衡的偏移，以及印太地区主要大国中国、美国、日本、印度等之间错综复杂的关系，为地区安全带来了挑战。澳大利亚对印太地区的建构，可以说是澳大利亚地区身份定位不断追寻的结果。随着国际安全形势的变化和亚洲经济的发展，澳大利亚在20世纪后期开始了"融入亚洲"的进程。但是由于地理位置，亚洲并不能作为澳大利亚的地区身份。由于澳大利亚是太平洋沿岸国家，因此亚太地区概念得到了澳大利亚的欢迎和认可。但同样是因为地理因素，澳大利亚处在亚太地区的边缘。印度经济的快速增长和印度对东亚事务的参与，以及东亚地区对途经印度洋的海上贸易和石油运输的依赖，使以印度为代表的南亚与东亚紧密联系在一起。亚太地区已不能确切体现这些经济和战略互动，印太地区的概念也应运而生。

印太地区概念的出现近乎完美地定义了印度洋和太平洋周边地区在经济与战略上的相互依赖和影响。澳大利亚作为亚太地区的一员，又毗邻印度洋和太平洋，在地理位置上靠近印太地区的中心，无论在经济方面，还是在战略方面，澳大利亚与亚太地区的国家和印度洋地区国家都有着广泛的互动。印太地区是一个因经济利益的相互交织和国家之间的战略互动而得到建构的地区。澳大利亚西方国家的文化身份不再成为其作为印太地区一员的困扰。澳大利亚作为一个中等强国，美国的盟国，处于印太地区的近中心地区，可以在印太地区的地缘战略棋手和地缘政治支轴国家之间施展灵活的外交，以实现安全和经济利益的最大化，并提升国家地位。在安全上追随美国，维护美国霸权下印太地区的稳定，在经济上，积极与主要的经济体开展合作，建立自贸区，获取经济发展的利益。21世纪是亚洲的世纪，更是海权再次回归的世纪。印太地区是亚洲经济和海上力量完美结合的地区概念。

对地区安全事态的多维牵引,印太概念将澳大利亚置于地缘政治的近中心。

印太地区经济的相互依赖使印太地区国家有维护地区安全的现实需要,但是印太地区的大国竞争,尤其是海上权力之争却未因此而削弱,反而有愈演愈烈的趋势。美国、中国和印度这三个地缘战略棋手与日本、韩国、澳大利亚和印度尼西亚这四个地缘政治支轴国家,由于相互之间的权力之争、领土争端、盟国关系等,呈现了一幅"战国七雄"的画面。澳大利亚希望维持美国霸权下的所谓和平。因此,澳大利亚积极构建美国—日本—澳大利亚三边安全合作机制,以及美国—印度—澳大利亚三边安全对话机制,将来有可能还有美国—韩国—澳大利亚三边对话机制。澳大利亚的战略意图是分享中国经济增长红利的同时,将中国的崛起维持在以美国为主导的安全框架之内。澳大利亚虽然是一个中等强国,但却意欲借助美国,成为印太地区安全的一个重要支轴。澳大利亚在安全方面的合纵连横之策略,尤其值得关注。作为美国在太平洋地区的"南锚",澳大利亚在印太地区的安全中有着举重若轻的影响。在南海问题和美国部署弹道导弹防御系统方面,澳大利亚虽然出于经济利益的考量,目前没有步步紧随美国,但是在美国的压力之下,以后会如何,尚待进一步观察。

中澳关系的发展不仅受地区安全和经济形势的影响,更受美国因素的影响。中澳关系由敌视、建交到友好务实的发展过程,也是澳大利亚放弃意识形态分歧逐步融入亚洲的过程。澳大利亚对外战略受安全和经济因素驱动的现实,追随与自主的纠结,尤其反映在如何处理与中国和美国的关系上。虽然澳大利亚与中国的经济相互依赖程度较高,但由于中美之间的分歧和澳美关系的影响,政治互信有待加强,安全合作也不密切。虽然澳大利亚不是南海争端的直接相关方,但是由于澳大利亚与美国的盟友关系,与争端其他相关方不断加强的友好关系,以及其特殊的地理位置,使其成为一个重要的外部因素。印太地区内,中、美、印大国竞争可能加剧的情况下,如何处理好与澳大利亚这一重要的地缘政治支轴国家的关系也尤为重要。在继续引领亚洲经济发展的同时,中国应该积极加强与澳大利亚和其他印太国家的安全合作,促进平等和谐的地区秩序的建立,防止大国之间的恶性竞争和对华遏制联盟的出现。

参考文献

一、中文参考文献

（一）中文专著、译著

1. 邓力群、马洪、武衡：《当代中国外交》，北京：中国科学社会出版社 1990 年版。

2. 高金钿、顾德欣：《国际战略学概论》，北京：国防大学出版社 1995 年版。

3. 侯敏跃：《中澳关系史》，北京：外语教学与研究出版社 1999 年版。

4. 胡壮麟：《中澳合作的广阔前景》，北京：北京大学出版社 2000 年版。

5. 刘从德：《地缘政治学导论》，北京：中国人民出版社 2010 年版。

6. 刘樊德：《澳大利亚东亚政策的演变：在碰撞与融合中实现国家利益》，北京：世界知识出版社 2004 年版。

7. 刘同舜、姚椿龄：《战后世界历史长篇 1954》第九册，上海：上海人民出版社 1994 年版。

8. 刘中民：《世界海洋政治与中国海洋发展战略》，北京：时事出版社 2009 年版。

9. 陆俊元：《地缘政治的本质与规律》，北京：时事出版社 2005 年版。

10. 沈伟烈：《地缘政治学概论》，北京：国防大学出版社 2004 年版。

11. 沈永兴、张秋生、高国荣：《列国志澳大利亚》，北京：社会科学文献出版社 2010 年版。

12. 苏浩：《从哑铃到橄榄：亚太安全合作的模式研究》，北京：世界知识出版社 2003 年版。

13. 王绳祖：《国际关系史》，第八卷(1949—1959)，北京：世界知识出版社 1996 年版。

14. 汪诗明：《20 世纪澳大利亚外交史》，北京：北京大学出版社 2003 年版。

15. 王毅、喻常森：《1949 年以来的澳中关系：60 年贸易与政治》，北京：社会科学文献出版社 2014 年版。

16. 朱阳明：《亚太安全战略论》，北京：军事科学出版社 2000 年版。

17. ［美］阿尔弗雷德·塞耶·马汉：《海权对历史的影响（1660—1783 年）》，李少彦、董绍峰、徐朵等译，北京：海洋出版社 2013 年版。

18. ［美］理查德·尼克松：《尼克松回忆录（中册）》，裘克安等译，北京：商务印书馆 1979 年版。

19. ［美］尼古拉斯·斯皮克曼：《边缘地带论》，林爽喆译，北京：石油工业出版社，2014 年。

20. ［美］斯皮克曼：《和平地理学》，北京：商务印书馆 1965 年版。

21. ［美］约翰·米尔斯海默：《大国政治的悲剧》，王义桅、唐小松译，上海：上海人民出版社 2003 年版。

22. ［美］兹比格纽·布热津斯基：《大棋局：美国的首要地位及其地缘战略》，中国国际问题研究所译，上海：世纪出版集团上海人民出版社 2007 年版。

23. ［英］哈·麦金德：《历史的地理枢纽》，林尔蔚、陈江译，北京：商务印书馆，1985 年。

24. ［英］哈尔福克·麦金德：《历史的地理枢纽》，周定瑛译，西安：陕西人民出版社 2013 年版。

25. ［英］麦金德：《民主的理想与现实》，武原译，北京：商务印书馆 1965 年版。

26. ［英］杰弗里·帕克：《地缘政治学：过去、现在和未来》，刘从德译，北京：新华出版社 2003 年版。

（二）中文学位论文

1. 陈德灏：《试析冷战后澳大利亚对华政策的调整（1996—2012）》，外交学院 2012 年硕士学位论文。

2. 陈力：《奥巴马政府"亚太再平衡"视域下的印度洋战略——基于全球公域理论的分析》，天津师范大学 2015 年硕士学位论文。

3. 程鹏翔：《同盟拓展：21 世纪美澳关系研究》，吉林大学 2015 年博士学位论文。

4. 崔越：《澳大利亚二战后对外行为逻辑分析》，外交学院 2011 年博士学位论文。

5. 段书然：《冷战后澳大利亚对华制衡与合作的动因分析》，辽宁大学 2016 年硕士学位论文。

6. 李顺成：《21 世纪初澳大利亚的对华政策的变化及其对中澳关系的影响》，外交学院 2008 年硕士学位论文。

7. 李天宇：《曼莫汉·辛格政府时期印度东向政策研究》，北京外国语大学 2015 年硕士学位论文。

8. 甘振军:《澳大利亚对东盟国家关系研究(1967—2007)》,华东师范大学 2012年博士学位论文。

9. 高娜娜:《澳大利亚对华政策的演变与影响因素研究》,山东大学 2009 年硕士学位论文。

10. 林继童:《冷战后的中澳关系发展研究》,暨南大学 2009 年硕士学位论文。

11. 刘琼:《论新世纪以来印度的"东向政策"》,山东师范大学 2015 年硕士学位论文。

12. 马慧:《澳大利亚基廷政府"融入亚洲"战略研究》,南京大学 2015 年硕士学位论文。

13. 潘多:《"战略再平衡"框架下的美国南海政策评析》,外交学院 2015 年硕士学位论文。

14. 钱锦:《21 世纪澳大利亚对华外交政策探究》,外交学院 2014 年硕士学位论文。

15. 王钱柱:《后冷战时期的澳大利亚海洋战略(1991—2009)》,江西师范大学 2013 年硕士学位论文。

16. 许善品:《论澳大利亚融入亚洲的进程(1972—2012 年)》,华东师范大学 2014 年博士学位论文。

17. 杨振:《论后冷战时代的海权》,复旦大学 2012 年博士学位论文。

18. 印真:《澳大利亚国家安全战略与对华政策(2008 年至今)》,南京大学 2015 年硕士论文。

19. 张秋生:《澳大利亚与亚洲关系研究(1940—1995)》,华东师范大学 1999 年博士论文。

20. 赵春华:《澳大利亚阿博特政府对华政策研究》,东北师范大学 2015 年硕士论文。

21. 赵晶晶:《澳大利亚海洋安全战略及其对中国的影响》,中国海洋大学 2013 年硕士学位论文。

22. 周利冰:《冷战后澳大利亚对华政策》,中国海洋大学 2014 年硕士论文。

(三)中文期刊文章

1. 曹筱阳:《美国"印太"海上安全战略部署及其影响》,载《现代国际关系》,2014 年第 8 期。

2. 陈邦瑜、韦红:《美印澳"印太"战略构想的异同与中国的应对》,载《社会主义研究》,2015 年第 6 期。

3. 陈邦瑜、韦红:《试论"印太时代"及中国的战略应对》,载《印度洋经济体研究》,2015 年第 2 期。

4. 陈洪桥:《美国亚太再平衡战略下的美澳合作》,载《当代亚太》,2014 年第 1 期。

5. 程鹏翔:《美国重返亚太背景下的美澳同盟》,载《太平洋学报》,2014 年第 3 期。

6. 仇朝兵:《"9·11"事件后美国与印度尼西亚军事关系的正常化》,载《哈尔滨工业大学学报(社会科学版)》,2009 年第 1 期。

7. 崔越:《从国防白皮书看澳大利亚的国家安全战略》,载《江南社会学院学报》,2014 年第 16 卷第 1 期。

8. 崔越、牛仲君:《澳大利亚与南太平洋地区主义:南太无核区的历史经验与启示》,载《战略决策研究》,2016 年第 5 期。

9. 邓蓝:《湄公河——恒河合作倡议:十年发展与前景展望》,载《东南亚研究》,2010 年第 4 期。

10. 丁聪、孙浩亮:《浅析澳印在安全领域的双边关系建设》,载《和平与发展》,2016 年第 4 期。

11. 丁工:《从全球治理视角透析中等强国合作体的意义与前景》,载《太平洋学报》,2016 年第 3 期。

12. 方晓志:《〈澳大利亚国家安全战略〉评析》,载《世界经济与政治论坛》,2013 年第 3 期。

13. 高峰:《东南亚地区军火进口现状及军事战略根源探析》,载《军事经济研究》,2000 年第 6 期。

14. 高玉良:《澳大利亚与南太平洋岛国安全合作的必要性探析》,载《大庆师范学院学报》,2015 年第 2 期。

15. 葛红亮:《莫迪政府"东向行动政策"析论》,载《南亚研究》,2015 年第 1 期。

16. 郭松:《区域安全复合体理论视角下的南亚地区安全》,载《江苏第二师范学院学报》,2012 年第 2 期。

17. 何沙:《澳大利亚战略调整动向、影响及走势》,载《国际战略研究》,2014 年第 2 期。

18. 何显亮:《一战前澳大利亚与英国关系》,载《黑龙江史志》,2012 年第 18 期。

19. 何显亮:《英国在澳大利亚民族国家建立过程中的作用》,载《学理论》,2009 年第 28 期。

20. 侯敏跃:《霍华德执政以来的澳美同盟和中澳关系》,载《历史教学问题》,2007 年第 4 期。

21. 胡潇文:《从策略性介入到战略性部署——印度介入南海问题的新动向》,载《国际展望》,2014 年第 2 期。

22. 胡欣:《澳大利亚:在地区变局中待价而沽?》,载《世界知识》,2016 年第 4 期。

23. 胡欣:《澳大利亚的战略利益观与"中国威胁论"——解读澳大利亚 2009 年度国防白皮书》,载《外交评论》,2009 年第 5 期。

24. 胡志勇：《印度的"印度洋战略"对中国海上丝绸之路建设的影响》，载《南亚研究季刊》，2014 年第 4 期。

25. 蒋保、吕乔：《论澳大利亚与印度尼西亚关系之变迁》，载《东南亚纵横》，2009 年第 10 期。

26. 荆林波、袁平红：《中澳经贸关系可持续发展研究》，载《国际贸易问题》，2015 年第 1 期。

27. 李家成、李昂：《日印安保体系构建的动力考察》，载《太平洋学报》，2015 年第 23 卷第 8 期。

28. 李静：《英国与〈澳新美同盟条约〉的形成(1945—1951)》，载《社科纵横》，2013 年第 11 期。

29. 李景治：《试析中国外交的价值取向》，载《教学与研究》，2008 年第 10 期。

30. 李彰有：《漫话亚太概念》，载《中学地理教学参考》，2003 年第 1 期。

31. 李忠林：《"印太"并不完全是个坏东西》，载《中国经济周刊》，2013 年 5 月 27 日。

32. 林汉隽：《澳大利亚对外经济关系中的东亚地区(一)》，载《亚太经济》，1987 年第 5 期。

33. 刘阿明：《南海问题中的印度因素浅析》，载《南洋问题研究》，2014 年第 4 期。

34. 刘德海、汪诗明：《20 世纪 90 年代澳大利亚与台湾、韩国经贸关系回顾》，载《苏州科技学院学报(社会科学)》，2001 年第 4 期。

35. 刘德涵：《"印太"：世界新"战略重心"？》，载《中国国防报》，2012 年 12 月 25 日第 004 版。

36. 刘红良：《论美印安全合作的机制化建设》，载《南亚研究》，2014 年第 3 期。

37. 刘思伟：《后冷战时期印度澳大利亚关系新发展》，载《南亚研究》，2011 年第 4 期。

38. 刘新华、王多月：《在中美之间寻求平衡——绝对收益与相对收益视角下的澳大利亚战略困境》，载《战略决策研究》，2016 年第 2 期。

39. 刘新华、秦仪：《略论澳大利亚的地缘战略地位和美澳军事同盟关系》，载《世界经济与政治论坛》，2003 年第 3 期。

40. 刘新华：《澳大利亚海洋安全战略研究》，载《国际安全战略研究》，2015 年第 2 期。

41. 刘学成：《东亚非传统安全挑战与合作应对》，载《东南亚纵横》，2013 年第 10 期。

42. 刘艳红：《90 年代以来国际格局变化与中国外交战略》，载《中国民营科技与经济》，2008 年第 7 期。

43. 刘宗义：《冲突还是合作——"印太"地区的地缘政治和地缘经济选择》，载

《印度洋经济体研究》,2014年第4期。

44. 鲁鹏:《在理想与现实之间—从澳大利亚外交战略看澳大利亚南海政策》,《亚太安全与海洋研究》,2015年第2期。

45. 鲁鹏、宋秀琚,《澳大利亚与南太平洋地区主义》,载《太平洋学报》,2014年第1期。

46. 孟雪、陈靓、徐丽青:《服务贸易开放水平的量化研究——基于韩国对中国、澳大利亚承诺的对比分析》,载《国际商务(对外经济贸易大学学报)》,2017年第1期。

47. 幕小明:《澳大利亚强化美澳军事同盟》,载《世界知识》,2016年第10期。

48. 綦大鹏、张弛:《亚太战略形势评析》,载《现代国际关系》,2014年第9期。

49. 屈彩云:《论"日美澳印"战略合作:现状、意图、前景、影响及中国的应对》,载《战略决策研究》,2016年第2期。

50. 任远喆:《亚太地区安全结构转型与东盟的角色》,载《国际安全研究》,2016年第2期。

51. 沈世顺:《澳大利亚外交新走向》,载《国际问题研究》,2006年第2期。

52. 宋伟:《试论澳大利亚的印太体系概念与战略路径选择》,载《上海交通大学学报(哲学社会科学版)》,2016年第2期。

53. 孙晦明:《中澳关系的现状和未来》,载《国际研究参考》,1997年第2期。

54. 孙晦明:《中澳经贸合作现状及其前景》,载《现代国际关系》,1997年第3期。

55. 孙伟:《冷战后澳大利业在中美之间的均衡外交》,载《南通大学学报(社会科学版)》,2015年第6期。

56. 孙现朴:《美国的印度洋战略》,载《太平洋学报》,2013年第21卷第6期。

57. 王传剑:《澳大利亚与东亚合作:政策演进及发展趋势》,载《世界经济与政治论坛》,2007年第1期。

58. 王光厚:《浅析澳大利亚的东盟政策》,载《国际论坛》,2013年5期。

59. 王光厚:《澳大利亚的南海政策解析》,载《东南亚研究》,2011年第6期。

60. 王光厚、田力加:《澳大利亚对华政策论析》,载《世界经济与政治论坛》,2014年第1期。

61. 王慧:《中澳关系中的美国、日本因素》,载《当代世界》,2015年第4期。

62. 王慧芳、高博:《美国"亚太再平衡战略"的军事东向评析》,载《国防科技》,2016年第6期。

63. 王晶、卢进勇:《中国与澳大利亚贸易的现状、影响因素和发展策略》,载《国际贸易》,2015年第10期。

64. 王历荣:《印度洋与中国海上通道安全战略》,载《南亚研究》,2009年第3期。

65. 王联合:《美澳同盟关系的新变化》,载《现代国际关系》,2014 年第 1 期。

66. 王钱柱:《寻求体系转型中的战略增长点——澳大利亚的印度洋政策前瞻》,载《国际展望》,2013 年第 2 期。

67. 汪诗明:《论澳大利亚与印度关系的变迁》,载《苏州铁道师范学院学报(社会科学版)》,2002 年第 3 期。

68. 汪诗明:《论澳中关系正常化》,载《世界历史》,2003 年第 2 期。

69. 汪诗明:《由"硬"和平到"软"和平——论二战后澳大利亚的对日战略》,载《复旦学报(社会科学版)》,2011 年第 6 期。

70. 王晓文:《21 世纪美国的印度洋战略与美国霸权》,载《世界经济与政治论坛》,2014 年第 4 期。

71. 王学玉、王永洁:《转变中的东亚地区秩序》,载《山东大学学报哲学社会科学版》,2010 年第 4 期。

72. 王宇博:《剖析 19 世纪澳大利亚民族认同》,载《世界历史》,2007 年第 6 期。

73. 魏嵩寿、俸雅琼:《经济全球化下中澳双边贸易关系发展的研究》,载《亚太经济》,2005 年第 5 期。

74. 韦宗友:《澳大利亚的对华对冲战略》,载《国际问题研究》,2015 年第 4 期。

75. 文涛:《澳大利亚与印度军事关系解析》,载《现代军事》,2016 年第 10 期。

76. 吴兆礼:《"印太"的缘起与多国战略博弈》,载《太平洋学报》,2014 年第 22 卷第 1 期。

77. 夏立平:《地缘政治与地缘经济双重视角下的美国"印太战略"》,载《美国研究》,2015 年第 2 期。

78. 肖洋:《一个"中等强国"的战略空间拓展——"印—太战略弧"视阈下的澳大利亚安全重构》,载《太平洋学报》,2014 年第 1 期。

79. 肖洋:《"印—太战略弧"语境下澳大利亚安全空间的战略重构》,载《江南社会学院学报》,2013 年第 4 期。

80. 现代院课题组:《太平洋足够宽广——关于构建"跨太平洋安全合作架构"的思考》,载《现代国际关系》,2014 年第 10 期。

81. 谢子远、闫国庆:《澳大利亚发展海洋经济的经验及我的战略选择》,载《中国软科学》,2011 年第 9 期。

82. 徐明棋:《经济利益与地缘政治的深层次纠结——澳大利亚的亚太战略角色分析》,载《人民论坛学术前沿》,2013 年第 16 期。

83. 许善品:《澳大利亚的印度洋安全战略》,载《太平洋学报》,2013 年第 9 期。

84. 许善品:《澳大利亚与印度在印度洋上的合作与冲突》,载《南亚研究季刊》,2013 年第 3 期。

85. 阎学通:《对中美关系不稳定性的分析》,载《世界经济与政治》,2010 年第 10 期。

86. 杨洪贵:《试论澳大利亚"面向亚洲"政策的形成与实施》,载《重庆文理学院学报》,2000 年第 2 期。

87. 杨思灵:《南亚地区安全:多重层次分析视角》,载《国际安全研究》,2016 年第 6 期。

88. 杨小辉:《"中等强国"澳大利亚的海军政策与实力及其对中国的影响》,载《上海交通大学学报(哲学社会科学版)》,2013 年第 4 期。

89. 袁野,王光厚:《浅析澳大利亚在南海地区的战略利益》,载《海南师范大学学报(社会科学版)》,2013 年第 26 卷第 5 期。

90. 岳小颖:《政治互信与中澳关系》,载《领导科学》,2013 年第 29 期。

91. 翟慧霞:《澳大利亚民众对华认知分析——基于"澳大利亚与全球"年度调查报告(2007～2012)的实证研究》,载《亚太当代》,2012 年第 5 期。

92. 张秋生:《略论二战后至 20 世纪 70 年代澳大利亚亚洲移民政策的重大调整》,载《世界民族》,2003 年第 6 期。

93. 张军社:《2015,人民海军铿锵前行走向远海》,载《当代海军》,2016 年第 1 期。

94. 张力:《"印太"构想对亚太地区多边格局的影响》,载《南亚研究季刊》,2013 年第 4 期。

95. 张露、黄楫:《中国周边战略中的澳大利亚——"大周边"战略理念与外交谋划的新探索》,载《现代国际关系》,2007 年第 2 期。

96. 赵青海:《澳印关系:尚未成熟的战略伙伴》,载《国际问题研究》,2012 年第 3 期。

97. 赵青海:《"印太"概念及其对中国的含义》,载《现代国际关系》,2013 年第 7 期。

98. 钟飞腾:《超越地缘政治的迷思:中国的新亚洲战略》,载《外交评论》,2014 年第 6 期。

99. 周季华:《在十字路口徘徊的澳大利亚》,载《亚太当代》,1997 年第 1 期。

100. 邹力行:《国际格局变化和对策研究》,载《科学决策》,2016 年第 1 期。

101. 〔澳〕马克・比森、李福建:《中澳关系:地缘政治抑或地缘经济?》,载《国际问题研究》,2012 年第 3 期。

102. 〔澳〕梅丽莎・康利・泰勒、阿卡提・班次瓦特、钟爱:《澳大利亚与印度在"印太"认识上的分歧》,载《印度洋经济体研究》,2014 年第 1 期。

103. 〔澳〕休・怀特、黄莺:《谨慎乐观:澳大利亚与中国的崛起》,载《现代国际关系》,2006 年第 5 期。

104. 〔印〕迪潘卡・班那吉:《关于亚太地区合作的再思考》,载赵蔚彬、李水生主编,中国军事科学学会香山论坛论文集《亚太地区安全:新问题与新思路》,北京:军事科学出版社,2014 年。

二、英文参考文献

1. Abhijit Singh，"The Emerging India-Australia Maritime Relationship,"*The Diplomat*，November 17，2014，http：//thediplomat. com/2014/11/the-emerging-india-australia-maritime-relationship/.

2. Adam Scanlon,*The Australian-American Alliance：Holt，LBJ and the Vietnam War*. Diss. Victoria University，2013.

3. Alan Renouf,*The Frightened Country*，Melbourne：Macmillan，1970.

4. Alex Oliver，"Time for a Stronger U. S.-Australia Alliance?" The National Interest，July16，2015，http：//www. nationalinterest. org/blog/the-buzz/time-stronger-us-australia-alliance‐13348.

5. Alyssa Ayres，"The Quad and the Free and Open Indo-Pacific," November20，2018，https：//www. cfr. org/blog/quad-and-free-and-open-indo-pacific.

6. Andrew Carr，"Doing us Slowly：Why Paul Keating's Legacy Is Killing the Current Government,"*The Conversation*，November 20，2012，http：//theconversation. com/doing-us-slowly-why-paul-keatings-legacy-is-killing-the-current-government‐10817.

7. Arthur Tange and Peter Edwards，*Defence Policy-making：A Close-up View，1950‐1980：a Personal Memoir*，ANU Press，2013.

8. Arun Prakash，"On Indo-Pacific Maritime Security：'We may Sink together if We do not Swim together',"*Asian Politics & Policy*，Volume 5，Number 2.

9. Australia War Memorial，"First World War 1914‐18," https：//www. awm. gov. au/atwar/ww1/.

10. Australian Government,2017 Foreign Policy White Paper，CanPrint Communications Pty Ltd，2017.

11. Australian Government，Defence Committee，*Australian Strategic Analysis and Defence Policy Objectives*，September 2，1976.

12. Australian Government，Defence Committee,*Interim Review of the Strategic Basis of Australian Defence Policy*，November 24，1966.

13. Australian Government，Defence Committee,*Strategic Basis of Australian Defence Policy*，January 8，1953.

14. Australian Government，Defence Committee,*Strategic Basis of Australian Defence Policy*，October 11，1956.

15. Australian Government，Defence Committee,*Strategic Basis of Australian Defence Policy*，January 25，1962.

16. Australian Government，Defence Committee,*Strategic Basis of Australian*

Defence Policy-Second Revision 1967, 6 July, 1967.

17. Australian Government, Defence Committee, *Strategic Basis of Australian Defence Policy*, August 19, 1968.

18. Australian Government, Defence Committee, *Strategic Basis of Australian Defence Policy*, June 1, 1973.

19. Australian Government, Defence Committee, *Strategic Basis of Australian Defence Policy*, 3 October, 1975.

20. Australian Government, Department of Defence, *2013 Defence White Paper*, Canberra: Commonwealth of Australia, 2013.

21. Australian Government, Department of Defence, *2016 Defence White Paper*, Canberra: Commonwealth of Australia, 2016.

22. Australian Government, Department of Defence, *Australia's Strategic Policy*, Canberra: Commenwealth of Australia, 1997.

23. Australian Government, Department of Defence, *Defence 2000: Our Future Defence Force*, Canberra: Commonwealth of Australia, 2000.

24. Australian Government, Department of Defence, *Defending Australia: Defence White Paper*, Canberra: Commenwealth of Australia, *1994*.

25. Australian Government, Department of Defence, *Defending Australia in the Asia-Pacific Century: Force 2030*, Canberra: Commonwealth of Australia, 2009.

26. Australian Government, Department of Defence, *Defending Australia in the Asia Pacific Century: Force 2030*, Canberra: Commonwealth of Australia, 2009.

27. Australian Government, Department of Defense, *Defending Australia Defense White Paper 1994*, Canberra: Australian Government Publishing Service, 1994.

28. Australian Government, Department of Foreign Affairs and Trade of Australia, *Advancing the National Interest: Australia's Foreign and Trade Policy White Paper*, Canberra, 2003.

29. Australian Government, Department of Foreign Affairs and Trade, "Australia-India Comprehensive Economic Cooperation Agreement," http://dfat. gov. au/trade/agreements/aifta/Pages/australia-india-comprehensive-economic-cooperation-agreement. aspx.

30. Australian Government, Department of Foreign Affairs and Trade, "Australia and the Indian Ocean Region," http://dfat. gov. au/international-relations/regional-architecture/indian-ocean/pages/indian-ocean-region. aspx.

31. Australian Government, Department of Foreign Affairs and Trade, "Overview of Australia's ASEAN and East Asia Regional Aid Program," http://dfat. gov. au/geo/east-asia/development-assistance/Pages/development-assistance-in-east-asia. aspx.

32. Australian Government, Department of Foreign Affairs and Trade, "Pacific Islands Regional Organizations," http://dfat. gov. au/international-relations/regional-architecture/pacific-islands/Pages/pacific-islands-regional-organisation. aspx.

33. Australian Government, Department of Foreign Affairs and Trade, *Composition of Trade Australia 2011*, July, 2012, http://apo. org. au/sites/all/modules/pubdlcnt/pubdlcnt. php? nid＝30391&file＝http://apo. org. au/files/Resource/cotcy-2011. pdf.

34. Australian Government, Department of Foreign Affairs and Trade, *Composition of Trade Australia 2015*, June, 2016, http://aaa. ccpit. org/Category7/Asset/2015/Aug/06/onlineeditimages/file71438833679531. pdf.

35. Australian Government, Department of Foreign Affairs and Trade, *In the National Interest: Australia's Foreign and Trade Policy*, Commonwealth of Australia, 1997.

36. Australian Government, Department of the Prime Minister and Cabinet, *Australia in the Asian Century: White paper*, Canberra: Commonwealth of Australia, 2012.

37. Brad Williams and Andrew Newman, *Japan, Australia and Asia-Pacific Security*, Abingdon: Routledge, 2006.

38. Brendan Taylor, *Australia as an Asia Pacific Regional Power: Friendship in Flux*, London: Routledge Taylor & Francis Group, 2007.

39. Bruce Vaughn and Thomas Lum, *Australia: Background and U. S. Relations*, Congressional Research Service, RL33010, December 14, 2015.

40. Bryson C. Bates, Pandora Hope, Brian Ryan, et al. "Key Findings from the Indian Ocean Climate Initiative and Their Impact on Policy Development in Australia,"*Climatic Change*, Vol. 89, No. 3, 2008.

41. Cameron Hill, "Australia in the 'Indo-Pacific' Century: Rewards, Risks, Relationships," http://www. aph. gov. au/About_Parliament/Parliamentary_Departments/Parliamentary_Library/pubs/BriefingBook44p/IndoPacific.

42. Carnes Lord and Andrew S. Erickson, *Rebalancing U. S. Forces-Basing and Forward Presence in the Asia-Pacific*, Annapolis: Naval Institute Press, 2014.

43. Chiefs of Staff Committee, *Appreciation of the Strategical Position of Australia*, March 20, 1946.

44. Chietigj Bajpaee, "Embedding India in Asia: Reaffirming the Indo-Pacific Concept," *Journal of Defense Studies*, Vol. 8, No. 4 October-December 2014.

45. Colin Geraghty, *India in the Indian Ocean region: Re-calibrating US Expectations*, American Security Project, 2012.

46. Colin Mackerras, "The 'China Threat' in the Context of China's Rise: A View from Australia", in Herbert S Yee, eds, China's Rise: Threat or Opportunity? New York: Routledge, 2011.

47. Colonel Dan McDaniel, Australian Army, "India, China and the United States in the Indo-Pacific Region: Coalition, Co-existence or Clash?" October, 2012, http://www. defence. gov. au/ADC/Publications/Commanders/2012/09_US_China_India_in_the_Indo-Pacific_Region_Coalition_Co-existence_or_Clash_McDaniel%20_2_. pdf.

48. Committee on Armed Services, House of Representatives, *Rebalancing to the Asia-Pacific Region and Implications for U. S. National Security*, U. S. Government Printing Office, Washington DC: 2014.

49. Commonwealth Parliament Debates, House of Representative, Volume. 145, 29 April, 1965.

50. D. Gnanagurunathan, "India and the Idea of the 'Indo-Pacific'," October20, 2012, http://www. eastasiaforum. org/2012/10/20/india-and-the-idea-of-the-indo-pacific/.

51. Daniel Baldino, "An Exercise in Management: Defence Engagement in the Indo-Pacific," Security Challenges, Vol. 12, No. 1, 2016.

52. Daniel J. Kostecka, "Places and Bases: the Chinese Navy's Emerging Support Network in the Indian Ocean," *Naval War College Review*, Vol. 64, No. 1, 2011.

53. Daniel Workman, "Australia's Top Trading Partners," March2, 2017, http://www. worldstopexports. com/australias-top-import-partners/.

54. David Brewster, *India as an Asia Pacific Power*, Abingdon: Routledge, 2012.

55. David Michel and Ricky Passarelli, "Evolving Maritime Geopolitics in the Indo-Pacific Region," Stimson Center, December2014.

56. David Michel, "Sea Change Evolving Maritime Geopolitics in the Indo-Pacific Region", March25, 2015, https://www. stimson. org/sites/default/files/file. . . / SEA-CHANGE-WEB. pdf.

57. David Scott, "Australia's Embrace of the 'Indo-Pacific': New Term, New Region, New Strategy?" *International Relations of the Asia-Pacific*, Vol. 13, No. 3, 2013.

58. David Scott, "India's 'Grand Strategy' for the Indian Ocean: Mahanian Visions,"*Asia-Pacific Review*, Volume 13, Issue 2, 2006.

59. David Scott, "India-China Competition across the Indo-Pacific," April27, 2016, http://www. realcleardefense. com/articles/2016/04/27/india-china_competition_across_the_indo-pacific_109303. html.

60. David Scott, "the 'Indo-Pacific' New Regional Formulations and New Maritime Frameworks for US-India Strategic Convergence,"*Asia Pacific Review*, February 19, 2012.

61. David Shambaugh and Michael Yahuda, *International Relations of Asia*, Lanham: Rowman &.Littlefield, 2014.

62. Dennis Rumley, Timothy Doyle and Sanjay Chaturvedi, "Securing the Indian Ocean? Competing Regional Security Constructions," *Journal of the Indian Ocean Region*, Volume 8, Issue 1, 2012.

63. Dennis Rumley, Vivian Louis Forbes, and Christopher Griffin, eds. *Australia's arc of instability: The Political and Cultural Dynamics of Regional Security*. Vol. 82, Springer Science &. Business Media, 2006.

64. Department of Foreign Affairs, "Pime Minister's Address to National Press Club," Washington, July13, 1973, http://pmtranscripts. pmc. gov. au/sites/default/files/original/00002980. pdf.

65. E. M. Andrews, *Australia and China: The Ambiguous Relationship*, Melbourne University Press, 1985.

66. Erik Paul, *Australia as US Client State: The Geopolitics of De-Democratization and Insecurity*, New York: Palgrave Macmillan, 2014.

67. Ernst Haushofer, *An English Translation and Analysis of Major Karl Ernst Haushofer's Geopolitics of the Pacific Ocean*, Lewis Tambs and Ernst Brehm trans, Lampeter: Edwin Mwllor, 2002.

68. Euan Graham, "Reflections on the2015 Lowy Lecture: Greater Asia," November 3, 2015, http://www. lowyinterpreter. org/post/2015/09/03/Reflections-on-the – 2015 – Lowy-Lecture-Greater-Asia. aspx.

69. Evan S Medeiros, "Pacific Currents: The Responses of U. S. Allies and Security Partners in East Asia to China's Rise," Santa Monica, CA: RAND,2008.

70. Evelyn Goh, "Great Powers and Hierarchical Order in Southeast Asia: Analyzing Regional Security Strategies," *Internatioanl Security*, Winter 2007/2008, Vol. 32, No. 3.

71. Fergus Hanson, "2011 Lowy Institute Poll," http://www. lowyinterpreter. org.

72. Fiona Broom，"Australian government Pirates of the Indian Ocean," *Al Jazeera*，July 24，2014，http://www. aljazeera. com/indepth/opinion/2014/07/aus-tralian-asylum-seekers-sri－2014723114626708287. html.

73. Frank Frost，"Australia's Regional Engagements in East Asia and the Asia Pacific，"October12，2010，http://www. aph. gov. au/About＿Parliament/Parlia-mentary＿Departments/Parliamentary＿Library/pubs/BriefingBook43p/regiona-lengagements.

74. Frederic Grare，*The India-Australia Strategic Relationship-Defining Realistic Expectations*，Washington DC：Carnegie Endowment for International Peace Publications Department，2014.

75. Graeme Dobell，"Australia's Indo-Pacific Understanding，"August17，2015，https://www. aspistrategist. org. au/australias-indo-pacific-understanding/.

76. Graeme Dobell，"From 'Arc of Instability' to 'Arc of Responsibility'，"*Security Challenges*，Vol. 8，No. 4，summer，2012.

77. Graeme Dobell，"Lee Kuan Yew and Oz：White Trash or White Tribe of Asia (1)，"*The Strategist*，April 7，2015，https://www. aspistrategist. org. au/lee-kuan-yew-and-oz-white-trash-or-white-tribe-of-asia－1/.

78. Gurgaon，"India Emphasises on Maritime Security in Indian Ocean Region，"*The Hindu*，November 2，2012.

79. H. W. Arndt，"Australia and the Great Depression，"*The Australian Quarterly*，Vol. 43，No. 2，June，1971.

80. Hemant Krishan Singh，"Reimagining the Region：'Asia-Pacific' or 'Indo-Pacific'，"*ICRIER-Wadhwani Chair in India-US Policy Studies*，Issue Brief 3，2013.

81. Hon Kevin Rudd，"Australia's Perspectives on Trilateral Security Cooperation in the Western Pacific，"November18，2010，http://foreignminister. gov. au/speeches/Pages/2010/kr_sp_101118a. aspx? ministerid＝2.

82. Hudson，William James，and Martin Philip Sharp，*Australian Independence：Colony to Reluctant Kingdom*，Melbourne University，1988.

83. Hugh White，"A Middling Power Why Australia's Defence is all at Sea，"*Monthly*，September，2012.

84. Hugh White，"Relying on Trump：Australia Needs to Rethink its Approach to Regional Security，"*Monthly*，February，2012，https://www. themonthly. com. au/issue/2017/february/1485867600/hugh-white/relying-trump.

85. Ian Hall，"The Australia-India-Japan Trilateral：Converging Interests and Converging Perceptions?"*The Strategist*，March 17，2017，http://aspistrategist.

siteindev. com. au/australia％c2％ad％c2％ad-india-japan-trilateral-converging-interests-converging-perceptions/.

86. Ian Kemish,"South East Asia &. Australia New Opportunities and Challenges," Speech at Australian Institute of International Affairs（AIIA）, November30, 2004, http://dfat. gov. au/news/speeches/Pages/south-east-asia-australia-new-opportunities-and-challenges. aspx.

87. IMF Survey,"Asia: Stabilizing and Outperforming Other Regions," May6, 2015.

88. Integrated Headquarters, *Indian Maritime Doctrine*, New Delhi: Ministry of Defence, April 25, 2004.

89. IPCS Discussion, *India-Australia and Roles in the Indo-Pacific*, No. 5197, December 2, 2016.

90. James Cotton and John Ravenhill, *Middle Power Dreaming-Australia in World Affairs 2006 – 2010*, South Melbourne: Oxford University Press, 2011.

91. James Cotton and John Ravenhill, *Trading on Alliance Security-Australia in World Affairs 2001 – 2005*, South Melbourne: Oxford University Press, 2007.

92. James Curran and Stuart Ward, *Australia and the Wider World: Selected Essays of Neville Meaney*, Sydney: Sydney University Press, 2013.

93. James R. Holmes and Toshi Yoshihara,"China and the United States in the Indian Ocean-an Emerging, Strategic Triangle," *Naval War College Review*, Vol. 61, No. 3, 2008.

94. Jarrad Harvey,"Indonesia-Australia Relations a Year after the Executions," *The Diplomat*, May 26, 2016, http://thediplomat. com/2016/05/indonesia-australia-relations-a-year-after-the-executions/.

95. Jim Thomas, Zack Cooper, and Iskander Rehman,"Gateway to the Indo-Pacific: Australian Defense Strategy and the Future of the Australia-U. S. Alliance," Center for Strategic and Budgetary Assessments,2013.

96. Jiro Okamoto, *Australia's Foreign Economic Policy and ASEAN*, Singapore: ISEAS Publishing Institute of Southeast Asian Studies, 2010.

97. John Birmingham, "Looking West—Australia and the Indian Ocean," *Monthly*, August 20, 2009, https://www. themonthly. com. au/issue/2009/september/1268804958/john-birmingham/looking-west.

98. John Curtin,"The Task ahead", *The Herald*, December 27, 1941.

99. John Kerin, "Beijing Puts the Flame to Downer," *Weekend Australian*, Augus 21, 2005.

100. John Lee,"Unrealised Potential: India's 'Soft Power' Ambition in Asia,"

Foreign Policy Analysis, No. 4, June 30, 2010.

101. Joint Chiefs of Staff, *The National Military Strategy of the United States of America 2015*, June 2015.

102. Jonathan Marcus, "Leon Panetta: US to Deploy60% of Navy Fleet to Pacific," BBC News, June 2, 2012, http://www. bbc. com/news/world-us-canada - 18305750.

103. Joseph Chinyong Liow, "Counterterrorism Conundrum: Rethinking Security Policy in Australia and Southeast Asia," December17, 2014, https://www. brookings. edu/opinions/counterterrorism-conundrum-rethinking-security-policy-in-australia-and-southeast-asia/.

104. Julia Gillard, "Australia in the Asian Century," October, 2012, http:// www. defence. gov. au/whitepaper/2013/docs/australia_in_the_asian_century_white_paper. pdf.

105. Karl Haushofer, *An English Translation and Analysis of Major General Karl Ernst Haushofer's Geopolitics of the Pacific Ocean: Studies on the Relationship between Geography and History*, Vol. 7, New York: Edwin Mellen Press, 2002.

106. Kurt Campbell and Brian Andrews, *Explaining the US "Pivot" to Asia*, London: Chatman House, 2013.

107. Leon Panetta, *Sustaining US Global Leadership: Priorities for 21st Century Defense*, Washington, DC: US Department of Defense, 2012.

108. Linda Jakobson and Rory Medcalf, "The Perception Gap: Reading China's Maritime Objectives in Indo-Pacific Asia," June23, 2015, http://www. lowyinstitute. org/publications/reading-chinas-maritime-objectives-indo-pacific-asia-perception-gap.

109. Liu Zongyi, "New Delhi-Beijing Cooperation Key to Building an 'Indo-Pacific era'," *Global Times*, November 30, 2014, http://www. globaltimes. cn/content/894334. shtml.

110. Mark Abernethy, "India's Economic Growth could Shift Focus from Pacific," *Financial Review*, August 17, 2016, http://www. afr. com/news/special-reports/export-and-trade/indias-economic-growth-could-shift-focus-from-pacific - 20160815 - gqssxb.

111. Mark E Manyin, "The Senkakus (Diaoyu/Diaoyutai) Dispute: U. S. Treaty Obligations," Congressional Research Service, R42761, October 14, 2016.

112. Marty Natalegawa, "An Indonesian Perspective on the Indo-Pacific," May16, 2013, https://csis-prod. s3. amazonaws. com/s3fs-public/legacy_files/files/

attachments/130516_MartyNatalegawa_Speech. pdf.

113. Matthias Maass, *Foreign Politics in Asia-Changes in Practice，Concepts，and Thinking in a Rising Region*，Amsterdam：Amsterdam University Press，2014.

114. McDougall，Derek，and Peter Shearman，*Australian Security after* 9/11：*New and Old Agendas*，Ashgate Publishing，Ltd.，2006.

115. Melissa Conley Tyler and Samantha Shearman，"Australia's New Region the Indo-Pacific，" May21，2013，http://www. eastasiaforum. org/2013/05/21/australias-new-region-the-indo-pacific/.

116. Micha'el Tanchum，"India Advances in Naval Arms Race with China，" *BESA Center Perspectives Paper*，No. 233，January 14，2014.

117. Michael J. Green and Andrew Shearer，"Defining U. S. Indian，Ocean Strategy，" *The Washington Quarterly*，Vol. 35，No. 2，2012.

118. Michael T. Klare，"The United States Heads to the South China Sea：Why American Involvement Will Mean More Friction-Not Less，" *Foreign Affairs*，February 21，2013.

119. Ministry of External Affairs，Government of India，"Prime Minister's address to Japan-India Association，Japan-India Parliamentary Friendship League and International Friendship Exchange Council，" May28，2013，http://www. mea. gov. in/in-focus-article. htm? 21754/Prime＋Ministers＋address＋to＋JapanIndia＋Association＋JapanIndia＋Parliamentary＋Friendship＋League＋and＋International＋Friendship＋Exchange＋Council.

120. Ministry of Foreign Affairs of Japan，"Japan-Australia Relations（Basic Data），" April21，2014，http://www. mofa. go. jp/region/asia-paci/australia/data. html.

121. Mireya Solís，"China flexes its Muscles at APEC with the Revival of FTA-AP，" East Asia Forum，November23，2014，http://www. eastasiaforum. org/2014/11/23/china-flexes-its-muscles-at-apec-with-the-revival-of-ftaap/.

122. Office of the Press，"Secretary Remarks By President Obama to the Australian Parliament，" the White House，November17，2011.

123. Parliament of Australia，"Australia in the 'Indo-Pacific' Century：Rewards，Risks，Relationships，" http://www. aph. gov. au/About_Parliament/Parliamentary_Departments/Parliamentary_Library/pubs/BriefingBook44p/IndoPacific.

124. Patrick M. Cronin and Darshana M. Baruah，"The Modi Doctrine for the Indo-Pacific Maritime Region，" *The Diplomat*，December 2，2014，http://thediplomat. com/2014/12/the-modi-doctrine-for-the-indo-pacific-maritime-region/.

125. Peter Dombrowski, "The Dangers of SSBN Proliferation in Indo-Pacific Asia," *The Interpreter*, August 11, 2014, https://www. lowyinstitute. org/the-interpreter/dangers-ssbn-proliferation-indo-pacific-asia.

126. Peter Spearritt, *The British Dominion of Australia*, in: John Arnold, Peter Spearritt, and David Walker (eds.) *Out of Empire: the British Dominion of Australia*, Mandarin, Port Melbourne, 1993.

127. Pradeep Kaushiva, Abhijit Singh, *The Geopolitics of the Indo-Pacific*, New Delhi: Knowledge World, February, 2014.

128. Pradeep Taneja, "India's Interests are Aligning with Australia's: now Modi must Grasp the Opportunity," November5, 2015, http://www. lowyinterpreter. org/post/2015/11/05/Indias-interests-aligning-with-Australias-now-Modi-must-grasp-the-opportunity. aspx.

129. Pradumna B Rana and Chia Wai-Mun, "Strengthening Economic Linkages between South Asia and East Asia: The Case for a Second Round of 'Look East' Policies," Singapore: S. Rajaratnam School of International Studies, January17, 2013, https://www. rsis. edu. sg/wp-content/uploads/rsis-pubs/WP253. pdf.

130. Pradumna B Rana, "Renaissance of Asia Evolving Economic Relations between South Asia and East Asia," *World Scientific*, 2012.

131. Priya Chacko, "India and the Indo-Pacific Three Approaches," January24, 2013, http://www. aspistrategist. org. au/india-and-the-indo-pacific/.

132. Priya Chacko, "India and the Indo-Pacific: An Emerging Regional Vision," Indo-Pacific Governance Research Centre Policy Brief, Issue5, November, 2012.

133. Rajiv K Bhatia, Vijay Sakhuja, *Indo Pacific Region: Political and Strategic Prospects*, Vij Books India Pvt Ltd, 2014.

134. Rani D. Mullen and Cody Poplin, "The New Great Game-A Battle for Access and Influence in the Indo-Pacific," *Foreign Affairs*, September 29, 2015, https://www. foreignaffairs. com/articles/china/2015 - 09 - 29/new-great-game.

135. Rawdon Dalrymple, *Continental drift: Australia's search for a regional identity*, Aldershot: Gower Publishing, Ltd. , 2003.

136. Ray Mabus, "A Cooperative Strategy for21st Century Seapower: Forward, Engaged, Ready," March, 2015, http://www. navy. mil/local/maritime/150227 - CS21R - Final. pdf.

137. Rebecca Turner, "Federal Parliament Approves ＄367 Million Upgrade for HMAS Stirling Naval Base," December 24, 2015, http://www. abc. net. au/news/2015 - 12 - 10/overloaded-sewerage-system-asbestos-at-hmas-stirling/7018606.

138. Richard Woolcott, "The Turnbull Era: Eight Ideas for Fine-Tuning Australian Foreign Policy," http://www. lowyinterpreter. org/post/2015/10/26/Turnbull-era-8-ideas-for-fine-tuning-Australian-foreign-policy. aspx.

139. Rikki Kersten and William T Tow, "Evolving Australian Approaches to Security Architectures in the Asia-Pacific," The Tokyo Foundation, April22, 2011, http://www. tokyofoundation. org/en/articles/2011/evolving-australian-approaches-to-security-architectures-in-the-asia-pacific.

140. Rini Babu, "India, China and the Indo-Pacific," June19, 2015, http://www. ipcs. org/article/india/india-china-and-the-indo-pacific-4890. html.

141. Robert D. Kaplan, "While U. S. is Distracted, China Develops Sea Power,"*Washington Post*, September 26, 2010.

142. Rory Medcalf, "A Term Whose Time Has Come: The Indo-Pacific," *The Diplomat*, December 4, 2012, http://thediplomat. com/2012/12/a-term-whose-time-has-come-the-indo-pacific/.

143. Rory Medcalf, "Pivoting the Map: Australia's Indo-Pacific System," ANU College of Asia & the Pacific, November,2012.

144. Rory Medcalf, "Reimagining Asia from Asia-Pacific to Indo-Pacific," June26, 2015, http://www. theasanforum. org/reimagining-asia-from-asia-pacific-to-indo-pacific/.

145. Rory Medcalf, "The Indo-Pacific: What's in a Name?" *The American Interest*, Vol. 9, No. 2, 2013.

146. Ross Garnaut, *Australia and the Northeast Asian Ascendancy: Report to the Prime Minister and the Minister for Foreign Affairs and Trade*, Australian Government Publishing Service, 1989.

147. Sally Percival Wood and Baogang He, *The Australia-ASEAN Dialogue Tracing 40 Years of Partnership*, New York: Palgrave Macmillan, 2014.

148. Saloni Salil, "Australia, China and the United States Maintaining an Equilibrium in the Indo-Pacific," September27, 2012, http://www. futuredirections. org. au/publication/australia-china-and-the-united-states-maintaining-an-equilibrium-in-the-indo-pacific/.

149. Sam Bateman, Anthony Bergin, "Sea Change: Advancing Australia's Ocean Interests," Australian Strategic Policy Institute, March18, 2009.

150. Sam Bateman, Anthony Bergin, *Our western front: Australia and the Indian Ocean*, Australian Strategic Policy Institute (ASPI), 2010.

151. Sam Perlo-Freeman, Aude Fleurant, Pieter D. Wezeman and Siemon T. Wezeman, "Trends in World Military Expenditure,2014", *SIPRI Fact Sheet*, A-

pril，2015.

152. Sandip Kumar Mishra，"India-Japan-US Trilateral India's Policy for the Indo-Pacific," Institute of Peace and Conflict Studies，October5，2015，http://www. ipcs. org/article/india/india-japan-us-trilateral-indias-policy-for-the-indo-pacific － 4917. html.

153. Sandy Gordon，"Finding the Balance between India and China in the Asian 'Concert of Powers'," *The Conversation*，October 18，2011，http://theconversation. com/finding-the-balance-between-india-and-china-in-the-asian-concert-of-powers － 3646.

154. Sarah Watson，"Will India Truly Start 'Acting East' in Andaman and Nicobar," November16，2015，https://amti. csis. org/will-india-truly-start-acting-east-in-andaman-and-nicobar/.

155. Savitri Taylor，"Australia and the Southeast Asia Refugee Crisis," July31，2015，http://thediplomat. com/2015/07/australia-and-the-southeast-asia-refugee-crisis/.

156. Shreya Upadhyay，"The Indo-Pacific & the Indo-US Relations Geopolitics of Cooperation," November25，2015，http://www. ipcs. org/issue-brief/china/the-indo-pacificnbsp-amp-the-indo-us-relations-geopolitics-of － 256. html.

157. Simi Mehta，"The Free and Open Indo-Pacific strategy a way forward," July25，2019，https://www. policyforum. net/the-free-and-open-indo-pacific-strategy-a-way-forward/.

158. Spender，"Speech to House of Representative: Current Notes on International Affairs," July21，1950.

159. Stephan Frühling，*A History of Australian Strategic Policy Since 1945*，Canberra: Department of Defence，2009.

160. Stephen Smith，"Australia must Act now to Secure Economic Ties with a Rising Indonesia," *The Conversation*，July 7，2016，http://theconversation. com/australia-must-act-now-to-secure-economic-ties-with-a-rising-indonesia － 61755.

161. Stephen Smith，"Australian Foreign Policy under Labor Governments from John Curtin's Prime Ministership to the Present," July6，2010，http://john. curtin. edu. au/events/speeches/smith. html.

162. Stephen Smith，"Paper presented by Stephen Smith MP Minister of Defence to the Lowy Institute on the2013 Defence White Paper," August 9，2012.

163. Stewart Firth，*Australia in International Politics-An Introduction to Australia Foreign Policy*，Crows Nest: Allen &Unwin，2011.

164. Suhasini Haidar，"India, Australia seal civil nuclear deal," *The Hindu*，

September 5，2014.

165. Suzuki Yoshikatsu，"Abe's Indo-Pacific 'Security Diamond' Begins to Shine," February8, 2016, http://www. nippon. com/en/column/g00339/.

166. The Hon Stephen Smith MP, "Australia and the Asia-Pacific Century," for the Griffith Asia Institute at the Gallery of Modern Art, Brisbane, August14, 2009, http://foreignminister. gov. au/speeches/2009/090814_gai. html.

167. The Minister for Defence, the Hon. D. J. Killen, *Australia Defence*, Canberra: Austnllian Government Publishing Service, 1976.

168. The U. S. Department of Defense, Indo-Pacific Strategy Report: Preparedness, Partnerships and Promoting a Networked Region, June1, 2019.

169. The White House of the United States, *National Security Strategy*, February 2015.

170. The White House, "Fact Sheet: The United States and Australia: An Alliance for the Future," June12, 2014, https://obamawhitehouse. archives. gov/the-press-office/2014/06/12/fact-sheet-united-states-and-australia-alliance-future.

171. The White House, Office of the Press Secretary, "Shared Effort: Progress for all, US-India Joint Statement," January25, 2015, http://www. whitehouse. gov/the-press-office/2015/01/25/us-india-joint-statement-shared-effort-progress-all.

172. Thomas Ross, "Colony and Empire: Australia's Subservient Relationship with Britain," http://home. alphalink. com. au/~eureka/ozcol. htm.

173. Tim Harcourt, "Australia and Asia the Power of Proximity," Organisation for Economic Cooperation and Development, the OECD Observer, No. 300, 2014.

174. Tony Abbott, "India and Australia Ties that Bind," September5, 2014, http://www. thehindu. com/opinion/op-ed/india-and-australia-ties-that-bind/article6380436. ece.

175. U. S Department of State, "America's Engagement in the Asia-Pacific," remarks by Hillary Clinton, Secretary of State, Honolulu, Hawaii, October28, 2010, http://m. state. gov/md150141. htm.

176. US House Armed Services Committee, "Statement of Admiral Samuel J. Locklear, U. S. Navy Commander, U. S. Pacific Command before the House Armed Services Committee on U. S. Pacific Command Posture," March5, 2013, http:// docs. house. gov/meetings/AS/AS00/20130305/100393/HHRG－113－AS00-Wstate-LocklearUSNA－20130305. pdf.

177. Vice Admiral Hideaki Kaneda, "Creating Seamless Maritime Security Coalitions in the Indo-Pacific," April12, 2016, https://amti. csis. org/creating-seamless-maritime-security-coalitions-indo-pacific/.

178. Vice Chief of the Defence Force, "Indo-Pacific Strategic Digest2015," the Centre for Defence and Strategic Studies, Australian Defence College, PO Box 7917, May, 2015.

179. Vivek Mishra, "India and the Rise of the Indo-Pacific," *The Diplomat*, September 30, 2013, http://thediplomat. com/2013/09/india-and-the-rise-of-the-indo-pacific/.

180. Walter Russell Mead, "The Return of Geopolitics-The Revenge of the Revisionist Powers," *Foreign Affairs*, May/June, 2014.

181. Yamaguchi N, Kotani T, Fukushima T, et al. *Enhancing Trilateral Disaster Preparedness and Relief Cooperation between Japan, US and Australia: Approaches from Various Civil-Military Perspectives*, Asia-Pacific Center for Security Studies, Honolulu HI, 2013.

182. Yuki Tatsumi, ed. , *US-Japan-Australia Security Cooperation Prospects and Challenges*, Stimson Center: 2015.

183. Zhao Minghao, "The Emerging Strategic Triangle in Indo-Pacific Asia," November24, 2015, http://thediplomat. com/2013/06/the-emerging-strategic-triangle-in-indo-pacific-asia/.

致　谢

从事对外军事留学生培训教学的我跨行接触并选读国际关系专业本就是一个挑战,缺乏相关理论的功底和支撑,所以对于我来说要花更多的精力研读专业知识。本研究从选题到最后的完成经过了艰辛漫长的过程,各种波折、困难、汗水夹杂其中,充满难忘的回忆。"书山有路勤为径,学海无涯苦作舟",求学绝非易事,既需要自身的努力,也离不开良师益友的指点。于我而言,最感激的还是三年来陪我一起走过,给我方向、帮助、点拨和指导的人,认识他们的意义远比我自己的摸索重要得多。

我最为感谢,也最幸运的是遇到了我的导师宋德星教授,是他引领我进入学术研究的神圣殿堂,悉心教导,使我明晰该如何科学系统性地研究国际关系领域的相关问题。从研究选题、中英文资料的收集、撰写、修改到完善,老师给予了全面而中肯的建议、耐心的指导和巨大的帮助。老师精于学科、严谨踏实、诲人不倦、兢兢业业的治学修为和品质让我衷心地敬佩。三年在其门下求学的日子让我受益良多,学到了很多做人、作文的深刻道理。由衷感谢我的导师。

同时,我也有幸认识了国际关系专业和相关领域的其他一些专家和学者,张启良、杨光海、葛腾飞、崔建树等教授,同样给予了我恳切的帮助和建议,以丰富的经验和开阔的思维为我的论文提出宝贵建议,使我受益匪浅。感谢有你们相伴左右,为我授业解惑。同窗、同门、挚友的情谊对我来说也是弥足珍贵。来自不同单位的同学各有所长,各有魅力。我们凭着缘分从全国各地汇聚于此,共同生活、学习、玩耍,不仅让我感到温暖和幸福,更让我领略了不同职业的精英精神,相信友谊定会永远刻在时光机上不会褪色。

本书完成于 2017 年 6 月,2019 年 10 月匆忙稍作修改补充。由于本人学识、能力有限,文章中存在的不足之处,还请读者批评指正。